Jakob Kroeker

Daniel

Jakob Kroeker/Hans Brandenburg

Das lebendige Wort

Eine Einführung in die göttlichen Gedankengänge und Lebensprinzipien des Alten Testaments

Insgesamt 3992 Seiten. Kartoniert

Band 1	Schöpfung – Noah (1. Mose 1–11)
Band 2	Abraham – Isaak – Jakob (1. Mose 12–50)
Band 3	Israel (2.–5. Mose / Josua / Richter / Samuel / Könige)
Band 4	Amos und Hosea
Band 5	Jesaja I (Jesaja 1–39)
Band 6	Jesaja II (Jesaja 40–66)
Band 7	Jeremia
Band 8	Hesekiel
Band 9	Daniel
Band 10	Die kleinen Propheten I (Joel / Obadja / Jona / Micha / Nahum / Habakuk / Zephanja)
Band 11	Die kleinen Propheten II (Haggai / Sacharja / Maleachi mit Esra und Nehemia)
Band 12	Das Buch Hiob
Band 13	Die Psalmen I (Psalm 1–72)
Band 14	Die Psalmen II (Psalm 73–150)
Band 15	Sprüche, Prediger und Hohelied

Jeder Band ist in sich abgeschlossen und kann auch einzeln bezogen werden.

Jakob Kroeker

Daniel

Staatsmann und Prophet

BRUNNEN VERLAG · GIESSEN/BASEL

Das lebendige Wort, Band 9

6. Auflage 1982

Herstellung: St.-Johannis-Druckerei, Lahr

ISBN 3-7655-5409-X (Brunnen)
ISBN 3-88002-209-7 (VLM)

Inhaltsverzeichnis

Aus dem Vorwort zur 2. Auflage

In der vorliegenden 2. Auflage erscheint nun die Bearbeitung des ganzen Daniel. In 1. Auflage erschienen unter dem Titel „Weltstaat und Gottesreich“ als selbständiges Werk nur die ersten sechs Kapitel. Diese sind neu durchgesehen und gekürzt, ihre ursprüngliche Art ist jedoch nicht wesentlich verändert worden.

Es wäre zwar wünschenswert gewesen, wenn die Kapitel 7—12 weit eingehender hätten bearbeitet werden können. Der beschränkte Raum, auf den jeder Band bemessen ist, ließ es jedoch nicht zu. Manches Grundsätzliche konnte daher nur angedeutet werden, was einer wissenschaftlichen Begründung und näheren Beleuchtung bedurft hätte.

Über den inneren Charakter gerade dieses Buches soll hier inhaltlich einiges wiederholt werden, was bereits im Vorwort zur 1. Auflage gesagt wurde. Die Freunde des prophetischen Wortes werden beim Lesen bald merken, daß es dem Verfasser weniger um eine rein zeit- oder endgeschichtliche Deutung zu tun ist. *Das große Weltgeschehen in einer möglichst objektiven Gesamtschau und in göttlicher Beleuchtung auf Grund der Erlebnisse und Gesichte Daniels zu sehen, darauf war das Schwergewicht der Bearbeitung gelegt.* Die große Erleuchtung, die wir heute im Kampf des Lebens und im Ringen um eine neue Zukunft so nötig wie andre je zuvor haben, besteht eben darin, daß wir die Gegenwart mit ihrem gewaltigen Wollen und Geschehen im Lichte der Vergangenheit sehen und in ihr Gottes Fußspuren zu unserem Heil entdecken lernen. Nichts anderes wollen mithin die vorliegenden Deutungen für Horchende und Ringende sein, *als daß man Gott sehen lerne sowohl in der eigenen Lebensführung als auch im allgemeinen Gang der großen Geschichte innerhalb der Völkerwelt.*

Dem Verfasser handelt es sich also in der Hauptsache um das Erkennen des göttlichen Lichtes, *wie es aus dem Propheten Daniel auch in die Gegenwart hineinleuchtet.* Und falls ich die Sprache Gottes in der Gegenwart richtig zu deuten vermag, so steht die Kirche Christi in einer Stunde schwerster Entscheidung. Diese kann von ihr nicht ernst und schwer genug gewertet werden. Soll sie nicht das Missionsfeld der Propheten antichristlicher Lebenseinstellung werden, will sie vielmehr entsprechend ihrer höheren Berufung und Sendung ein Evangelium für die Welt in ihrem Ringen und Irren haben, dann muß sie wieder nur eins sein können: *Gottes Prophetin in der Gegenwart, die Gottes Offenbarung in Vollmacht zu dolmetschen wagt.*

Aus dieser inneren Not und aus dem Geiste der Liebe zur Gesamtkirche Christi heraus ist der vorliegende Band auch in seiner völligen Neubearbeitung geschrieben. Der Verfasser gibt sich der Hoffnung hin, daß er den Weg zu jenen Lesern finden wird, die innerlich unter denselben Nöten leiden und im Geiste derselben Liebe der Gegenwart zu dienen suchen.

Der Verfasser

Vorwort zur 3. Auflage

Das großangelegte Werk „Das lebendige Wort", das den Ertrag der reichen biblischen Schau Jakob Kroekers der Gemeinde zugänglich machen sollte, hat leider keine Vollendung gefunden. Um so wertvoller ist den Freunden des Wortes Gottes die Reihe der vorhandenen Bände. Diese waren lange vergriffen und sollen nun wieder erscheinen. Die Auslegung des Propheten Daniel soll den Anfang machen. Jakob Kroeker hatte diese Neuauflage noch selbst vorbereitet, und sie erscheint nun, wie sie aus seiner Feder gekommen war. Am 12. Dezember 1948 schlossen sich die Augen, die so oft forschend und fragend auf dem Wort der Schrift geruht hatten. Die Wiege Jakob Kroekers stand auf der Krim, der fruchtbaren Halbinsel am Schwarzen Meer. In Wernigerode am Harz fand er seine zweite Heimat und die Stätte seiner fruchtbarsten Tätigkeit. Der Vielgereiste, der in Skandinavien, in der Schweiz, in Holland, in den Vereinigten Staaten Nordamerikas und in Palästina, einst in Rußland und zuletzt hin und her in Deutschland in der Vollmacht des Heiligen Geistes seinen Herrn bezeugt hat, wartet nun auf dem Friedhof in Stuttgart-Mühlhausen auf den Tag seiner Auferstehung. Auf seinem Grabmal stehen die Worte:

„Wir haben hier keine bleibende Stadt, aber die zukünftige suchen wir." Wiewohl er gestorben ist, redet er heute noch. An Jakob Kroeker erfüllte sich das Wort des Herrn Jesu: „Wer euch höret, der höret mich." Darum hat Jakob Kroekers Zeugnis der Gemeinde des Herrn auch heute noch Entscheidendes zu sagen. Möchten sich viele Ohren finden, die hören!

Ostern 1957

Lic. Hans Brandenburg
Missionsinspektor

Einführung

„Gelobt sei der Name Gottes von Zeitalter zu Zeitalter! Denn sein ist sowohl Weisheit als Macht. Er ist's, der Zeiten und Verhältnisse ändert, Könige absetzt und Könige einsetzt. Er gibt Weisheit den Weisen und den Verständigen ihr Verstehen. Er ist's, der Verborgenes enthüllt. Er weiß, was im Finstern (und in der Zukunft) liegt, und das Licht wohnt bei ihm."

Dan. 2, 20 ff.

Das ist der Psalm eines in Gottes Weltregierung zur Ruhe gekommenen Lebens. Seine Botschaft klingt wie ein Evangelium aus einer ganz andern Welt in die Hast und Unruhe, in die Zerrissenheit und Verzweiflung menschlicher Geschichte. Uns Menschen des Abendlandes beherrscht Untergangsstimmung. Mutlosigkeit, Verzagtheit, Hoffnungslosigkeit ist vielfach das Angesicht unseres Wirkens. Wir regen uns, aber ohne Glauben an eine Zukunft; wir dienen, aber ohne Vertrauen auf Gewinn; wir opfern, aber ohne Hoffnung auf eine Auferstehung unserer Tränensaat. Unsere Götzen sind zerbrochen und unsere Götter entflogen — *wir sind ohne Gott und haben nur noch uns selbst.*

Unser wahres Angesicht erschreckt uns. Wir sehen überall in unserm Leben zwar das Tier, nicht aber den Menschen. Uns frißt eine verzehrende Leidenschaft, und doch verleugnen wir die schöpferische Kraft. In unseren Entscheidungen und Handlungen sehen wir uns durch unsere egoistischen Stimmungen gejagt, und unserm Ringen und Schaffen fehlt die göttliche Vollmacht, aus dem Sterbenden Leben höherer Ordnung zu rufen. *Wir haben uns selbst gefunden, dabei aber Gott und den Bruder verloren.* Wir gewannen die Macht, schufen uns durch sie aber Katastrophe um Katastrophe. Die Wissenschaft erhoben wir zu unserer Religion, sie aber raubte uns die Seele. Die Offenbarung leugneten wir und huldigten unserem beschränkten Wissen und bewunderten den Mythos und Aberglauben untergegangener Geschlechter. Den Geist Jesu Christi und die Botschaft der Apostel und Propheten vertrieben wir, und wir suchten unser Evangelium im Recht der Römer, in der Bildung der Griechen, in der Vergötterung der Cäsaren und in der Weltherrschaft gerichteter Völker. Bewußt verschlossen wir uns der Orientierung im göttlichen Lichte, und wir orientierten uns an dem Geiste unserer Großstadtblätter, unserer Parteipolitiker, unserer Romanschriftsteller, unserer Sozialreformer und unserer Kulturschwärmer. Das Gesetz Gottes ersetzten wir durch die Moral der Vernunft und durch die Kausalität unseres naturhaften Trieblebens, und eine Kriegsethik wurde unser Gewissen, die sinnliche Ungebundenheit unsre Moral, die brutale Selbstbehauptung zum alleinigen Gebot der Stunde.

Mit welch „unerschütterten Einbildungen über uns selbst" überschritten wir die Schwelle des letzten Jahrhunderts! *Wir glaubten zwar nicht an Gott und Dämonen, um so fester aber an uns selbst und unsere Schöpfungen.* Wir waren trunken von der Weisheit und dem Wissen, die Kanzel und Katheder, Presse und Parlament, Kapital und Technik uns boten. Sie wurden unsere Altäre, auf denen wir opferten. Hier lauschten wir nach den Orakeln für die praktische Gestaltung unseres gesamten Lebens. Uns blendete der Fortschritt, uns schmeichelte der Erfolg, uns sättigte der Gewinn, uns berauschte die Macht, uns machte selbstbewußt unser Können. In diesem Geiste schufen wir unsere Kultur und Geschichte und säten unsere Hoffnungen für die fernere Zukunft. In diesem Geiste erzogen wir Kinder und Volk und machten sie zu Erben unseres egozentrischen Evangeliums. In diesem Geiste gestalteten wir auch Staat und Wirtschaft und erblickten in ihnen den alleinigen Zweck unseres Daseins. *Göttliche Lebensnormen, geistliche Richtlinien, biblische Ideale waren uns viel zu jenseitig, viel zu fraglich, um sie im Blick auf Volk und Staat, auf Kirche und Gesellschaft, auf Erziehung und Beruf in praktische Erwägung zu ziehen.* Wir rühmten uns, Menschen der Wirklichkeit zu sein.

So im Materiellen und im Diesseitigen mit der Seele wurzelnd, wurde alles Leben und jedes Unternehmen nur nach materiellen und vergänglichen Gesichtspunkten bewertet. Um die eigene Machtposition zu heben, den eigenen Säckel zu füllen und das begehrliche Genußleben zu pflegen, erniedrigte man alle Kulturwerte zu einem Propagandamittel, zu einem Exportartikel, zu einem Konkurrenz=

objekt. Heilig war nur noch, was nützte, gerecht nur noch, was zu neuem Gewinn führte.

Wie hat uns aber diese Kulturschöpfung unseres Geistes arm gemacht, geknechtet, vereinsamt, entseelt! Gewiß, wir beherrschten durch unsere *Technik und Industrie* die Schätze der Erde. Sie erniedrigten uns aber unerbittlich zu Knechten der Erde und der Maschine. Gewiß, wir erhoben *Theater und Kino* zum Genuß unseres Geistes, zur Speise unserer Seele. Sie sollten unserem gepeitschten Leben eine Erholung, unserem gefesselten Geiste eine Entspannung geben. In ihnen holten wir uns aber den Ekel über uns selbst, die Zerrüttung unseres Familienlebens, die gegenseitige Verhetzung im Völkerleben. Gewiß, wir haben uns *Verkehrswege und -mittel* verschaffen können, die alle Entfernungen überwinden und uns mit den Enden der Erde verbinden und deren Schönheiten erschließen. Sie fordern von uns aber blutige Opfer, stürzen uns in eine nie dagewesene Hast und Unruhe, machen uns vertraut mit allen Schlechtigkeiten der Welt. Gewiß, wir führen unsern *Staat* zur Blüte und Macht, um durch ihn unsere Existenz und unsere Zukunft zu sichern. Vielfach war es aber gerade der Staat, der durch eine kurzsichtige Diplomatie und durch eine falsche Politik mit den Nachbarstaaten das Volk in jene Katastrophen führte, die ihm Existenz und Zukunft raubten. Gewiß, wir haben *Religionen,* christliche und unchristliche, die unsere Seele erlösen und unserem Leben Kraft und Inhalt geben sollen. Was für innere Qual muß aber unsere Religion sein, daß wir schmachtend auf jene wenigen Tage und Wochen einer ungebundenen Karnevalszeit warten können, in denen sich einmal das Leben bis ins Heiligste, bis ins Familienleben hinein, austoben kann!

Mit Schrecken sehen wir dieses Antlitz unseres abendländischen Kulturlebens. Wir können es aber nicht ändern. Es fehlt uns die erlösende Kraft, völlig neugestaltet in das Weltgeschehen einzugreifen. Und irgendwie sehen wir uns alle durch unsere Angehörigkeit zu unserm Volk und wiederum durch dieses zu den andern Völkern mit diesem „Todesleib" unserer abendländischen Kulturgemeinschaft verbunden. Es gibt heute kein Volk, das sich nur noch auf sich selbst einstellen könnte. Auch gibt es kein Einzelleben innerhalb eines Volksganzen, das nicht durch Blut, Beruf, Wirtschaft und Gesellschaft mit dem Volksleben verkettet wäre.

Wie unendlich viele gehen aber an dieser Verkettung mit dem Ganzen zugrunde! Sie hören auf, eine mitaufbauende Kraft ihres Volkes zu sein. Sie vegetieren nur noch als ein von den Verhältnissen zertretenes Glied ihres Volkes. Das Leben mit seiner Existenzfrage, mit seinen Wechselbeziehungen, mit seiner politischen und sozialen Belastung ist so schwer, so rätselvoll, so voller Härte und Lüge geworden, daß sich selbst die Starken in ihrem Kampf verhetzt und in ihrem Schaffen entnervt sehen, falls sie nicht in einer höheren Lebensordnung die Lösung ihres Daseins gefunden haben.

Daher begegnen wir heute in der Welt auch so unendlich vielen zerrissenen Seelen. Sie konnten keine Ruhe im Strom der gewaltigen Geschehnisse und im Fluß der Geschichte finden. Glaubten sie auch, in dieser oder jener Weltanschauung, in diesem oder jenem politischen Evangelium, in diesen oder jenen sozialen Wirtschaftsreformen die Lösung der Geschichte und deren Zukunft finden zu können — *wie schnell sahen sie sich durch die unwiderstehliche Wucht der Ereignisse aufs neue aus ihrer Ruhe gerissen und mitten in das aufreibende Treiben und das Ringen der Zeit hineingeworfen!* Anstatt daß man die Zeit und die Verhältnisse meisterte und gestaltete, wurde man beherrscht und geknechtet, gejagt und zerrissen, bis man sich eines Tages — in seinen Energien und Hoffnungen gebrochen — ruhe- und friedlos dem Geschehen der Zeit preisgegeben sah.

Zwar arbeiten wir um unser täglich Brot, als Menschen der Gegenwart sehen wir uns aber rettungslos „der Konjunktur des Arbeitsmarktes" innerhalb der Weltwirtschaft ausgeliefert. Wir suchen zwar die Wahrheit und ringen nach Freiheit, man nimmt uns jedoch das Recht der eigenen Meinung und liefert uns irgendeiner Propaganda aus. Wir haben zwar die Überzeugung, daß der Geist allein absolute Bedeutung hat, und daß alle Organisationen und Institutionen nur einen relativen Wert in unserem gesamten Leben haben können. Unsere Verkettung mit Verbänden und Trusts, mit Vereinen und Gesellschaften läßt uns aber den neuen Geist nicht finden, der stärker ist als der Stoff, um sich aus ihm eine neue Welt= und Wirtschaftsordnung zu schaffen.

Es gibt aber dennoch einen Geist, der zu völlig Neuem erlösen kann, es gibt eine Ruhe, die niemals einen Abend sah. Wie sehr unser Leben auch mit der Zeit verkettet ist, wie gewaltig auch die Katastrophen der Geschichte immer waren, wie sehr wir uns mit unseren Verhältnissen auch in dunkelste Nacht gehüllt sahen, diese Ruhe wankte nicht, und ihr Licht beherrschte auch das Dunkel der Zeiten. *Sie liegt im Walten Gottes auch im Weltgeschehen.* Wer sich in dieses Walten und Wirken Gottes hineingestellt sieht, der hört auf, ein Spielball der Zeit und ein Knecht der Verhältnisse zu sein. Was würde es für uns persönlich und auch für unser Volk und mit ihm für die Völker Europas bedeuten, *wenn wir diese Ruhe in Gott und mit ihr jenen neuen Geist finden würden, unter dessen Leitung und in dessen Aktivität es uns zur weltüberwindenden Gewißheit würde, daß „denen, die Gott liebhaben, alle Dinge zum Guten mitwirken"!* Wir würden jene Gotteswarte entdecken, von der aus wir das ganze Geschehen in göttlicher Beleuchtung sehen könnten. Es würden sich uns alsdann jene großen Gottesziele eröffnen, denen alles letzthin entgegengeführt werden soll.

Solch eine Gotteswarte ist uns auch das Buch des Propheten Daniel. Mit seinem inneren Offenbarungsgehalt stellt es das große Weltgeschehen auch unserer Tage in eine göttliche Beleuchtung. Es wirft ein so helles Licht auf die vielfach so verworrenen und rätselhaften Zeitströmungen und Geschichtsentwicklungen unseres Zeitalters wie kaum ein zweites Buch unseres biblischen Kanons. Denn sowohl *in den ersten sechs Kapiteln,* die den geschichtlichen Teil des Buches bilden, als auch *in den Traumgesichten der letzten sechs Kapitel* tritt in großen, allgemeinen Geschichtslinien und Lebensprinzipien ein Weltbild in Sicht, *wie es sich dem Wesen nach in den großen Geschichtsperioden aller Zeiten je und je wiederholt hat.* Hinter diesem Weltbilde steht aber Gott. Er waltet souverän und in göttlicher Majestät auch mitten in allen Geschichtskatastrophen und in jedem wilden Spiel der Weltgeschehnisse. Ob es sich handelt um das Leben Daniels und seiner Freunde, ob um die Existenz Judas und dessen Geschichte, ob um ganze Weltreiche und deren Nationen — wie Assyrien, Babylon, Persien, Griechenland — alle bilden im großen Weltgeschehen nicht etwa nur einen gelegentlichen Zufall. Sie müssen kommen und gehen, richten und segnen, wie es das Walten des Höchsten zum Heile des Ganzen und der Zukunft bestimmt.

Besonders auch *die sechs Geschichtskapitel* des Propheten Daniel führen eine Sprache über Gottes zielbewußte und heilsgeschichtliche Weltregierung, wie eine rein theoretische und profane Geschichtsdarstellung sie uns niemals zu zeichnen vermöchte. Wohl ist auch in dem Geschichtsbilde der ersten sechs Kapitel das Leben voller Konflikte. Wohl erlebt die Welt auch hier ihr Gericht, und auch hier scheinen die Gerechten gelegentlich dem Untergange geweiht zu sein. Wohl unterliegt auch hier wiederum der brutalen Gewalt, was nur durch brutale Macht aufgebaut wurde. — Hinter allem aber steht ein Wille, der nicht will, daß der Mensch verlorengehe, und hinter allem steht eine Hand, die „das Unmöglichste von allem Unmöglichen" dennoch auf Erden verwirklicht und *das Königreich des Gesalbten zum Siege führt.*

Zwar wird auch in diesen ersten Geschichtskapiteln bereits sichtbar, wie die Weltgeschichte zum Weltgericht führt. Diese Grundwahrheit kommt in ihrem erschütternden Ernst aber erst in den Traumgesichten der letzten sechs Kapitel des Prophetenbuches zu einer symbolischen Darstellung. Wie gewaltig, wirklichkeitsnah, zeitumspannend ist hier der Vergleich aller kommenden, triumphierenden und gehenden Weltmonarchien mit dem Wesen und Charakter der Raubtiere, die die schwächere Kreatur nur zu ihrer Selbsterhaltung auszunutzen suchen! Es war durch die Jahrtausende hindurch aber die gewaltige Tragik auch der Weltmonarchien, *daß bisher noch jedes Raubtier durch ein anderes seine Todeswunde erhielt.* Die Weltmonarchien schufen sich durch ihre Geschichte bisher noch immer ihr gegenseitiges Gericht. Auf den Trümmern der gewalttätigen Weltstaaten tritt zuletzt aber ein Reich des Menschensohnes in Sicht, dessen Grundfeste Gerechtigkeit, dessen Evangelium Friede sein wird. Mithin wird dessen Herrschaft währen von Ewigkeit zu Ewigkeit.

Wir wissen zwar, *welch einer schweren Kritik gerade das Buch des Propheten Daniel im Laufe der Geschichte unterworfen worden ist.* Seit den Tagen des gelehrten Porphyrius, der im Jahre 304 in Rom als Mitglied einer platonischen Schule starb und als bitterer Gegner fünfzehn Bücher gegen das Christentum geschrieben hat, sind die Stimmen nicht mehr verstummt, daß das Buch nicht von Daniel, sondern erst in der Makkabäerzeit von einem unbekannten Verfasser geschrieben worden sei. Heute ist dies in der theologischen Wissenschaft fast die allgemeine Annahme. Im hebräischen Kanon, für dessen Text der palästinensische maßgebend ist, steht es nicht unter den andern Propheten, es wurde nur zur Sammlung der heiligen Schriften gezählt. Es war dies die dritte Sammlung innerhalb des hebräischen Kanons, in dem die erste das Gesetz und die zweite die prophetischen Bücher umfaßte. In der dritten stand Daniel vor den Büchern Esther, Esra, Nehemia und Chronika. Es darf wohl angenommen werden, daß zur Zeit der allgemeinen Anerkennung des Danielbuches als kanonisch der jüdische Kanon in seinen beiden ersten Teilen bereits abgeschlossen war.

Auf Grund des visionären Inhalts, besonders der letzten sechs Kapitel des Prophetenbuches, wurde von der Synagoge an dem besonderen Charakter dieses Buches im Unterschied zu den anderen Propheten festgehalten. Man zählte Daniel mehr zu den Apokalyptikern als zu den eigentlichen Propheten. Erst die junge Apostelkirche ließ jeden Unterschied zwischen Daniel und den anderen anerkannten Propheten fallen.

Zu den verschiedensten Ansichten innerhalb der Wissenschaft hat nun *die Frage nach der Entstehungszeit des Danielbuches* geführt. *Die alte und mehr konservative Exegese* rückte die Entstehung möglichst nahe an die Zeit Daniels heran. Sie verfolgte dabei das Ziel, „dem theologisch ungemein wichtigen Prophetenbuch die größtmögliche Autorität“ zu sichern. Je sicherer man die Schrift in seinem Hauptinhalt als von Daniel selbst verfaßt ansehen dürfe, desto größer sei seine Autorität. Man übersah aber in diesem Bestreben, daß man auch von manchen andern Büchern des Alten Testaments nicht genau die Zeit von deren Abfassung und auch nicht deren Verfasser anzugeben vermag. Da das ganze Buch genaue Kenntnisse von Babel und von dem Leben der damaligen

Zeit verrät, so darf wohl angenommen werden, daß die wesentlichen Tatsachen richtig überliefert worden sind. Das zwingt jedoch nicht auch zu der Annahme, daß die Niederschrift des ganzen Buches bereits zu Lebzeiten des Daniel erfolgt sei.

Die kritisch arbeitende Exegese glaubt, „ohne eine andere Möglichkeit auch nur für erwägenswert zu erachten, daß Daniel erst in der Zeit der Makkabäer (2. Jahrh. v. Chr.) entstanden sei; ja hie und da setzt sogar der Versuch ein, mit diesem und jenem Kapitel bis in die römische und somit für das endgültig abgeschlossene Buch in nachchristliche Zeit herabzugehen (vgl. E. Hertlein, Der Daniel der Römerzeit. Ein kritischer Versuch zur Datierung einer wichtigen Urkunde des Spätjudentums. Leipzig 1908). Beiderseits scheinen überwiegend grundsätzliche Erwägungen den Ausschlag zu geben, ohne daß die vorhandenen Anzeichen der Entstehungsgeschichte des Buches entsprechend zur Geltung kämen.

So erkennt die kritische Exegese nicht an, *daß es wirkliche Weissagungen der Zukunft gibt, die sich tatsächlich erfüllt haben.* Deshalb betrachtet sie die erfüllten Weissagungen des Buches Daniel, welche die Zukunft von Daniel bis zu den Makkabäern zu enthüllen scheinen, als fiktive Prophetien, die ein Verfasser der Makkabäerzeit einem Daniel, der schon für Ezechiel einem hohen Altertum angehörte, in den Mund gelegt habe[1]."

Auch Behrmann entscheidet sich für eine späte Entstehung des Danielbuches und faßt seine Forschung in folgende Sätze zusammen: „Aus der späten Entstehung unseres Buches erklärt sich auch die Erscheinung, daß es zwar großen Einfluß auf die makkabäische Zeit ausgeübt hat, aber daß keine Spur eines solchen bemerkbar ist in dem kanonischen Schrifttum des Alten Testaments.

Aber ebenso sicher, wie die Betrachtung des historischen Charakters des Danielbuches auf so späte Abfassung hinführt, *ebenso bestimmt widerspricht sie der Behauptung, der Inhalt dieses Buches sei erst damals erfunden oder umgedichtet zu dem Zweck, die jüdischen Frommen gegen die Versuchung zum Abfall zu schützen.* Nicht Erfindung, sondern Überlieferung liegt überall vor, welche, auch wo sie von dem sonst beglaubigten Geschichtsverlauf ab=

[1] Dr. Joh. Goettsberger: Das Buch Daniel, S. 3.

weicht, durch anderswo gegebene Nachrichten als wirkliche, wenngleich ins Sagenhafte gewachsene Überlieferung bezeugt wird; eine absichtliche Umwandlung derselben aber, welche eine Parallele zwischen Nebukadnezar bzw. Belsazar und Antiochus Epiphanes ziehen wollte, läßt sich nirgendwo nachweisen. *Der Verfasser unseres Buches hatte die Absicht, den passiven Widerstand der Gesetzestreuen seines Volkes zu trösten mit Erzählungen aus der Vorzeit,* welche ihm bekannt geworden waren, und mit den Weissagungen, welche die Vorzeit über die leiderfüllte Gegenwart hinweg mit einer herrlichen Zukunft verbanden. Indem er in den letzteren Daniel selbst redend einführte und sie zum Teil bis ins einzelne spezialisierte, folgte er einer allgemeinen Sitte jener Zeit. Dies gehörte für ihn, wie für viele folgende Geschlechter und für die Gemeinde noch heute, der Form an; *der Inhalt entstammte denselben Quellen wie die alttestamentliche Offenbarung überhaupt.* Das bezeugte sich an der Frucht, welche das Buch trug, nicht nur für das damalige Judentum, sondern auch bei Entstehung und Erhaltung des Christentums[1]."

Wir glauben uns im wesentlichen den Ausführungen Goettsbergers anschließen zu sollen, wenn er in seinem Einleitungskapitel schreibt: „Läßt sich so die Entstehungszeit des gegenwärtigen Buches — und um dieses kann es sich zunächst ja nur handeln — bloß innerhalb gewisser dehnbarer Grenzen bestimmen, so dürfen wir nicht hoffen, als Verfasser einen bestimmten Namen nennen zu können. Anders verhält sich die Sache, wenn wir fragen, ob nicht in einem früheren Stadium Daniel Hand an das Buch gelegt hat. Kommt es nicht genau auf die gegenwärtige Form des Buches und die vorliegende Einordnung seiner Bestandteile an, dann sind die Einwände gegen unmittelbare Herkunft aus Daniels Hand nicht mehr so wirksam, und die Eigenart des Inhalts der Prophetenschriften läßt nicht leicht daran glauben, daß sie von Epigonen in tiefer greifender Umgestaltung der ursprünglichen Fassung entkleidet worden wären. Die wechselvolle Geschichte, die unser Buch durchlaufen mußte, ehe es in die gegenwärtige Form gegossen

---

[1] Hauptpastor G. Behrmann: Das Buch Daniel, S. XXVII.

wurde, legt es nahe, weitgehend den Grundstock des Buches in die Zeit des Daniel zurückzuverlegen[1]."

Es liegt weder in der Absicht des Verfassers noch im Charakter des Werkes, die textkritischen und literarhistorischen Fragen hier möglichst einer letzten Lösung entgegenzuführen oder auch nur zu beantworten. Wen diese Fragen bewegen, den müssen wir auf die wissenschaftlichen Kommentarwerke und auf sonstige Fachliteratur verweisen. Uns handelt es sich um die entscheidende Frage: *Hat sich der Offenbarungsgehalt des Propheten Daniel als Gottesoffenbarung im Laufe der Jahrtausende gerechtfertigt oder nicht?* Finden wir hier eine Weltanschauung und ein Weltbild, das von der ganzen späteren Zukunft Lügen gestraft werden konnte, oder straft die Wahrheit dieser Offenbarung unsere moderne Weltanschauung und Geschichtsdarstellung Lügen? Behält Gott im Lichte eines Propheten Daniel recht, oder behält der Mensch im Lichte seiner modernen Kulturentwicklung recht? *Soll letzthin der Mensch ohne Gott, oder Gott mit und durch den Menschen in der Geschichte siegen?*

Das sind für uns entscheidende Fragen. *Wir zweifeln nicht an der Geschichtlichkeit der Erlebnisse des Königs Nebukadnezar und der Persönlichkeit Daniels.* Der Inhalt des Buches ist mit seiner Geschichte gerechtfertigt worden. Es bestand bis heute jener Kampf zwischen Weltstaat und Gottesreich, der den leitenden Grundgedanken des ganzen Prophetenbuches bildet. Mit einer Schärfe und Lichtfülle, wie nur die Offenbarung zu reden vermag, ist uns der innere Charakter und der zeitliche Verlauf der Weltmonarchien bis zu ihrer letzten Katastrophe und der Sieg des Gottesreiches gezeichnet, wie wir es sonst vergeblich in der Geschichtsliteratur der Völker suchen werden.

Daher hat die gläubige Gemeinde in ihren dunkelsten Zeiten auch immer so stark eine höhere Orientierung im Lichte des Propheten Daniel und der Offenbarung des Johannes gesucht. Leider hat sie im Laufe der Jahrhunderte je und je auch manches zu ihrem Unheil aus den Büchern herausgelesen. Es würde zu weit führen, um an so manche Irrtümer zu erinnern, die bis in die jüngste Zeit hinein

[1] Dr. Joh. Goettsberger: Das Buch Daniel, S. 6.

ihre Kraft aus falschen oder einseitigen Deutungen der eschatologischen Bücher des biblischen Kanons schöpften.

Wir wollen daher in heiliger Nüchternheit in das Licht der Offenbarung treten, das uns auch dieses Buch mit seinen großen, scharf umrissenen Persönlichkeiten in den ersten sechs und mit seinen Traumgesichten in seinen letzten sechs Kapiteln für unsere Zeit und die Entwicklung der Zukunft geben will. Wir tun es mit dem bewußten Vorbehalt, daß auch wir uns in dieser oder jener Deutung irren können. All unser Erkennen ist Stückwerk. Wir hoffen aber, daß uns im Lichte des Propheten Daniel die Fußspuren des lebendigen Gottes in unserem persönlichen Leben und auch im großen Verlauf der Geschichte unseres Zeitalters weit sichtbarer und verständlicher werden. *Unsere Seele will Gott sehen, sie will ihn sehen auch in den großen und kleinen Ereignissen der Gegenwart.* Findet sie ihn in seinem Walten nicht, dann sieht sie sich halt- und rettungslos fortgerissen vom Strom der Zeit und ist preisgegeben jenen zersetzenden Gewalten, die sie nicht zu meistern vermag.

In diesem Geiste wollen wir an den Inhalt des Buches Daniel treten, damit Gott dadurch zu uns rede. Die Kirche muß in unserer Zeit ihren Platz als Prophetin Gottes und als Botin einer Neuschöpfung wiederfinden, falls sie die Not der Zeit richtig deuten und der Welt in ihrem Gerichte mit einer höheren Zukunft dienen will. Wird sie sich nicht wieder im Geiste der Propheten und Apostel ihrer göttlichen Berufung, Sendung und Botschaft bewußt, dann wird sie von denen als dumm gewordenes Salz zertreten werden, denen zu dienen sie berufen war. Lauter denn je ruft der Herr mithin heute seiner Kirche durch die göttliche Offenbarung zu: *„Wer ein Ohr hat, der höre, was der Geist den Gemeinden sagt!"*

Daniel, der Prophet als Staatsmann

A. Der Geisteskampf zwischen Weltstaat und Gottesreich

I. Babel vor Jerusalem

„Im Jahre drei unter dem Königtum Jojakims, des Königs von Juda, kam Nebukadnezar, der König von Babel, vor Jerusalem und belagerte sie." Dan. 1, 1

Das ist Gottes Art, Weltgeschichte zu schreiben. Er nimmt ein bestimmtes Ereignis der Geschichte und läßt uns im Lichte einer Einzelerscheinung das Wesen und den Verlauf des Ganzen sehen. *Babel vor Jerusalem* — das war in jedem Zeitalter das bezeichnende Bild in dem großen Kampf zwischen Weltstaat und Gottesreich.

Nicht Jerusalem vor Babel. Diese Stellung hat Jerusalem als berufene Hütte Gottes auf Erden nie in der Geschichte eingenommen. Wenn Jerusalem sich gelegentlich auf der Linie zu solch einer agressiven Machtentfaltung entwickelte, wie z. B. in den Tagen Salomos oder in den Glanzzeiten Roms, dann schuf sie die geistigen Grundlagen ihres eigenen Untergangs. *Denn das Licht ringt nicht mit der Finsternis.* Es hat eine viel positivere Weltmission. Mit seinem Kommen will es die Herrschaft der Nacht in einen Tag verwandeln. Seine schöpferische Mission will alles Leben jenem ersehnten Gottessabbat entgegenführen, der einmal ohne einen Abend sein wird.

Ob es sich um das Jerusalem der israelitischen Geschichte oder um die gegenwärtige Kirche Christi handelt — *ihr Kampf ist ein rein geistlicher, der nur mit geistlichen Waffen geführt werden kann.* Denn es ist unmöglich, mit fleischlichen Waffen geistliche Werte zu gewinnen. Sooft Jerusalem in der Geschichte wirklich Jerusalem, die Kirche wirklich eine Ekklesia militans Christi war, war Babel niemals der Gegenstand ihrer Bekämpfung. Es war immer nur das Missionsgebiet ihres prophetischen Dienstes. Ihre Ziele sind nicht gewaltsame Unterwerfung. Durch Erlösung erstrebt sie eine innerliche Gewinnung: aus Feinden sollen Freunde Gottes werden. *Jerusalem konnte sich in ihrem Kampfe daher immer nur als Prophetin mit der Thorarolle, niemals jedoch als Ritter mit dem*

Schwerte behaupten. Die Kirche war nie eine Jungfrau von Orleans. Sie triumphierte nur dann in der Welt, wenn sie als Apostel des Gekreuzigten eine Ekklesia pressa, eine unterdrückte, bedrängte Kirche ihres Herrn war und im Bewußtsein ihrer Schwachheit ihre Sendung und Mission erfüllte.

Babel steht aber vor Jerusalem, und zwar mit dem Aufgebot ihrer ganzen Macht. Ihre Waffen entsprachen stets ihrem Wesen. Sie will herrschen, demütigen oder letzthin auch knechten. Babel konnte es nie dauernd ertragen, daß Jerusalems Existenz von einer höheren Macht abhängig war und sich niemals mit Babels Wesen vermählte. Jerusalem als Gottesreich, die Kirche als Lebensraum Jesu Christi in der Geschichte blieb die Jungfrau, um deren Hand die Welt vergeblich freite. Sie weiß sich einem Höheren verlobt, ist allein ihrem Herrn geweiht. Verschmähte Liebe aber verwandelte sich noch immer in tödlichen Haß. Für Babel bleibt Jerusalem daher ein Rätsel, ein Fremdling, eine Geduldete, niemals jedoch die Geliebte. *Nur wenn Jerusalem Babels Buhlerin wurde, hatte auch sie weiten Raum in Babels reichen Zelten und teilte Babels Ruhm und propagierte mit Babels Macht.*

So zeichnet Gott das große Ringen der Jahrtausende bis in die jüngste Gegenwart hinein zwischen Weltmacht und Gottesreich. Wir haben bereits unzählige Bände darüber geschrieben und mit ihnen unsere Bibliotheken gefüllt. Und gewiß haben unsere Geschichtswerke unendlich viel Wahrheit, aber auch Lüge in unzähligen Einzelheiten aus diesem Kampfe festgehalten. Über diese göttliche Darstellung des Kampfes in seinem tiefsten Wesen und mit seinem letzten Ziel sind wir aber niemals hinausgekommen.

„Babel" und *„Jerusalem":* das waren daher zu allen Zeiten seit Beginn unserer Geschichte die beiden Typen im großen Ringen innerhalb der Weltgeschichte. Ob wir dieses als den Kampf der Finsternis mit dem Lichte, oder als den des Fleisches mit dem Geiste, oder als den der Macht dieser Welt mit dem Gottesreiche bezeichnen: *Babel bleibt überall die Trägerin der Weltmacht und Jerusalem Trägerin der Gottesoffenbarung.* Wie begreiflich wird uns der Kampf zwischen beiden, wenn wir ihren inneren Wesensunterschied und ihre verschiedenen Ziele für die letzte Zukunft gesehen haben! Wir

bleiben daher zunächst vor beiden stehen, um sie in dem Lichte zu sehen, in dem sie in der göttlichen Offenbarung erscheinen.

1. Babel, die Vertreterin der Weltmacht

Nehmen wir all die einzelnen Stellen der Schrift[1], die uns ein Bild von Babel entwerfen, und wir werden finden, daß vom ersten Buche Mose Kapitel 10, 10 an bis zum Schluß der Offenbarung Babel in ihrem Wesen immer wieder denselben Stempel trägt, in ihrem Schaffen denselben Charakter offenbart, in ihrer Leidenschaft dieselbe Härte bekundet und in ihrer Entwicklung dieselben Ziele erstrebt. Vielleicht dient es uns zu unserer Orientierung, wenn wir zunächst Babels tiefstes Wesen und ihren geschichtlichen Charakter in wenigen kurzen Sätzen zu fassen suchen. Babel war in ihrem innersten Wesen immer:

Machtentfaltung — daher Knechtung der Brüder;
Selbsterlösung — daher Verneinung des Kreuzes;
Kulturanbetung — daher Vergötterung des Menschen und dessen Schöpfungen.

In diesen großen Grundlinien bewegte sich die Geschichte der Menschheit von den Tagen Kains an bis in die höchsten Kulturzeiten der letzten Jahrhunderte hinein. Nur wenige sahen sich durch eine erlebte Gottestat herausgehoben aus der Gewaltherrschaft der Finsternis und hineinversetzt in das Königreich des Sohnes der ewigen Liebe[2].

a) Babel: Machtentfaltung — daher Knechtung der Brüder

In der biblischen Überlieferung wird der Ursprung Babels auf die Gründung zurückgeführt, die Nimrod[3], ein Enkel Hams, in der Tief=

---

[1] Sie sind so zahlreich, daß wir sie hier unmöglich alle nennen können und, um sie alle aufzufinden, auf eine Konkordanz hinweisen müssen.

[2] Kol. 1, 13.

[3] In Gen. 10, 9 wird Nimrod ein גִּבֹּר צַיִד genannt. Proksch bemerkt in seinem Genesis-Kommentar dazu: „גִּבֹּר צַיִד (cf. גִּבֹּר חַיִל ‚der Adlige') ist der Jagdgewaltige. Bekannt ist die Jagdleidenschaft babylonischer und namentlich assyrischer Könige; aber auch der Sturm- und Kriegsgott Nin-Ib ist Jagdgott." Sein Vorbild und seine Kraftquelle fand Nimrod mithin in einer Gottheit, die in sich Leidenschaft und Gewalt verkörperte.

ebene im Lande Sinear, d. h. Babylonien, unternahm. Er tritt als erster in der Geschichte auf, der durch seine natürliche Begabung, seine geistige Überlegenheit und sein bewußt gepflegtes Heldentum jene unheilvolle Gewaltherrschaft in die Entwicklungsgeschichte der Völker trug. Sie ist hinfort eine der charaktervollsten Wesenszüge im Gesamtbilde Babels geblieben. *In Nimrods selbstsüchtiger Seele wurden die Inspirationen zu jener antigöttlichen Weltherrschaft geboren, die einst im Antichristus und dessen Weltmacht ihre letzte Vollendung und ihr Gericht finden wird.* Seine Gaben dienten ihm als Macht, seine geistige Überlegenheit als Politik, um die Kräfte seiner Zeit unter dem Scheine ihres Wohles zu einem gemeinsamen Kulturwerk zusammenzufassen und seinem eigenen Ehrgeiz und seinen persönlich erstrebten Machtgelüsten dienstbar zu machen. Er baute Babel und verherrlichte in dieser Schöpfung sich selbst.

Es wäre jedoch Nimrod niemals gelungen, seine Zeitgenossen zur Preisgabe ihrer persönlichen Freiheit und zur Aufopferung ihrer Mittel und Kräfte für ein gemeinsames Ziel zu gewinnen, wenn er nicht verstanden hätte, die neue, große Kulturschöpfung im Turmbau zu Babel als die einzige Rettung der Zukunft für die Gesamtheit hinzustellen. Um des eigenen Wohles und um des Heiles der Zukunft willen sei es daher für den einzelnen eine moralische Pflicht, die Opfer zu bringen, die Kräfte einzusetzen, der Parole zu folgen: *„Wohlan, wir wollen uns eine Stadt und einen Turm bauen, dessen Spitze bis an den Himmel reicht, und wollen uns einen Namen machen, damit wir uns nicht über die ganze Erde hin zerstreuen*[1]*."*

So wurde nach dem Flutgericht durch die Inspirationen des Geistes Nimrods jene neue Einheit mit ihrem nationalen Patriotismus geschaffen, die für jede Zukunft alle Stämme und Völker zu einer einzigen Weltmonarchie verbinden sollte. Diesen Charakterzug hat Babel seitdem in der Weltgeschichte nie mehr verleugnen können. Auch Babels Ziel ist Einheit, auch Babels Seele strebt aufs Ganze, auch Babel will alle beglücken, indem es sich selbst beglückt. Gerade darin, daß man den Universalstaat zum Selbstzweck erhob, sah man die bewahrende Kraft, das zusammenhaltende Mittel, die fort=

[1] Gen. 11, 4.

schreitende Gesundung, das erlösende Ziel für alle Zukunft. *Babels Inspirationen fließen aber aus einer Nimrodschen Seele, Babels Einheit entrechtet das einzelne Geschlecht, Babels Kulturschöpfung endet in der Vergottung des Vergänglichen, Babels Ziele führen zu einer stets sich wiederholenden Katastrophe der Geschichte.*

Welch ein ungeheuerliches und blutiges Drama ist doch seither aus diesen Nimrodschen Inspirationen geflossen! Wie haben sie die Weltgeschichte in ein fast ununterbrochenes Schlachtfeld verwandelt, die Menschheit jeden Zeitalters in namenloses Elend und in unerträgliche Knechtung geführt! Das Heiligste des Lebens wurde entweiht, und Menschen wurden zum Tauschobjekt, wie Güter zum Gegenstand des Raubes gemacht werden.

Haben doch selbst die meisten sogenannten christlichen Staaten, die Nimrods Geisteserbe und Nimrods Prophetenmantel übernahmen, bis heute noch in ihrem Staatswappen irgendein wildes Tier als Symbol ihres Geistes und ihrer Macht. Gewiß gab es in der Geschichte Zeiten, in denen manche ihrer Untertanen und dann und wann einer ihrer Herrscher nichts mit dem Erbe Nimrods zu tun zu haben suchten. Die Staaten als solche aber schmückten sich zwar mit dem Schein des Christentums, in ihrer Seele lebte jedoch immer noch das Tier.

Es war aber Gottes zielbewußtes und heilbringendes Walten im Weltgeschehen, *daß das Tier immer wieder durch das Tier seine Todeswunde erhielt.* Wäre nicht dieses Nein Gottes auf die Machtentfaltung des Menschen erfolgt, die Weltgeschichte hätte längst in ihrer antigöttlichen Entwicklung das erstrebte Ziel einer von Gott gelösten Universalmonarchie erreicht. Damit hätte sie aber auch ihr endgeschichtliches Gericht gefunden. Gottes verborgenes Walten fügte es aber, daß bisher noch kein Nimrod eine dauernde Weltmonarchie zu schaffen vermochte. Jeder scheinbare Versuch überlebte kaum seinen Gründer. Es ist wie eine Ironie der Geschichte, daß jede Macht, wenn sie zur höchsten Entfaltung ihrer Gewalt und ihrer Machtgelüste gelangte, blind wurde und daher im Bewußtsein ihrer Stärke jegliche höhere Klugheit verschmähte. So schuf sie sich je und je ihren eigenen Untergang. *Hinter allem stand jedoch Gott, der in seiner Barmherzigkeit Bestehendes in der eigenen Sünde untergehen ließ, um Zukünftiges für das Reich seiner Gnade erlösen zu können.*

b) Babel: Selbsterlösung — daher Verneinung des Kreuzes

Die eigentliche Genesis Babels geht noch weit über Nimrod hinaus. Sie liegt in Kains Geschlecht und in Kains Religion. Daher trug Babel auch je und je Kains Angesicht und Charakter, und zwar in ihrem Opfer, in ihrem Verhältnis zum Nächsten, in ihrem gerichteten Gewissen, in ihrer Flucht vor Gott, in ihren Kulturschöpfungen für die Zukunft. Denn nicht das war das Charakteristische bei Kain, daß er etwa ohne Religion gewesen wäre. Auch er fand den Weg zum Altar. Auch er trug eine Opfergabe in seinen Händen und empfand es, daß Gott seinem Opfer nicht gnädig war. So kennt auch Babel als Trägerin der Weltmacht das Opfer, kennt den Altar, kennt die Religiosität. *Es hat nie einen Weltstaat gegeben, der ohne Religion gewesen wäre.* Glaubte man auch, sich von Gott gelöst und sich dem Atheismus verschrieben zu haben, dann erhob man die Gottlosigkeit zum Dämon seines Lebens und die Pflege der atheistischen Weltanschauung zum Gottesdienst der heimatlosen Seele.

Was war aber das Eigenartige in Kains Opfer? Was unterschied ihn in seiner Religiosität so wesentlich von seinem Bruder Abel? *Kain opferte eine Gabe, nicht aber sich selbst.* Er findet Gott mit vergänglichen Werten ab, erschließt ihm aber nicht sein Leben. Er genügt Gott mit einer kultischen Handlung, macht sein Leben jedoch nicht zu einem lebendigen Umgang mit Gott. So ist er bis in die Gegenwart hinein der Vater aller Religionen geworden, die zwar die Form eines Huldigungsopfers wählen, aber ohne Huldigung des Höchsten leben, zwar den Weg zum Altar gehen, aber den Umgang mit Gott verleugnen, zwar Opfer in ihre Heiligtümer tragen, aber ihre Seele nie zu einer Hingabe an Gott werden lassen.

Daher die Verneinung des Kreuzes in der Religiosität der Menschheit und der Weltmacht, die wie Kain ohne Gott in ihrer Kultur, in ihrem Fortschritt, in ihrer Religiosität und in ihrer Zukunft fertig zu werden suchen. *Denn das Wesen des Kreuzes war immer Gericht des Widergöttlichen und Glaubenshingabe des Menschen an Gott.*

An keiner Person sehen wir diese beiden Seiten in dem Wesen des Kreuzes so klar wie in der Person *Jesu Christi.* Sein Weg zum Kreuz war Gericht der alten Schöpfung. Indem man ihn als den Gerechten und Schönsten unter den Menschenkindern ans Kreuz schlug, offenbarte die Menschheit die ganze Häßlichkeit ihrer Seele. Kirche und Staat, Priester und Statthalter, jüdisches Synedrium und römisches Tribunal wurden Freunde und verurteilten den Gesalbten Gottes, den König der Wahrheit, den Heiland der Welt. Und Christus trug dieses Kreuz. So wurde er das Gotteslamm, das aller Welt Sünde trägt. Es gab keine Schuld, es gab keine Schande, es gab keine Ungerechtigkeit, die nicht in der Schaffung des Kreuzes auf ihn gelegt wurde. Und er nahm dies Kreuz und trug es. Für Religion und Staat aber, diese beiden Kulturblüten der gesamten Menschheit, die das Kreuz schufen, bedeutete es Gericht. Niemals können Gottes Gerechtigkeit und Gnade solch eine gepflegte Religiosität und solch eine mißbrauchte Macht rechtfertigen. Daher steht die Welt sowohl mit ihrer Religion als auch mit ihrer Macht unter dem Gericht. In der Schaffung des Kreuzes hat sie ihr Urteil geschaffen. Ihr wahres Angesicht ist das Kreuz, das sie dem Menschensohne gab. *Barabbas steht ihr näher als Christus, der Mörder näher als der Heiland der Welt.* Das ist aber Flucht vor Gott, das ist Rettung im Menschen.

Am Kreuze kam aber auch die Hingabe des Sohnes an den Vater zum Ausdruck, wie sonst in keiner anderen Tat Jesu. Bei einer neuen Bearbeitung der Verklärung Jesu ist es mir aufs neue zur Gewißheit geworden, daß er in seinem Verklärungszustande auf dem Berge direkt zum Vater hätte zurückgehen können. Er aber unterhielt sich mit Mose und Elia über den Ausgang, den er in Jerusalem nehmen sollte. Freiwillig trat er zurück von einem Heimgang, der offen vor ihm lag, weil er wußte: in meinem Messiasberuf liegt auch das Kreuz mit seinem Opfertode zur Erlösung für viele. *So vollendete sich am Kreuz die höchste Hingabe des Sohnes an den Vater und an die Erlösung,* die der Vater durch den Sohn der Welt schenken wollte.

Diesen Weg des Gerichts über das eigene Wesen und diesen Weg der Hingabe an den Vater und dessen Erlösung, an Gott und dessen Weltregierung kennt die Welt in ihrer Frömmigkeit nicht. Ihre Religion will vermitteln, damit Gott sie in ihrem Wesen rechtfertige. Sie will in dem Geiste ihrer Frömmigkeit nicht gerichtet, sie will anerkannt werden. *Auch sie will Erlösung, jedoch ohne Erneuerung, auch sie sucht Weltüberwindung, aber durch die Entfaltung der eigenen Kraft, auch sie ersehnt Gerechtigkeit, jedoch als Frucht ihrer religiösen Entwicklung.* Sooft daher Babel in ihren Trägern sich selbst und der Welt Erlösung zu bringen suchte, geschah es immer auf dem Wege der Selbsterlösung.

Um was handelt es sich aber in unserer Erlösung bei Gott? Ist es ihm, dem Schöpfer aller Dinge, um eine Gabe zu tun, die wir ihm als Opfer bringen, während der Mensch selbst innerlich ihm völlig fremd gegenüber bleibt? Gaben hat Gott übergenug. Die ganze Erde ist in ihrer Schönheit und in ihrem Reichtum eine Fülle seiner Herrlichkeit und ein Ausdruck seiner Majestät und Herrschaft. Wonach er sich sehnt, das ist der Mensch. Der Mensch in seiner ganzen inneren Beschaffenheit steht über jeder Gabe und ist auf Gott hin erschaffen. Gott ruht zwar in seinem großen Schöpfungswerk. Er freut sich über das Gebilde seiner Hände. Er lustwandelt zwar auch heute noch in seinem wunderbaren Schöpfungsgarten. Für seinen Umgang sucht er jedoch den Menschen seines Ebenbildes. Allein mit ihm kann er geistlich verkehren. Nur mit dem Menschen ist jene wahre Geistesgemeinschaft möglich, wie sie jeder Vater mit seinem Kinde ersehnt. Ihm allein kann Gott anvertrauen, was seine göttliche Seele in ihren Tiefen je und je bewegte. Daher erlöst Gott den Menschen, indem er dessen widergöttliches Leben richtet und durch seinen Geist ihm ein Leben mitteilt, das sich hineinziehen läßt in die verborgene Lebensgemeinschaft mit ihm.

c) Babel: Kulturanbetung — daher Vergötterung des Menschen und dessen Schöpfungen

Das ist der dritte Charakterzug in Babels Wesen. Wo je Babels Geschichte sichtbar wurde, da wurde auch Babels Kulturanbetung und Selbstvergötterung offenbar. Babel bewunderte sich noch immer in dem, was sie schuf, und in dem, was ihr von

Gott an Begabung, an Leistung und an Naturkräften gegeben wurde. Sie machte sich abhängig von ihrer eigenen Schöpfung und gewann ihre Zukunft in eigener Kraft. Sie vertraute im Blick auf ihre innere Entwicklung und auf ihren äußeren Aufbau auf ihren Geist, und im Blick auf ihren Feind verließ sie sich auf ihre überlegene Politik und auf ihre starke Faust.

Es würde zu weit führen, noch einmal an der Geschichte Kains zu zeigen, wie er zuerst opferte, dann seinen Bruder erschlug und alsdann hinging und sich und seinen Erben eine Stadt erbaute. Ich frage jedoch alle Geschichtskundigen: Ist Babel in seinem tiefsten Wesen, ist die allgemeine Weltgeschichte in ihrer Entwicklung denn je über diesen Charakterzug Kains hinausgekommen? Man opferte zwar Gott von seiner Gabe, daneben aber erschlug man in seinem Machtbewußtsein skrupellos seinen Nächsten. Dann ging man hin und schuf auf den Trümmern niedergetretener Felder und niedergebrannter Städte eine neue, eigene Kultur zum Heil der eigenen Geschlechter. Zum Zeichen seiner heroischen Taten feierte man alsdann seine Helden, verewigte man in Granit und Marmor deren Taten, bewunderte man ehrfurchtsvoll die Schöpfungen ihres Geistes und ihrer Faust und verlieh dem Ganzen noch eine religiöse Weihe durch ein offizielles Dankgebet. So pflegt Babel Opferdienst, so erobert Babel die Welt, so schafft Babel ihre Kultur und Zukunft! Und diese Welt umlagert Jerusalem — *wird sie siegen?*

2. *Jerusalem, die Vertreterin des Gottesreiches*

Wenn wir auch in der Geschichte die Weltstaaten als Reiche bezeichnen, Babel konnte wohl *Staaten*, jedoch niemals Reiche schaffen. Staaten entstehen durch Macht. Sie sind durch Macht und Gesetz zusammengehaltene und organisierte Geschlechter, Völker und Länder. Gott jedoch wirkt durch Offenbarung und nicht durch Macht; durch Erlösung und nicht durch gesetzliche Knechtung. Wo er durch Offenbarung und Erlösung in der Welt ein Neues schaffen konnte, da entstand immer ein *Reich*. Es war immer in seinem Zusammenhang etwas Organisches, etwas aus dem Geiste Herausgeborenes, etwas durch Leben Erzeugtes, Gepflegtes und der Zukunft Entgegen=

geführtes. Daher steht auch Jerusalem in der Geschichte als Trägerin der göttlichen Offenbarung. Denn

Jerusalem entsteht durch Offenbarung –
daher ihre Abhängigkeit von Gott.
Jerusalem lebt von der Offenbarung –
daher ihre Gemeinschaft mit Gott.
Jerusalem dient als Offenbarung –
daher ihre prophetische Weltmission.

Schon diese Feststellung vergegenwärtigt uns den inneren Gegensatz zwischen Babel und Jerusalem. *Jerusalem ist nur dann Jerusalem — und heute ist die Kirche nur dann Kirche —, wenn sie das, was sie ist, durch Offenbarung als eine Schöpfung des Geistes wurde.* Suchen wir uns auch diese Wahrheit noch etwas zu vergegenwärtigen, und wir werden Jerusalems Stellung in der Welt, Jerusalems Dienst unter den Völkern und Jerusalems Erwartungen für die Zukunft tiefer zu fassen verstehen.

a) Jerusalem entsteht durch Offenbarung – daher ihre dauernde Abhängigkeit von Gott

Jerusalem war nie die Frucht einer religiösen Entwicklung, sie war die Schöpfung der göttlichen Offenbarung. In ihr handelt es sich nie um *Gott* innerhalb *eines Menschenwerkes,* in ihr geht es um *den Menschen* innerhalb *eines Gotteswerkes.* Wo je in der Geschichte Gottes Reich in Sicht trat, da wurde es seinem innersten Wesen nach nicht vom Menschen gebaut, das Reich Gottes baute vielmehr den Menschen. Nicht der Mensch zog Gott in seine Frömmigkeit und in seine Aktivität hinein, Gott begnadete den Menschen zur Anteilnahme an seiner Gerechtigkeit, zum Schauplatz seines Wirkens und zum Propheten seiner Offenbarung.

Wie in der Urschöpfung Tag für Tag allein durch das Sprechen Gottes ein Neues entstand, so auch in der Neuschöpfung, die wir als Reich Gottes bezeichnen. Vergegenwärtigen wir uns nur einmal die einzelnen *Entscheidungen der Glaubensväter:* einen Noah, einen Abraham, einen Isaak, einen Jakob, einen Samuel bis zur Berufung der Apostel und Reformatoren! Erst sprach die Offenbarung, dann erst handelte ihr Glaube. Oder denken wir an die wunderbare

Glaubenssprache der Psalmen! Mit welch einer inneren Klage beginnen sie, welch eine zerrissene Seele spricht zunächst aus ihren einzelnen Bitten — plötzlich tritt aber in fast allen eine Wendung ein. Ihr Glaube horcht; denn Gott spricht zu ihnen in ihrem Leid. Daher enden die Psalmen in der Regel auch mit einer Anbetung und mit einem Lobgesang.

Oder denken wir an die schweren *Glaubensnöte und Seelenkonflikte der einzelnen Propheten!* Wie rangen einst ein Jeremia, ein Hosea, ein Habakuk, das völlig unverständliche Geschehen im damaligen Geschichtsverlauf zu verstehen, um es ihrem Volke richtig zu dolmetschen! Eine wirklich prophetische Botschaft für ihre Brüder hatten sie jedoch immer erst dann, wenn Gott zuvor zu ihnen reden konnte. Die Propheten waren nie Schöpfer, sie waren immer nur Empfänger der Offenbarung. *„Der Herr redet, und wer sollte nicht Prophet sein[1]?" So schuf auch einst Israels Glaube sich nicht etwa Jahve als seinen Offenbarungsgott, Jahve als der Gott der Offenbarung schuf sich in Israels Glauben den menschlichen Träger und Vermittler seiner Offenbarung.*

Man würde staunen, wenn man zeigen wollte, wie stark diese Wahrheit den Inhalt der ganzen Heiligen Schrift bestimmt, daß nicht der Mensch das Reich Gottes baut, sondern vom Reiche Gottes gebaut wird. *„Ihr habt gesehen"*, so ließ der Herr einst dem soeben zu seiner Freiheit gelangten jungen Israel sagen, *„was ich den Ägyptern getan und wie ich euch auf Adlersflügeln getragen und euch bis zu mir gebracht habe[2]."* In einer *Tat Gottes* lag das verborgene Geheimnis der plötzlichen Wendung der Geschichte Israels. Dieses Volk wurde „Gottes Eigentum vor allen Völkern" auf Grund von Gottes Handeln. Viel später läßt der Herr Israel als seinem Knecht durch den Propheten Jesaja sagen: *„Nun spricht der Herr, der dich geschaffen hat, Jakob, und der dich gemacht hat, Israel: Fürchte dich nicht; denn ich habe dich erlöset. Ich habe dich mit deinem Namen gerufen, du bist mein[3]!"* Gibt es noch eine stärkere Betonung *der Aktivität* Gottes in dem Werden und in dem Fort=

---

[1] Amos 3, 8.
[2] 2. Mose 19, 4.
[3] Jes. 43, 1.

bestehen Israels, als solch ein Wort zum Ausdruck bringt? Oder wenn es sich je und je um die Wiederherstellung, Umkehr und Neubelebung Israels handelte, läßt der Herr einem Statthalter Serubabel nicht klar und eindeutig durch den Propheten Sacharja sagen: *„Nicht durch Heer und nicht durch Kraft, sondern durch meinen Geist, spricht Jahve Zebaoth*[1]*"?*

Dieselbe starke Betonung finden wir auch im Evangelium Jesu und in der Christusbotschaft der Apostel. Wenn Jesus *das Wesen wahrer Jüngerschaft* bezeichnen will, so greift er zu einem Gleichnis und spricht: *„Ich bin der Weinstock, und ihr seid die Reben*[2]*."* Wie kein Rebleben denkbar ist ohne das verborgene Wirken der Weinstockkraft, so ist auch kein Jüngerleben innerhalb des Reiches Gottes denkbar ohne die schaffende und gestaltende Aktivität Gottes im Menschen. Paulus kann daher die Gemeinde als einen Leib des Christus oder als Gottes Ackerfeld, Gottes Bau bezeichnen[3]. Auch im Blick auf seinen Apostelдienst muß Paulus vor aller Welt feststellen: *„Wir haben aber diesen Schatz in irdenen Gefäßen, auf daß die überschwengliche Kraft von Gott sei und nicht von uns*[4]*."*

Jerusalem — Gottes Schöpfung: das ist das Geheimnis ihrer Existenz, das Wunder ihres Lebens, die Botschaft ihres Seins, die Garantie ihrer Zukunft.

Es ist selbstverständlich, daß diese so starke Betonung der Aktivität Gottes im Blick auf das Reich Gottes niemals auch das Wollen, den Glauben und die Hingabe des Menschen ausschließt. Gottes Wirken behandelt den Menschen nie als einen toten Stoff, sondern immer als eine geistige Persönlichkeit. Gott setzt daher mit der Aktivität seines Geistes auch immer wieder nur da ein, wo seine Offenbarung als ein Evangelium den Menschen für sein Wirken empfänglich machen konnte. Wohl sucht er uns zu überreden, niemals aber zu zwingen, zu vergewaltigen. Dann gewönne Gott zwar Sklaven, niemals aber Kinder für sein Königreich der Himmel. Wagen wir daher, die ganze Wucht der Wahrheit einmal stehen und auf uns wirken zu lassen: *Jerusalem entsteht durch Offenbarung — daher ihre dauernde Abhängigkeit von Gott.*

---

[1] Sach. 4, 6.
[2] Joh. 15, 5.
[3] 1. Kor. 3, 9.
[4] 2. Kor. 4, 7.

b) Jerusalem lebt von der Offenbarung — daher ihre wachsende Gemeinschaft mit Gott

Auch diese Wahrheit ist in der Welt ebensosehr ein Geheimnis, wie sie den Kindern des Himmelreiches selbstverständlich ist. *Diese leben nicht von den Reserven einstiger oder einmaliger Erfahrungen, sie leben von den dauernden Wirkungen, die sie im Umgang mit Gott empfangen.* Der Apostel Paulus bringt diese Wahrheit durch die kurze Formel zum Ausdruck: *„Denn alle, die sich vom Geiste Gottes leiten lassen, die sind Gottes Kinder*[1]*."* Und Jesus spricht über dieses dauernde Empfangen neuer Kräfte der Glieder des Gottesreiches mit den Worten: *„Wer in mir bleibt und in wem ich bleibe, der bringt reichlich Frucht; denn ohne mich könnt ihr nichts vollbringen*[2]*."*

Einseitiger und schärfer kann diese Seite im Wesen Jerusalems kaum betont werden. Gerade in dieser Einseitigkeit offenbart sich aber erst der wahre Charakter und die innere Herrlichkeit des Gottesreiches. Denn es ist eben *Gottes* Reich, nicht aber eine Summe menschlicher Frömmigkeit und Leistung für Gott. In diesem Reich handelt es sich immer erst um Gottes Wirken in uns und dann erst um unser Wirken für Gott. Gottes Barmherzigkeit, die den Menschen aus der Gewaltherrschaft des Todes heraushebt und hineinversetzt in die Königsherrschaft des Sohnes seiner Liebe, ist nicht nur eine einmalige Tat und Gabe, sie ist der Beginn seines dauernden Wirkens. „Christi Gestalt erscheint an uns in dem Maße, als wir sein Werk sind. Das Werk ist immer ein Abbild dessen, der es macht, und dies hat die tiefste Wahrheit dann, wenn der Geist das Werk erzeugt. Indem Jesu Geist in uns wirksam wird, wird unser Wille durch seinen Willen bestimmt, und dies gibt unserem Verhalten die Ähnlichkeit mit ihm[3]."

Daher ist das Ethos des Himmelreiches als Frucht des Geistes und als Gehorsam des Glaubens auch seinem innersten Wesen nach weit höherer Natur als das der Energie, der Selbstzucht und der Frömmigkeit einer rein menschlichen Religiosität. *Hier ist es eigene*

---

1 Röm. 8, 14.
2 Joh. 15, 5.
3 Prof. D. A. Schlatter: Andachten, S. 173.

Schöpfung, dort Frucht göttlicher Aktivität. Die Sittlichkeit einer rein menschlichen Religion saß daher noch immer zu Gericht über das schöpferische Handeln Jesu im Menschen und in den Seinen. Denn als die Schriftgelehrten und Pharisäer einst den Herrn mit Zöllnern und Sündern essen sahen, sprachen sie zu dessen Jüngern: *„Was ist das, daß er mit den Zöllnern und Sündern ißt und trinkt?*[1]*"*

Daß das Reich Gottes nicht eine Frömmigkeit im Menschen voraussetzt, vielmehr solche durch den neuen Geist erst in ihm wirken will, von der Art solch einer Religion hat die Welt keine Ahnung. Sie will ja erst die Frömmigkeit schaffen, die das Kommen des Reiches Gottes möglich macht. Die Religion beschäftigt sich mit ihrem Tun, aber nicht mit dem Tun Gottes, durch das uns erst das Reich Gottes gebracht wird. Sie ist nicht abhängig von dem Umgang, den der Mensch als der dauernd Empfangende mit Gott als dem dauernd Gebenden pflegt, sondern von der Treue, mit der sie sich selbst pflegt. Jedoch ein selbst gepflegtes religiöses Ichleben zeitigt zwar fanatische Pharisäer und mystische Schriftgelehrte, niemals aber Jünger des Geistes Jesu Christi und seines Himmelreiches.

So einseitig es uns auch erscheinen mag, so wagen wir doch, diese Betonung im vollen Umfange aufrechtzuerhalten: *Im Reiche Gottes lebt alles von der Offenbarung, daher die wachsende Glaubensgemeinschaft mit Gott.*

So wahr dies nun auch ist, so macht andererseits das Gottesreich seine Reichsgenossen doch nicht weltfremd und weltfeindlich. Erst als Himmelreichsgenossen gewinnen sie die Welt lieb, wie sie sie vordem nie zu lieben vermochten. Sie haben eine völlig neue Einstellung zu ihr gefunden. Suchten sie in ihrem Leben „außer Christus" von der Welt so viel wie möglich zu gewinnen, so möchten sie als Menschen „in Christo" ihr jetzt so viel wie möglich bringen. Daher sagten wir auch:

c) Jerusalem wird zur Offenbarung — daher ihre prophetische Weltmission

Zwar nicht Jerusalem als solche wird Offenbarung, sie ist nur Empfängerin, Trägerin und Dolmetscherin der Offenbarung.

[1] Mark. 2, 16.

Nicht sie ist Inhalt ihrer Kunde, sondern Inhalt ist der Christus Gottes, dessen Werk sie ist. Durch das, was sie als Gottes Neuschöpfung ist, und durch die Kunde, die sie von dem Kommen und Wirken des Reiches Gottes zu bringen hat, erfüllt sie ihre prophetische Weltmission. Indem sie sich in die Aktivität Gottes hineingezogen sieht, wirkt auch sie und trägt das Wirken Gottes in die Welt.

Die Kirche Christi hat mithin keinen Propagandadienst, sie hat nur Zeugen= und Prophetendienst. Gesegnet mit dem Ewigen wurde sie zur Trägerin des Ewigen. Als Empfängerin der göttlichen Offenbarung wurde sie zur Prophetin der göttlichen Offenbarung. Als Begnadete durch die Begegnung mit dem Gekreuzigten und Auferstandenen wurde sie zum Apostel des Gekreuzigten und Auferstandenen. Religionen müssen für sich werben, um existieren zu können. Hinter dem Dienst der wahren Kirche Christi aber steht eine göttliche Sendung. Mit dem Apostel Paulus hat sie den Dienst der Versöhnung empfangen, und durch den Geist der Salbung wird sie begnadet, ihre Sendung zu erfüllen.

Ihre prophetische Weltmission und ihr Wirken steht daher in derselben Abhängigkeit von Gott wie ihr Entstehen und Leben. *Die Kirche wirkt nur insoweit, als Gott durch sie wirkt.* Alles andere wird sich als Brennstoff erweisen, der im Feuer des Gerichts nicht zu bestehen vermag. Sie dient der Menschheit nur insoweit, als Gott durch sie dem Menschen das Königreich der Himmel mit seinem gegenwärtigen und zukünftigen Heil zu erschließen vermag. *Sie kann daher nur insoweit von Erlösung künden, als sie selbst erlöst ist, nur insoweit Gottes Offenbarung dolmetschen, als sie selbst im Lichte der Offenbarung lebt, nur insoweit von dem Kommen eines Reiches Gottes weissagen, als sie selbst von dem Geiste und den Kräften des Gottesreiches ergriffen worden ist.*

Jerusalem entsteht durch Offenbarung, Jerusalem lebt von der Offenbarung, und Jerusalem wird zur Offenbarung: das war je und je der innere Wesenscharakter des wahren und lebendigen Gottesreiches. Der gesegnete Abraham sollte zu einem Segen werden für die Völker. Israel, von Gott erwählt, wurde zum Propheten der Nationen berufen. Die Gemeinde Jesu Christi, herausgerufen durch den Heiligen Geist aus dem gegenwärtigen Weltcharakter und Weltwesen, weiß sich hineinversetzt in die Lebensgemeinschaft mit Christus. Diese Gemeinde soll ein Tempel Gottes sein, als der Leib Jesu Christi dienen, als Zeuge des Heiligen Geistes wirken. Das war Jerusalem als Trägerin der göttlichen Offenbarung, als Trägerin des Gottesreiches.

Vor diesem Jerusalem steht Babel, steht die Weltmacht. *Wer wird siegen? –*

II. Die Übergabe Jerusalems

> „Da gab Adonai den Jojakim, König von Juda, und einen Teil der Geräte des Hauses Elohims (Gottes) in seine (Nebukadnezars) Hand, und er brachte sie ins Land Sinear und in das Haus seines Gottes, und die Geräte brachte er in die Schatzkammer seines Gottes."
> Dan. 1, 2 ff.

Das vorige Kapitel ließ uns sehen, wie sowohl der Weltstaat als auch das Reich Gottes von ganz bestimmten Trägern in der Geschichte getragen werden: der Weltstaat von der Weltmacht *Babel*, das Gottesreich vom erwählten Gottesvolk *Israel*. Beide Vertretungen standen sich eines Tages gegenüber, und wir schlossen mit der Frage: Wer wird siegen?

Die erschütternde Antwort lautet: *„Da gab der Herr den Jojakim, König von Juda, und einen Teil der Geräte des Hauses Gottes in seine* (Nebukadnezars) *Hand." Soll das das Endziel der Weltgeschichte sein: der letzte Austrag des Kampfes zwischen Finsternis und Licht, zwischen Fleisch und Geist, zwischen Weltmacht und Gottesreich?*

1. Eine erschütternde Tragik[1]

Es lag doch eine unnennbar schwere Tragik darin, daß eines Tages das Volk der Offenbarung, die berufene Trägerin des Göttlichen und Ewigen, dem rein Menschlichen, dem Diesseitigen, dem Vergänglichen unterliegen mußte. Ja, unterliegen mußte dem, was je und je durch eigene Kraft aufgebaut worden war, was sich nur

[1] Kap. 1, 2 f.

durch die eigene Faust zu behaupten suchte, was sein Heil nur aus den Inspirationen des eigenen Geistes schöpfte, was sich letzthin in seinen Schöpfungen immer wieder nur selbst anbetete, anstatt sich in Demut und Ehrfurcht vor dem zu beugen, der je und je heilig, heilig, heilig war, auch in den einzelnen großen Zeitaltern der Geschichte.

Wie tief wir die Tragik dieser Verse auch empfinden, wir können sie nicht aus unserm Propheten Daniel streichen. Ja, wir können sie auch nicht streichen aus der Geschichte. Es hat mich kaum je etwas in meinen Geschichtsstudien und in meiner Vertiefung in die Heilige Schrift so tief erschüttert wie diese kurzen Verse. In so schlichter Form teilen sie uns das ganz Große und Schwere mit, daß eines Tages die Trägerin der Offenbarung der Weltmacht unterlag. Als ich dann aber an meinem Geiste die einzelnen großen Geschichtsereignisse der Jahrtausende vorüberziehen ließ, da mußte ich mir eingestehen, *daß letzthin bis in die Gegenwart hinein Jerusalem als Ganzes noch immer eines Tages in Babel endete.* Das ist erschütternd!

Es würde viel zu weit führen, wollten wir uns in dieser Beleuchtung einmal all die entscheidenden Ereignisse im großen Weltgeschehen vergegenwärtigen. Es wird genügen, diese Wahrheit in ihrer ganzen Tiefe und Tragik zu fassen, wenn wir nur an einige entscheidende Geschichtsereignisse denken. *Mit der Berufung Abrahams* trat eine Familie in Sicht, die samt ihren zukünftigen Geschlechtern im Separatismus des Glaubens leben und im Geiste der Offenbarung Altäre Jahves bauen und der Welt den lebendigen Gott verkündigen sollte. Jedoch bereits Jakobs Söhne mußten nach Ägypten ziehen und der damaligen herrschenden ägyptischen Weltmacht helfen, als Fronvolk Städte zu bauen und Festungen zu schaffen.

Nach vierhundert Jahren antwortete Gott diesem seufzenden Volke. Er schuf sich *aus Israels Geschlechtern* ein von Ägypten befreites, durch die Wolkensäule zu seiner eigenen Heimat geleitetes Glaubensvolk. So reich dieses Volk durch seine Gotteserlebnisse auch an höherer Erkenntnis wurde, welche Persönlichkeiten als Propheten ihm auch geschenkt wurden, welche Heimsuchungen und

Warnungen auch Israel=Juda vor einer letzten Katastrophe zu bewahren suchten — in den Tagen Jeremias und Jojakims wanderte Israel mit seinem Könige und den Edelsten seines Volkes nach Babel.

Während des Exils und danach schuf Gott sich die durch unsagbare Leiden geläuterte *jüdische Gemeinde.* Diese Gemeinde sammelte in der Thora alle Gottesoffenbarung, die der Herr in der großen Vergangenheit dem israelitischen Volke hatte anvertrauen können. Vermochte die Gemeinde auch nicht mehr Thron und Tempel, nationale Unabhängigkeit und Freiheit zurückzugewinnen, war auch Israels völkische Herrlichkeit für immer dahin — die Herrlichkeit Gottes, wie sie sich in der Offenbarung dem Volke und den Vätern erschlossen hatte, wurde gerettet und in der Thorasammlung festgehalten. Wir ahnen kaum, wie unendlich viel auch das Christentum dieser Tat der jüdischen Gemeinde zu verdanken hat. Menschlich gesprochen, wäre ohne die nachexilische jüdische Gemeinde, die sich überall in der Diaspora und im Lande Juda bildete und sammelte, unser alttestamentlicher Kanon in den damaligen Weltkatastrophen für immer verlorengegangen. Unser Altes Testament ist unter Gottes wunderbarer Fügung für seine göttliche Mission in der Zukunft durch die jüdische Gemeinde gerettet worden.

Dieselbe Gemeinde aber hatte trotz ihrer aus dem Gesetz gewonnenen Frömmigkeit, ihrem fanatischen Eifer für Gott und ihrem sehnsuchtsvollen Warten auf das Kommen der Gottesherrschaft auf Erden kein Verständnis für die wunderbare Botschaft Jesu vom Vater. *Nicht die Welt, sie war es,* die die Verurteilung des Gesalbten Gottes erzwang und dessen Kreuzigung erreichte. *Zwar trug sie noch Jerusalems Namen, in ihr lebte aber Babels Seele; zwar hütete sie noch die Offenbarung der Vergangenheit, sie kämpfte jedoch mit Babels Machtmitteln; zwar kündete sie noch immer den kommenden Anbruch der Gottesherrschaft, im Geiste Babels schlug sie aber den Herrn der Herrlichkeit ans Kreuz.*

Dieselbe Tragik haben wir nun auch in den Zeitaltern unserer Kirchengeschichte. In Jerusalem fand durch die Ausgießung des Heiligen Geistes *die Geburtsstunde der Gemeinde* Jesu Christi statt. Es geschah jenes Wunderbare, Rätselhafte der Geschichte, daß die Ewigkeit wieder in die Vergänglichkeit einbrach, daß durch die

Schöpfung des Heiligen Geistes ein völlig neuer Gottestempel entstand. Es entstand ein Heiligtum aus lebendigen Steinen, das fähig war, die Herrlichkeit Gottes in seiner Gegenwart und schöpferischen Kraft wieder in sich aufzunehmen. Als Ananias und Saphira sich mit ihrer unreinen Herzensgesinnung in diesem Gottestempel ebenfalls behaupten wollten, da mußten sie finden, daß für ihre fleischliche Gesinnung kein Raum in dieser neuen Gemeinde sei.

Aber auch dieser neue Lebensraum für die Herrschaft Jesu Christi auf Erden endete nach kaum mehr als einigen Jahrhunderten in Rom. In jenem Rom, *das sich nicht durch schöpferische Kräfte des Reiches Gottes erbauen ließ, vielmehr als Erbe der Welt nun auch mit den Mitteln der Welt das Reich Gottes baute.* Zwar gab Rom dem damaligen sterbenden Weltstaat den Namen des Gottesreiches, schuf aber im Schoße der Kirche Christi dem heidnischen Geiste und seinem mystischen Kultus eine christliche Herberge. Der Weltstaat wurde Reich Gottes genannt, seine Verfassung wurde die Organisation der Kirche, sein Kultus die Form der Gottesverehrung, seine Priesterordnung der äußerliche Pomp für Christi Stellvertreter und Reichsverweser auf Erden. *Hinfort war aber die Kirche Christi nicht mehr Zeugin vom Heil, sie gab sich als Verwalterin des Heils; sie war nicht mehr Prophetin der Offenbarung, sie amtierte als Hüterin der Offenbarung; sie war nicht mehr Geistesschöpfung, sie glänzte als Weltorganisation.*

Gottes Offenbarung schwieg aber auch in den dunklen Zeiten des Mittelalters nicht. Es kam *der große Tag der Reformation* und schuf sich in den drei mächtigen Geistesströmungen: dem Luthertum, dem Calvinismus und der Täuferbewegung jenen neuen Typ der Kirche, in der Christus wieder sichtbar wurde als Heiland der Seele, als Haupt seiner Gemeinde, als Inhalt des Gottesreiches. Die Menschen fingen wieder an, durch Christus selig zu werden und nicht durch die Kirche, schöpften wieder Trost und Stärkung aus dem lebendigen Worte Gottes und nicht aus Tradition und Priesterwort, beteten wieder Gott an im Geist und in der Wahrheit, ohne in ihrem Umgang mit Gott an Heiligtum und Kultus gebunden zu sein.

Gewiß war in all den drei Geistesströmungen ebenfalls ungemein viel Unkraut unter dem Weizen, *viel Menschentat statt Gottestat, viel Weltreich statt Himmelreich.* Gleich dem kleinen Jüngerkreise wurden sie aber vom Reiche nicht verworfen, sondern von ihm gebraucht, insoweit sie sich in das schöpferische Wirken und in den Dienst des Geistes Gottes hineinziehen ließen.

Wo haben diese Reformationskirchen geendet? Wir ersparen uns die Antwort. Wir fragen nur: *Ist das wirklich Kirche Christi, Tempel Gottes, Werkstätte des Heiligen Geistes,* was wir heute als Ganzes in den großen Volks- und Freikirchen vor uns haben? Ist das die Gottesprophetin der Gegenwart, die Dolmetscherin der großen Taten Gottes, die Botin des mit Jesus als dem Christus Gottes angebrochenen Gottesreiches?

Vielleicht verstehen wir jetzt noch tiefer die ungeheure Tragik, die mit dem Satze ausgesprochen wurde, *daß Jerusalem eines Tages als Ganzes in der Geschichte noch immer in Babel endete.* Auch hinter dieser Tragik steht Gott. Auch hinter dem Gericht, durch welches das Gottesreich zu gehen hat, waltet ein ewiger Liebeswille. Es war der Herr, der in die Hand Nebukadnezars Jojakim, den König von Juda, und einen Teil der heiligen Geräte des Hauses Gottes gab.

2. *Der geschichtliche Vorgang*[1]

Wie sollen wir diese ganze Tragik begreifen? Erst erlöste Gott sich Israel zu einem Volk des Eigentums, übertrug ihm eine prophetische Mission unter den Nationen, und zuletzt übergab er doch dies Volk der Macht Babels. Wir stehen mit dieser Frage vor einem der vielen Geheimnisse, die überhaupt mit den Gerichten Gottes im allgemeinen Weltgeschehen zusammenhängen. *Wäre Jerusalem als Ganzes seinem tiefsten Wesen nach Jerusalem geblieben, nie hätte die Welt die Macht über sie als Gottes Prophetin gewonnen.* Es hätte sich in ihrer Geschichte immer wieder erfüllen müssen, was der Psalmsänger von der Sicherheit dieser Gottesstadt zu sagen hatte:

Ein Strom — seine Bäche erfreuen die Gottesstadt.
Geheiligt hat seine Wohnung der Höchste.
Gott ist in ihrer Mitte, drum wankt sie nicht,

[1] Kap. 1, 3 f.

es hilft ihr Gott beim Anbruch des Morgens.
Es toben Völker, es wanken Reiche —
er ließ seine Stimme hören: da verging die Erde.
Jahve der Herr ist mit uns —
Bergungsort ist uns der Gott Jakobs[1].

Israel ging erst im Gericht der Welt unter, als der Herr es in die Hände der Welt gab. Erst als der Herr den Leuchter der apostolischen Gemeinden Kleinasiens umstieß, verloren diese ihre Existenz und ihre bisherige prophetische Bedeutung für die fernere Entwicklung der Geschichte. *Der Herr übergibt der Welt nur das, was zur Welt gehört.* Erst wenn Jerusalem und die Christuskirche wieder in ihrem Wesen und in ihrem Dienst Welt geworden sind, werden sie der Welt zum Gericht übergeben. Vermählen sie sich erst mit dem Geist der Welt, erstreben sie erst deren Ziele und operieren sie erst mit deren Machtmitteln, um ihre Existenz zu sichern und um ihre Mission zu erfüllen, *dann schützt sie weder Tradition noch Name vor dem Untergang mit der Welt.* Ob Jerusalem, ob Kirche: dann erleben sie die furchtbare Wahrheit in ihrer ganzen Schwere, *daß Gott je und je Fleisch richten läßt durch Fleisch.* Was einst in Israel und seitdem auch in der Gemeinde Christi wieder Fleisch wurde, das wurde in seiner Reife und mit seiner Frucht auch dem Fleisch übergeben und teilte die Katastrophen des Fleisches.

Diese Katastrophen kommen dann einerseits zwar ganz unerwartet, andererseits hängen sie jedoch aufs engste mit der ganzen Entwicklung der Geschichte zusammen.

Die Welt stand in jener Zeit wieder in bewaffneter Fehde einander gegenüber. Pharao Necho II. von Ägypten, der zu den tatkräftigsten und glänzendsten Herrschern des Nilreiches gehörte, war mit seinen Truppen an einer Bucht des Mittelmeeres nahe der Seestadt Akko gelandet[2]. Der Landungsplatz lag nördlich vom Vorgebirge Karmel und bildete den Schlüssel zu Galiläa. Von hier aus führte auch die große Handelsstraße nach Damaskus, von wo aus sie sich dann nordwärts zum Oberlauf des Euphrat fortsetzte.

Nechos Kampf sollte dem wankend gewordenen Weltreich Assy=

---

[1] Ps. 46, 5—8.
[2] Richter 1, 31

rien gelten, das sich durch den Einfall wilder Skythenhorden und durch die Bedrohung von seiten der Meder stark geschwächt sah. Denn Necho erhob Anspruch auch auf die weiten Ländergebiete, die zwischen der Küste des Mittelmeeres und dem Strome Euphrat lagen.

Dieses sein Unternehmen fiel in die letzte Regierungszeit des frommen Königs Josia[1] in Jerusalem. Der Herrscher Ägyptens ließ dem Könige Judas zwar sagen: *„Nicht wider dich ziehe ich, sondern wider meinen Erbfeind (Assur), und Gott befahl mir, zu eilen. Versündige dich nicht gegen Gott, der mit mir ist, damit er dich nicht verderbe[2]!"* Josia mißtraute jedoch den Worten Nechos, sammelte eine Heeresmacht und zog gegen die ägyptische Heeresmacht. Bei der uralten Stadt Megiddo, die dank ihrer strategischen Lage südöstlich vom Karmelgebirge die ganze Ebene Jesreel beherrschte, kam es zum Kampf. Das schwache Heer Judas wurde geschlagen, und Josia holte sich hier seine Todeswunde. Erschütternd war die Klage, die das ganze jüdische Volk über den Tod seines Königs erhob. Offenbar ahnte man, daß mit ihm „das letzte Abendrot des Reiches Juda und der Glanz der Königskrone des Hauses Davids[3]" erlosch.

Ein jüngerer Sohn Josias namens Joahas wurde von Juda gesalbt und als Nachfolger für den Thron Davids bestimmt. Necho ließ ihn aber auf seinem Rückzuge in sein Lager nach Ribla kommen, legte ihn in Ketten und nahm ihn als Gefangenen mit nach Ägypten. Hier starb er. Jedoch an Stelle Joahas' setzte Necho dessen ältesten Bruder Eljakim als tributpflichtigen Vasallenkönig ein und gab ihm den Namen Jojakim. Nachdem Jojakim einen Tribut von einem Talent Gold und hundert Talenten Silber[4] von seinem Volk zusammengebracht hatte, zog Pharao Necho heim[5].

Am Euphrat vollzogen sich unterdes große und gewaltige Dinge. Das assyrische Weltreich brach zusammen, seine Hauptstädte Ninive und Assur gingen in die Hände des siegreichen alten Königs Nabo=

[1] Regierte 640—609 v. Chr.

[2] 2. Chron. 35, 21 ff.

[3] P. G. Stokmann: Erlebnisse und Gesichte des Propheten Daniel. Verlag C. Bertelsmann, Gütersloh.

[4] Zusammen hatte der Tribut einen Wert von 800 000 Mark.

[5] 2. Kön. 23, 30 ff.; 2. Chron. 36, 1 ff.

polasser von Babylonien und des Mederkönigs Kyaxares über. Sie hatten gemeinsam das Assyrerreich angegriffen, besiegt und dessen Weltherrschaft für immer gebrochen. Mit Assyrien ging „nicht nur ein Reich zugrunde, das noch vor kurzem Vorderasien beherrscht hatte; das ganze Volk wurde vernichtet, so gründlich wie kein anderes Volk. Selbst die Zerstörung Karthagos traf nur eine Stadt, nicht eine ganze Nation. Es spricht sich in dieser Vergeltung klar und furchtbar der ungeheure Haß aus, der bei den Völkern Asiens gegen die Assyrer angesammelt war"[1].

Angesichts dieser letzten weltpolitischen Ereignisse war Pharao Necho im Jahre 606 wieder nach Assyrien aufgebrochen, wo er offenbar einen wesentlichen Teil seiner Truppen zurückgelassen hatte, um die westlichen Länder des assyrischen Riesenreiches als sein Herrschaftsgebiet zu beanspruchen. Dem Vordringen Nechos glaubten jedoch die Sieger ein militärisches Halt bieten zu müssen. Der betagte und schwer erkrankte König Nabopolasser übergab den Oberbefehl über die babylonischen Truppen seinem kühnen Sohne und Thronerben Nebukadnezar. Ihm wurde die schwere Aufgabe, die von Pharao Necho eroberten Provinzen wieder zurückzugewinnen. Zu diesen Gebieten gehörte auch Juda.

Wahrscheinlich spricht der Prophet Habakuk von diesem ersten Auftreten Nebukadnezars und dessen wilden, ungestümen Reiterscharen[2]. Das große Treffen zwischen Pharao Necho und dem neu entstehenden Weltreiche Babyloniens unter der Führung des kühnen, jungen Nebukadnezar fand nun bei Karchemis am Oberlauf des Euphrat statt. Es war die uralte Königsstadt der einst mächtigen Hethiter[3]. Hier erfolgte jene große Entscheidungsschlacht, die Nechos Macht völlig zusammenbrechen ließ. Er konnte kaum noch sein Leben retten und sah sich bis an die Grenzen Ägyptens vom Sieger verfolgt. Dies geschah in den ersten Monaten des vierten Regierungsjahres Jojakims von Jerusalem[4]. Im neunten Monat des Jahres, also 605 v. Chr., stand der neue Weltherrscher auch vor den

---

[1] Nach Eduard Meyer.
[2] Hab. 1, 5—11.
[3] 1. Mose 23, 3.
[4] Jer. 46, 2; 2. Chron. 35, 20.

Toren Jerusalems und brach den Widerstand Judas. Nach der Gepflogenheit der damaligen Zeit legte er den unterlegenen König Jojakim in Ketten und führte ihn nebst vielen anderen aus dem jüdischen Adel und den höheren Bürgerkreisen als Gefangene nach Babel.

Das war offenbar der rein geschichtliche Vorgang. Vom Standpunkt der allgemeinen Weltgeschichte aus kam alles so der Entwicklung der Völker und der Zeiten entsprechend, daß man in diesen so entscheidungsvollen Ereignissen nur den von jeher sich vollziehenden Wechsel der Geschichte sah. Jedoch jener Glaube Israels, der auf Grund göttlicher Offenbarung auch in dem Spiel der großen Geschichtsereignisse mehr sah als nur wechselnde Machtverhältnisse, gigantisches Völkerringen, unberechenbare Schicksalsmächte, das sich stets wiederholende Kommen und Vergehen der Weltreiche — *jener Glaube sah hinter allem weltgeschichtlichen Geschehen Gott.* Er schrieb daher auch über das plötzliche unerwartete Auftreten der Weltmacht Babels und über den Zusammenbruch Jerusalems: *„Und Adonai gab Nebukadnezar Jojakim, den König von Juda, und einen Teil der Geräte des Hauses Gottes in seine Hand."*

Es war mithin Gottes Tat, daß Jerusalem überging in die Hand Babels. Gottes Handeln fließt aber immer aus jener Barmherzigkeit, die selbst die schwersten Gerichtskatastrophen der Geschichte benutzt, damit die einzelnen und auch die Völker zu ihrem Heil seine Majestät und das Kommen seiner Gottesherrschaft sehen lernen.

3. *Die unübersehbaren Auswirkungen*[1]

Was es praktisch für Jerusalem zu bedeuten hatte, daß der Herr Jojakim, den König von Juda, und auch einen Teil der Geräte des Hauses Gottes in die Hand Nebukadnezars gab, das berichtet uns der weitere Geschichtsverlauf. Mit Jojakim gingen nicht nur die eigentlichen Träger der weltlichen Macht Jerusalems, sondern auch deren geistige und geistliche Führer mit nach Babel. Selbst jene, die auf heimatlichem Boden zurückbleiben durften, mußten von der Zeit dieser Übergabe an Freunde Babels sein und sich wohlwollend

[1] Kap. 1, 3—7.

der neuen Weltherrschaft gegenüber verhalten. *Wenn die Weltmacht erst die Herrschaft über jenes Jerusalem und jene Kirche gewinnt, die auf Grund ihrer Berufung und historischen Vergangenheit zwar noch den Namen eines Offenbarungsvolkes und einer Prophetin Gottes tragen, dem Wesen nach aber längst im Geiste der Weltmacht leben, dann dürfen sie sich nicht wundern, wenn eines Tages das ganze Leben in die Herrschaft Babels übergeht.* Die Welt zieht konsequent auf Grund der ihr innewohnenden Gesetze alles in ihr Wesen hinein, das ihr wesensverwandt geworden ist.

a) Die Entweihung der heiligen Gefäße

So wanderte auch ein Teil der heiligen Gefäße aus dem Tempelschatz zu Jerusalem mit nach Babel, wo Nebukadnezar sie als Weihgeschenke dem Gott Marduk darbrachte, sie daher in dessen Hauptheiligtum im Lande Sinear bringen ließ. In diesem Akt sprach sich aber mehr als nur eine ehrgeizige Handlung eines siegestrunkenen Herrschers aus. Die damalige Welt empfand alles religiös. Jede ihrer Handlungen war aufs engste mit ihrer Religion verbunden. Nach der Anschauung jener Zeit lag darin eine tief symbolische Bedeutung, daß die heiligen Gefäße aus dem Tempel Jahves in das Heiligtum Marduks gestellt werden konnten: *Jahve, der Gott Israels, hatte nicht stehen können vor Marduk, dem Gott der Babylonier, und war diesem dienstbar geworden.*

Hat die Welt, wenn sie Macht über Jerusalem und die Kirche gewann, je anders gehandelt mit dem, was Israel und der Gemeinde Gottes als Heiliges diente, um durch dieses Heilige ihre Liebe und Hingabe, ihre Verehrung und Anbetung Gott gegenüber zum Ausdruck zu bringen? Was hat die Welt nicht alles aus unseren christlichen Festen, aus unseren Taufen, aus unserem Abendmahl, aus unseren Gottesdiensten und Tempeln gemacht, als sie auch das Heilige der Heiligen mit in den Geist ihres Lebens hineinziehen konnte! Was ist aus so manchen jener Einrichtungen, Institutionen, Liebeswerke usw. auch im Laufe der Kirchengeschichte geworden, die seiner Zeit als eine Frucht des Heiligen Geistes aus dem Leben der Gemeinde heraus geboren wurden!

Gewinnt die Welt erst Macht über Israel und die Gemeinde, dann schrickt sie weder vor dem Heiligtum noch vor dem Heiligen zurück, sondern zieht alles in ihren Geist und in den Kultus ihres antigöttlichen Lebens hinein.

b) Die Erziehung jüdischer Jünglinge

Zu den Deportierten und als Geiseln nach Babel Geführten gehörten auch viele aus dem jüdischen Adel und aus den Vornehmen und Führern des Volkes. Unter diesen befanden sich auch manche Jünglinge dieser Kreise, und der König befahl seinem Oberhofmarschall Aspenas, daß er von den Vornehmsten einige auswählen und für den Hofdienst vorbereiten lassen solle. Ein dreijähriger Unterricht in den Wissenschaften der chaldäischen Magier und Priester diente als Vorbereitung. Diese Berufenen genossen schon während ihrer Erziehung und Unterweisung die Achtung und das Ansehen eines zukünftigen Gelehrten und eines späteren Hofbeamten. Dementsprechend wurden sie rücksichtsvoll von dem ganzen Hofpersonal behandelt.

Zu diesen Erwählten und für die höchsten Ehrenstellen Berufenen gehörten durch Gottes verborgene Fügung auch die vier jüdischen Jünglinge Daniel, Hananja, Misael und Asarja[1]. Dadurch sahen sie sich nun auch aus der Gemeinde der Weggeführten herausgerissen und voll und ganz in das chaldäische Hofleben hineinverpflanzt. Daß sie als echte Söhne Israels lieber die Leiden mit den Leidenden und die Schmach mit den Weinenden geteilt hätten, als mit den Siegenden zu feiern, mit den Satten sich zu sättigen und mit den Wissenden zusammen zu glänzen und geehrt zu werden, das konnte Nebukadnezar nicht ahnen. Offenbar wollte er durch solche Verordnungen das Los der Gefangenen so leicht und angenehm machen, wie es in seiner Macht stand. Selbst die Weine und die Tafelkost des Königs sollten sie mit dem Hofe teilen, damit keine Zurücksetzung ihrer Person irgendwie zutage träte. *Ja, die Welt kann ungemein tolerant und entgegenkommend werden, wenn sie die Heiligen Gottes nur in ihren Dienst und Gehorsam, in ihre*

---

[1] Daniel = El (der Herr) ist mein Richter. Chananja = Gnädig ist Jahve. Misael = Wer ist wie Gott? Asarja = Jahve hilft.

Weisheit und Weltanschauung, in ihre Religion und Zukunft hineinziehen und ihrem Geiste dienstbar machen kann.

Daß es Babel durch solche wohlwollenden Handlungen darum zu tun war, das Leben der Fremden in ihren eigenen Geist und in ihr eigenes Wesen hineinzuziehen, das gab sich auch in der Namensänderung kund, die man vollzog. Nach morgenländischer Sitte bedeutete dies für den Fremden den Übergang aus dem Stande der Freien in den der Hörigen. Daher erhielten auch Daniel und seine Freunde babylonische Namen.

Alle heiligen Erinnerungen, die mit den Namen womöglich auch für deren Träger verbunden waren, sollten hinfort durch die babylonischen aus dem Gedächtnis ausgelöscht werden. So erhielt Daniel den Namen: Beltsazar. Er bedeutet wohl: „Bel—sar—azur", d. h. Bel schütze den König[1]. Auch die babylonischen Namen der drei Freunde Daniels waren wohl irgendein Hinweis auf eine Gottheit des Landes[2].

Gewiß, wem von den Söhnen Judas der Name „Jahve" nicht mehr bedeutete als nur die Bezeichnung der eigenen Landesgottheit, der empfand nicht die Schmach, die mit der Änderung der Namen für die jüdischen Jünglinge verbunden war. Wem jedoch der Name zugleich das Verhältnis des lebendigen Gottes zum Volke und zu seiner einzigartigen Geschichte ausdrückte, der mußte den Wechsel seines heiligen Namens mit einem babylonischen als eine unnennbare seelische Schmach empfinden.

Es gehört das wiederum mit zum Wesen der Welt, daß sie die Sprache des Glaubens und das Bekenntnis zum wahren Gott des Lebens und der Geschichte nicht ertragen kann. Sie streicht aus ihrem Wörterschatz und aus ihrer Umgangssprache alles, was an Gott erinnern könnte; *denn sie hat in ihrem Leben keine lebendige Beziehung zu Gott und dessen Offenbarung und Geschichte.* Welche inneren Seelenleiden jedoch damit verbunden sind, wenn die Welt skrupellos das Heiligste, Tiefste der wahren Söhne Israels in ihren

---

[1] Andere deuten den Namen: „Fürst des Belus", d. h. „Fürst, dem Belus gnädig ist".

[2] Sadrach: vielleicht Name eines syrischen Sonnengottes; Mesach: eigentlich Widder, aber das Tier und mithin auch sein Name war Symbol des Sonnengottes der Chaldäer; Abed-Nego: Diener oder Verehrer Nebos.

eigenen Geist und in ihren Kultus hineinzieht, das faßt nur der, der Verwandtes als Leiden des Glaubens erlebt hat.

Wir müssen in diesem Zusammenhang aber das Tragische feststellen, daß es gar oft im Laufe der Jahrhunderte und Jahrtausende geschah, *daß Jerusalems Söhne auf chaldäischem Boden ihre heilige Sprache verloren.* Jerusalem und Babel fanden sich eines Tages auf gemeinsamem Boden auch in der Sprache, d. h. in dem Ausdruck und in der Form zur Bezeichnung der heiligsten Güter. Das führte Jerusalem und auch die Kirche aber stets in jenen Zustand, den die Offenbarung als Buhlerei bezeichnete: als Untreue der Auserwählten in ihren heiligsten Beziehungen ihrem Herrn und König gegenüber. Kein Wunder, daß, sobald Jerusalem seine heilige Sprache verlor und anfing, chaldäisch zu sprechen, dann jener Zustand begann, wo man einander nicht nur im sprachlichen Ausdruck, sondern auch im tiefsten Wesen verstand. Jedoch dann geschieht, womit das Buch Daniel so erschütternd beginnt: *Jerusalem endet in seiner Geschichte trotz seiner großen Vergangenheit und seiner reichen Tradition als Ganzes dennoch in Babel und teilt eines Tages Babels Gerichte.*

III. Der heilige Überrest

„Daniel aber war entschlossen, sich nicht mit des Königs feiner Speise und mit dem Weine, den er trank, zu verunreinigen ... Und Gott versetzte den Daniel in Huld und Gnade vor dem obersten Kämmerer ..." Dan. 1, 8—21

Sooft Jerusalem es wagte, sich mit Babel zu vermählen und im Geiste der Weltmacht seine Zukunft zu gestalten, teilte sie auch stets Babels Entwicklung und Gerichte. Soll der ganze Kampf des Weltstaates mit dem Gottesreich immer wieder damit enden, daß Babel in ihrer Macht eines Tages skrupellos ihre Hand sowohl auf die Heiligen als auch auf das Heilige Jerusalems legen darf?

Bisher war das der Gang der Geschichte. Mit diesem Gang war jedoch immer etwas verbunden, das vom Glauben viel zu wenig gesehen worden ist. *Es gibt in Jerusalem ein Jerusalem, in der Kirche eine Kirche, die nie Babel, die nie Welt wurde.* Verpflanzte man diese Glieder auch in Babels Hauptstadt, erzog man sie auch im Wissen der Chaldäer, verpflichtete man sie auch zum Hofdienst der Weltmacht, sie blieben jüdisch. Ihr Leben war innerlich verwachsen mit ihrer lebendigen Glaubensbeziehung zu Gott. Die Heilige Schrift nennt dieses Jerusalem in Jerusalem und diese Kirche in der Kirche *den „heiligen Überrest"*.

a) Der heilige Überrest und seine unschuldigen Leiden

Einen solchen Überrest gab es auch in den Tagen Jojakims in Israel. Dieser sah sich aber nicht vor dem Gericht seines Volkes bewahrt. Er mußte es wie alle andern in seiner ganzen Schwere teilen. Und doch bestand ein sehr wesentlicher Unterschied zwischen diesem Überrest und den andern, um deren Schuld willen das Gericht über das ganze Volk gekommen war. Man litt unschuldig und stellvertretend für das Ganze. Hätte Jerusalem und mit ihr der ganze Staat Juda im Geiste des heiligen Überrestes gelebt, nie hätte Gott die Übergabe in die Hand Nebukadnezars in dieser Form vollzogen. Nun mußten aber die Glieder des Überrestes mitleiden und stellvertretend die Schmach und Knechtschaft des ganzen Volkes tragen, in die dieses um seiner Sünde und seiner Gesinnung willen hineingekommen war.

Dieser Überrest erlebte jedoch je und je jenes wunderbare Geheimnis der Geschichte, *daß man zwar ein Weltgericht mit durchleben kann und es dennoch nicht als Gericht erlebt*[1]. Wo das Fleisch in seiner Gesinnung und in seinem Kulturaufbau den Untergang findet, da wird der heilige Überrest durch dieselben Gerichte frei für priesterliche und prophetische Dienste. *Nicht Gerichts-, sondern Dienstboden findet er auch in Babel, wenn er sich unschuldig mit in Babels Schmach und Knechtschaft geführt sieht.* Wer durch den Umgang mit Gott in die wahre Freiheit des Geistes eingegangen ist, der ist auch am Hofleben Nebukadnezars und im Dienste der Weltmacht frei, d. h. ungebunden in dem, was sein Leben wirklich zum Leben macht.

Es gibt weiteste Kreise, die immer wieder nicht über die eschatologische Frage zur Ruhe kommen können, ob die Entrückung der Gläubigen vor der großen Trübsal oder aber erst nach ihr statt-

---

[1] Eine ausführliche Behandlung dieser so wichtigen Wahrheit in „Noah und das damalige Weltgericht". Das lebendige Wort, Band 1.

finden wird. Ich habe als Antwort immer wieder nur die Frage stellen können: *Durch wen hat Gott die Zukunft der Menschheit mehr segnen können: durch Henoch, der vor dem Flutgericht zu Gott entrückt wurde, oder aber durch Noah, der mit seinen Zeitgenossen das Gericht der Welt zu teilen hatte?* Es gibt eine Entrückung vor der Entrückung, und die besteht darin, daß man aus jenem Geiste der Welt herausgehoben ist, durch den sich die Geschichte rettungslos ihrer Katastrophe entgegengeführt sieht. Wer sich der Welt entrückt und in die Aktivität dessen hineingezogen sieht, der in seiner Liebe auch mitten im Gericht zu segnen und zu dienen versteht, der teilt zwar äußerlich mit seinem Volke das Gericht, findet aber in demselben einen ungeahnten Dienstboden und neue Segensquellen.

Solche innerlich dem Geiste und dem Leben Babels Entrückte waren auch Daniel und seine Freunde, die sich durch den Hofmarschall Nebukadnezars mit zum Hofdienst in Babel berufen sahen. Sie trugen in ihrem noch ganz jugendlichen Alter gewiß nicht die Verantwortung und die Schuld für den moralischen und politischen Zusammenbruch ihres Volkes. Und dennoch litten sie mit unter all der Schmach, d. h. unter der äußeren und inneren Entrechtung, die das ganze Volk durchlebte. Derselbe Boden aber, der einerseits für die schuldigen Söhne Jerusalems zum Gerichtsboden werden mußte, wurde für sie zu wunderbaren Gelegenheiten, Gott in seiner Nähe und Wirklichkeit auch in Babel zu erleben und ihren Brüdern in ihrer Schmach und der Welt in ihren Gerichten zu dienen. Denn hinter ihrem Leben stand Gott. Er war in seiner Gegenwart für sie nicht im Heiligtum zu Jerusalem zurückgeblieben. Wer in seinem Glaubensverkehr mit Gott über den Tempel Jerusalems bis zur Gegenwart Gottes selbst hindurchdringen durfte, dem geht Gott auch in jenem babylonischen Lande nicht verloren, in dem man den Tempel des lebendigen Gottes vergeblich sucht.

b) Der heilige Überrest und seine heiligen Grundsätze

Wenn aber selbst Jerusalem als Ganzes in ihrer großen Vergangenheit und mit ihrer reichen Tradition gegen Babel nicht stehen konnte, wird nicht dieser kleine, jugendliche Überrest in der Hofluft Chaldäas und unter den Befehlen Nebukadnezars rettungslos zugrunde gehen und das Offenbarungserbe der Väter und seines Volkes verleugnen? Die Antwort wird uns durch den Verlauf der ferneren Geschichte gegeben. Wir sehen plötzlich *weltliche und göttliche Grundsätze des Lebens einander gegenüberstehen* und fragen wieder: Wer wird siegen? Nebukadnezar, der Welten bezwungen, Jerusalem entrechtet, die Stärksten gefangen fortgeführt hatte? Oder Daniel und seine Leidensgenossen, die jung und unerfahren, macht- und hilflos auf fremdem Boden einem königlichen Befehl gegenüberstanden?

Der bisherige Bericht führte uns bereits darauf, daß Nebukadnezar angeordnet hatte, daß die von dem Oberhofmarschall berufenen jungen Männer ihren vollen Anteil an der feinen Tafelkost des Königs und an dem Weine, den er trank, haben sollten. Diese an sich so ehrenvolle Bestimmung mußte aber die jüdischen Jünglinge, die kaum erst dem Knabenalter entwachsen waren, in schwerste innere Seelenkonflikte bringen. Es lag in der hochentwickelten Religiosität der damaligen Zeit, daß gerade von der königlichen Tafel alle edleren Gerichte und Weine an jedem Morgen zunächst den Göttern geopfert wurden. So ging z. B. Pharao als Herrscher über die Länder Ägyptens am Morgen eines jeden Tages nicht an den Tisch, ohne zuvor beim Anbruch des Tages an den Strom gegangen zu sein und den Göttern das Opfer dargebracht zu haben. Außerdem aßen die heidnischen Völker und so auch die Babylonier während ihrer Mahlzeiten vielfach Opferfleisch von unreinen Tieren.

Das wußten auch Daniel und seine Freunde. Daher wird von ihnen berichtet, daß sie unter der offenbaren Führung Daniels beschlossen, sich mit der Tafelkost des Königs nicht zu verunreinigen. Sie hatten im Schoße ihrer Mutter und während ihres Unterrichts im Gesetz des Herrn heilige, göttliche Grundsätze gewonnen und diese in ihrer Seele mit nach Babel genommen. Ihnen stand die Thora, das Wort ihres Gottes, höher als die wohlwollendste Anordnung des Königs. Ihr Allerheiligstes gehörte dem Herrn aller Herren, dem König aller Könige.

Hatte man in Babel auch das Bekenntnis des Glaubens aus ihren Personennamen ausgelöscht, das Heiligste ihrer Seele konnten sie nicht preisgeben. Das Gewissen, das sich in ihnen im Lichte der göttlichen Offenbarung und im Umgang mit Gott gebildet hatte, konnte nicht zum Schweigen gebracht werden. Auch angesichts einer königlichen Verordnung nicht. Wir wissen ja aus dem ganzen Verlauf der ferneren Geschichte, wie einerseits gerade auch Daniel und seine Freunde bereit waren, ihr Leben und Wissen in den Dienst selbst eines Nebukadnezar und dessen Weltmacht zu stellen. Wo es sich aber um das Heiligste, um die innere Hingabe an die göttliche Offenbarung handelte, da antworteten sie auf jede Bestimmung nur mit dem heiligen Nein des Glaubens.

So standen plötzlich hinfort Überzeugung und Überzeugung, königlicher Wille und heilige Grundsätze als zwei innere Geistesmächte einander gegenüber. Wird nicht der kühne Feldherr von Karchemis, der selbst den Machtwillen eines Pharao Necho und dessen Heere gebrochen hatte, die religiöse Überspanntheit und die Kühnheit dieser Jünglinge brechen? Wer wird siegen? Nebukadnezar oder der heilige Überrest?

c) Der heilige Überrest und seine ersten Glaubensschritte

Nach menschlichem Maßstab gab es für die Jünglinge in ihrer Situation nur zwei Auswege: entweder beugten sie sich unter die königliche Verordnung auch in bezug auf die Tafelkost, oder aber sie blieben dem Gesetze Gottes treu und mußten sich vergegenwärtigen, um ihrer Unbotmäßigkeit willen den schwersten Strafen Nebukadnezars ausgesetzt zu werden. *Entweder Beugung vor Babel oder Leiden für Gott — vor diese Entscheidung sahen sich Daniel und seine Freunde gestellt.*

Denn als Daniel über die schwere Angelegenheit mit dem Kämmerer sprach und sich nur Gemüse für sich und seine Genossen erbat, da antwortete ihm dieser: *„Ich fürchte nur, mein Herr, der König, der euch Speise und Getränk bestimmt hat, könnte finden, daß ihr schlechter ausseht als die andern Knaben, welche eures*

Alters sind, und dann wäre beim König durch eure Schuld mein Kopf verwirkt[1].*"*

Da wagte Daniel im Aufblick zu dem Gott seiner Väter den ersten Glaubensschritt. *„Es sprach Daniel zum Kellermeister, welchen der Oberste der Verschnittenen über Daniel, Hananja, Misael und Asarja verordnet hatte: Versuche es doch mit deinen Knechten zehn Tage, man gebe uns Gemüse zu essen und Wasser zu trinken! Und es möge sich zeigen vor dir unser Ansehen und das Ansehen der Knaben, welche die Tafelkost des Königs essen — und wie du es dann befinden wirst, so tue mit deinen Knaben*[2]*!"*

Zum Gemüse gehörten alle Kräuter, Pflanzen und Hülsenfrüchte, die jedoch als so minderwertig galten, daß sie als Opfergaben den Göttern nicht dargebracht wurden. Es handelte sich hier bei Daniel mithin *nicht um eine Wundersucht, sondern um ein an der göttlichen Offenbarung orientiertes Gewissen.* Da vertraute Daniel nun dem Herrn, daß er sie in ihrer kindlichen Erwartung nicht würde zuschanden werden lassen. So wagt der Glaube Schritte zu tun, die zunächst gar nicht erkennen lassen, wozu sie führen werden. Er handelt nicht, weil er das Ziel bereits sieht, vielmehr, weil er sich durch das Wort des Herrn in seinem Entschluß bestimmt und gedeckt weiß. *Nicht der Segen, der vor ihm liegt, die Offenbarung, die hinter ihm steht, ist das tiefste Geheimnis seiner Entscheidung und die Quelle seiner weltüberwindenden Kraft.*

Die Bitte Daniels war derart, daß es auch dem Küchenmeister möglich war, auf sie einzugehen, ohne daß dadurch seine Abweichung von der königlichen Bestimmung gleich bemerkt werden konnte. Daher *„willfahrte er ihnen in dieser Sache und versuchte es zehn Tage lang mit ihnen"*. Diese Zeit genügte aber, den Glauben Daniels und seiner Freunde zu rechtfertigen. Es fand sich nach Verlauf der zehn Tage, daß sie wohler waren an äußerem Ansehen als die andern, die mit ihnen erzogen wurden. Das bestimmte auch den Küchenmeister, in Zukunft das Gewissen und die religiöse Stellung der jüdischen Jünglinge zu berücksichtigen.

Hinter dem ganzen Erlebnis des Glaubens stand jedoch wie-

---

[1] Kap. 1, 10.

[2] Kap. 1, 11 f.

derum Gott, und zwar mit seiner wunderbaren Fügung. Er war es, der durch eine dem Daniel und seinen Freunden bekannte gesetzliche Verordnung das Gewissen bestimmen und den Glauben wekken konnte, diesen ersten Glaubensschritt zu tun, um auch auf babylonischem Boden das Heiligste nicht zu verleugnen. Er war es auch, der diesen vier Jünglingen Kenntnis und Verständnis für allerlei Schriften und Weisheit gab. Daniel verstand sich auch auf allerlei Gesichte und Träume. Das kindliche Vertrauen zu dem Gott Abrahams, Isaaks und Jakobs und die innere Ehrfurcht vor dem Heiligen, die das eigentliche Wesen ihres Volkes in den großen Zeiten der Geschichte ausgemacht hatte, war das einzig wahre Gut, das sie aus dem Erbe ihrer Väter und ihrer Heimat mit nach Babel genommen hatten. Es bewährte sich auch auf babylonischem Boden, so klein und schwach und unerfahren zunächst auch die Träger dieses Erbes waren. *Wer die göttliche Wahrheit liebt, hat es nicht nötig, sie zu rechtfertigen, er wird von ihr in entscheidender Stunde gerechtfertigt.*

d) Der heilige Überrest und seine wunderbare Legitimation

Daniel und seine Freunde wurden nun weiter drei Jahre lang in aller Weisheit und Gelehrsamkeit der Babylonier erzogen.

Es war ein schweres und umfangreiches Unterrichtsprogramm, das im Laufe der drei Jahre durchgearbeitet werden mußte. Die Hauptschwierigkeit lag wohl in der Erlernung der babylonischen Keilschriften und der Einführung in die Sprache und umfangreiche Literatur der Chaldäer. Denn das Wissen der Chaldäer war weltberühmt, und die Gelehrten erfreuten sich des höchsten Ansehens. Sie waren es auch, die im Auftrage des Hofes die Geschichte des Reiches in fortlaufenden Jahrbüchern aufzuzeichnen hatten. Auch die ungeheure Arbeit der Vervielfältigung geschichtlicher Urkunden durch sorgfältiges Abschreiben fiel in ihren Beruf.

Einen besonderen Zweig chaldäischer Gelehrsamkeit bildete jedoch die Erforschung der Gestirne. Die Gelehrten „beobachteten beständig die Bahnen der Planeten, stellten die Zeiten des Mondwechsels für den Kalender fest und berechneten sogar an der Hand zyklischer Zahlen auf Jahre hinaus die bevorstehenden Sonnen- und Mondfinsternisse[1]". Eng damit zusammen hing auch die Traumdeutung. Da das Traumleben im engsten Zusammenhang stehend mit der Einwirkung und Kundgebung der Götter gedacht wurde, so hatten die Gelehrten „den Großen im Lande ihre Träume zu deuten, ihnen aus der Stellung der Gestirne, wie später die mittelalterlichen Astrologen, ihre künftigen Schicksale vorauszusagen und schädliche Einflüsse durch geheime Mittel von ihnen abzuwenden[2]".

Wir können verstehen, wie diese uralte geistige Welt des Heidentums für die jungen Männer von Fall zu Fall zu einer beständigen scharfen Prüfung ihrer Glaubenstreue werden mußte. Sie sahen sich Gefahren ausgesetzt, die für ihr bisheriges Innenleben und für ihre Glaubensstellung zum Gott ihrer Väter von entscheidender Bedeutung werden konnten. Denn „mußte das Heidentum nicht doch mehr und mehr einen tiefen Eindruck auf ihre jungen Seelen machen, da es ihnen in dem glänzenden Gewande der hochberühmten Weisheit der Chaldäer vor die Augen trat? Und war die Wissenschaft dieser Weltweisen, besonders ihre Sternkunde und ihre Geschichtswissenschaft, nicht so eng mit heidnischen Anschauungen, Götterlehren und abergläubischen Zutaten verflochten, daß die Unterscheidung zwischen Wahn und Wahrheit von Daniel und seinen Freunden eine unverrückbare Festigkeit in ihren israelitischen Grundsätzen und unablässige Vorsicht bei der Aneignung der ihnen vorgetragenen Lehrsätze forderte? Gewiß, allein durch diese stetige Übung ihrer geistigen Sinne (Röm. 16, 19; Hebr. 5, 14) wuchs auch ihr religiöses und sittliches Unterscheidungsvermögen und die Klarheit ihrer Erkenntnis der unüberbrückbaren Gegensätze zwischen der israelitischen und der heidnischen Weltanschauung. Daß diese ihnen von Gott verordnete Erziehung auch ihr Ziel erreichte, zeigte sich später in der Treue bis zum Tode, mit der sie sich zu der von ihnen erkannten göttlichen Wahrheit bekannten[3]."

---

1 v. Lengerke.

2 Nach Eduard Meyer: Geschichte des Altertums, 3. Band, Seite 82. Stuttgart 1901.

3 G. Stokmann: Die Erlebnisse und Gesichte des Propheten Daniel. Verlag C. Bertelsmann, Gütersloh.

Wie schwer gelegentlich die inneren Konflikte und Glaubensnöte waren, in die Daniel und seine Freunde sich während ihrer Vorbereitungszeit hineingestellt sahen, wird uns nicht weiter mitgeteilt. Nur das Endergebnis erzählt uns die heilige Geschichte. Nach Verlauf der drei Jahre wurden auch sie mit all den andern vor den König geführt, damit er sie prüfe und die Begabtesten und Tüchtigsten alsdann für die einzelnen Berufe auserwähle. Während dieser Prüfung fand es sich nun, *„daß keiner unter ihnen allen gefunden ward, der dem Daniel, Chananja, Misael und Asarja gleich gewesen wäre; darum mußten sie vor dem Könige stehen. Derselbe fand sie in allen Sachen der Weisheit und Einsicht, worüber er sie befragte, zehnmal überlegener als alle Schriftkundigen und Wahrsager, die er in seinem ganzen Reiche hatte."*

Das war ihre Legitimation. Gott rechtfertigte Daniel und seine Freunde, die es gewagt hatten, sich auch im Blick auf ihre Erziehung allein auf göttliche Grundsätze zu stellen und ein reines Gewissen zu bewahren. *Die Welt auch in ihren tiefsten Fragen richtig zu verstehen, ihr in den dunkelsten und verworrensten Zeiten in Wahrheit zu dienen, ihr in ihren Gerichten und Katastrophen eine neue Zukunft zu geben, werden immer die am ersten vermögen, die Gott verstanden und ihr Leben durch göttliche Grundsätze bestimmen ließen.*

Es standen hier Babel und Jerusalem einander tatsächlich in ihren höchsten Grundsätzen und damit in ihrem allertiefsten Wesen gegenüber. Da siegte nicht Babel, es siegte Jerusalem, es kapitulierte nicht der heilige Überrest, sondern der König einer großen Weltmacht. Zwar hatte niemand es im voraus berechnen können, daß von Gott solch eine Antwort auf die Hingabe an die göttliche Offenbarung erfolgen würde. Bisher ist jedoch alles Große so in der Geschichte gekommen. Wenn vom heiligen Überrest die ersten Schritte des Glaubens in dem allgemeinen Geschehen der Zeit getan wurden, so sah das meistens so unscheinbar aus, daß die jeweilige Weltweisheit und die bestehende Weltmacht darüber lächeln und spotten konnten. Eines Tages sah sich jedoch der Glaube in seinem Verzicht auf die Grundsätze der Welt und in seiner Hingabe an die Thora gerechtfertigt, wie dies keine Welt hätte ahnen können.

Es ist, als ob daher der Schluß des ersten Kapitels des Propheten Daniel im voraus bereits den weiteren Kampf zwischen Weltstaat und Gottesreich in seinem Verlauf beleuchten wolle. Denn es heißt: *„Und Daniel blieb bis in das erste Jahr des Königs Kores (Cyrus)."* Es heißt nicht: *und Nebukadnezar blieb*, es heißt: *und Daniel blieb*. Die Weltmacht kam und ging. Sie erhob sich, legte Ninive in den Staub, brach Pharaos Weltstellung, unterwarf sich Jerusalem und brach alsdann selbst zusammen. Der heilige Überrest aber blieb. Er ist bis heute geblieben. Er hat mit seiner Hingabe an Gott und mit der Kraft seines Glaubens die Welt überwunden. Der Apostel kann daher dieses große Schauspiel der Weltgeschichte in die ergreifende ewige Wahrheit zusammenfassen: *„Die Welt vergeht mit ihrer Lust; wer aber den Willen Gottes tut, der bleibt in Ewigkeit."*

B. Weltliches Prophetentum und der Dienst der göttlichen Offenbarung

I. Nebukadnezars Offenbarungstraum

„Im zweiten Jahr unter dem Königtum Nebukadnezars hatte Nebukadnezar Traumgesichte; da wurde sein Geist beunruhigt, und sein Schlaf wich von ihm. Der König befahl nun die Bilderschriftkundigen, die Beschwörer, die Zauberer und die Chaldäer zu rufen, daß sie kundtun sollten dem Könige sein Traumgesicht."
Dan. 2, 1—13

a) Die Welt und ihre Fragen

Der Inhalt des zweiten Kapitels führt uns in den Geist und in das Wesen der Innenwelt Babels. — *Auch die Welt ringt um die Fragen nach der letzten Wahrheit.* Sie kommt aber trotz all ihres Wissens und trotz all ihrer religiösen und politischen Künste nicht zur Ruhe. Denn nur Gottes Offenbarungswort vermag jenes Licht auf sie fallen zu lassen, durch das auch die tiefsten Fragen eine wahre Lösung finden können.

Der Inhalt des ganzen Kapitels bewegt sich ja um den Offenbarungstraum, den Nebukadnezar während der ersten Zeit seiner Regierung von Gott empfing. Als Daniel dem König eine Deutung des Traumes geben konnte, erklärte er ihm zunächst, wie es überhaupt dazu gekommen sei, daß Gott dem König diesen Traum als göttliche Antwort gegeben habe. Nebukadnezar hatte nachts auf seinem Lager in seinem Innern die schwere Frage erwogen: *„Was wohl nach diesem geschehen werde*[1]*?"* Der Offenbarungstraum sollte daher nichts anderes als die Antwort Gottes auf diese Frage eines Nebukadnezar sein. *So hat auch die Welt ihre Offenbarungsträume, durch die Gott zu ihr reden möchte.*

Es zeugt von dem tiefen, religiösen Gemüt des Nebukadnezar, daß ihn gerade zur Zeit, wo er auf der Höhe der unlängst von ihm errungenen Weltmacht stand, in seiner Seele die Frage nach dem Zweck und dem Ziel der Weltgeschichte bewegte. Trotz der gewaltigen Herrschernatur, die er besaß, hatten die erschütternden Ereignisse der jüngsten Zeit doch einen tiefen Eindruck auf ihn gemacht. Sie hatten in ihm die so berechtigte Frage geweckt: *Wie mag wohl der fernere Verlauf der Geschichte mit ihren großen weltpolitischen Ereignissen sein?*

Vor seinen Augen hatten sich in wenigen Monden und Jahren Umwälzungen vollzogen in solch einem gewaltigen Ausmaß und mit solch weittragenden politischen Folgen, daß dies alles auch dem jungen Nebukadnezar als ein Wunder der Geschichte erscheinen mußte. Erst unlängst war durch ihn das älteste Weltreich der alten Zeit, Ägypten, in der gewaltigen Schlacht bei Karchemis am Euphrat nicht nur gebrochen, sondern völlig aus Asien verdrängt worden. Von noch weit größerer Tragweite war es aber, daß das zweite Weltreich, Assyrien, mit seiner Hauptstadt Ninive unter den Schlägen seiner tapferen Heere völlig zusammengebrochen war. Nur auf den Trümmern der assyrischen Weltmacht war es ihm möglich gewesen, das neue, das dritte Weltreich zu begründen. Ja, Nebukadnezar hatte gesehen, daß selbst der theokratische Staat, Juda mit Jerusalem, vor ihm und seinen mutigen Scharen hatte kapitulieren müssen. Wenn bis dahin auch die Gerüchte bestanden hatten, daß Jerusalem mit seinem Jahve-Heiligtum uneinnehmbar sei, und daß sich der Gott Israels mächtiger erwiesen hätte an seinem Volk und Land als die Gottheit irgendeines andern Volkes — er hatte Judas

[1] Kap. 2, 29.

König gefangennehmen und den Tempelschatz von Jerusalem in das Schatzhaus des Gottes von Babel stellen können.

Was wird wohl nach diesem geschehen? Wird auch das neue, das babylonische Weltreich dem Gesetz des allgemeinen Weltgeschehens unterworfen sein? Wird auch sein Entstehen, seine Entwicklung, seine Glanzzeit nichts anderem als dem Wachsen, Blühen und Vergehen der Blüten des Grases gleichen? Welches mag die neue kleine, zunächst ganz unscheinbare Macht sein, die eines Tages erstarkt mit Babel handeln wird, wie sie mit Ninive, Ägypten und Jerusalem gehandelt hat?

In derselben Nacht empfing Nebukadnezar von Gott seinen Offenbarungstraum. *In der gewaltigen, unheimlich großen Gestalt, die er trotz ihres Glanzes dennoch jäh zusammenstürzen sah, sollte dem König das wahre Weltbild nicht nur seiner Zeit, sondern das aller Zeiten enthüllt werden.*

b) Die Welt und ihre Unruhe[1]

Offenbar hatte der jähe Sturz im Bilde den König in seinem Traum so erschüttert, daß er unter der seelischen Erregung erwachte. Allein mit dem Erwachen entglitt ihm auch das erschütternde Bild, das ihm im Traume geworden war. *Was ihm blieb, war nur der Eindruck, den der Offenbarungstraum auf ihn gemacht hatte, nicht aber die Offenbarung, die er empfangen sollte.* Daß ihm die Gottheit durch den Traum etwas Wichtiges und Großes habe mitteilen wollen, das stand auch dem König unerschütterlich fest. War es aber eine Warnung oder sogar eine Unglückskunde, die ihm, seinem Thron und seinem mächtigen Reiche von der Gottheit werden sollte? Nebukadnezar wußte es nicht.

„Da wurde sein Geist beunruhigt, und sein Schlaf wich von ihm."

Es ist überaus bezeichnend für das innerliche Wesen der Welt, wie schnell sie in eine innere Unruhe und Unsicherheit hineinkommt, sobald sie vor Eindrücken steht, die ihr von einer höheren Macht wurden, und die sie nicht mit ihrem Wissen zu lösen vermag. *Sie kennt in ihrem Leben nicht göttliche Sendung und Füh=*

[1] Kap. 2, 1. 2.

rung, sie lebt nur von seelischer Stimmung und Begeisterung, behält selbst aus der ihr werdenden Offenbarung nicht die enthüllte Wahrheit, höchstens nur den empfangenen Eindruck zurück. Da sie trotz ihrer Macht und ihres Glanzes tief in ihrem Leben ein böses, von Schuld belastetes Gewissen trägt, so macht sie das innerlich furchtsam und unruhig.

Auch Nebukadnezar mußte fürchten, daß er vielleicht die Gottheit seines Landes beleidigt hätte, diese daher etwas Unheilvolles über ihn beschlossen habe. Solche Beschlüsse im Rat der Götter wurden nach der Anschauung der Babylonier dann dem König durch Träume oder durch Visionen kundgetan. Es galt daher für den König, alles aufzubieten, den vergessenen Traum und dessen Deutung wiederzugewinnen. Wisse er erst die Gefahr, die ihm und seiner Macht und seinem Thron drohe, dann könne ihr vielleicht noch durch geeignete Mittel vorgebeugt werden.

Eine Welt, die allein durch Blut und Tränen und auf den Ruinen des Nächsten entstanden ist, die sich nur durch brutale Machtmittel und vorbeugende Politik zu halten und zu festigen weiß, sieht von überall Unheil nahen. Sie zittert innerlich vor den Katastrophen, die auch über sie unerwartet hereinbrechen könnten. Sie schaudert zurück vor einem ähnlichen Gericht über sich selbst, wie sie es durch ihre Macht anderen bereitete. Daher ihre ewige Unruhe, trotz der Höhe, die sie ersteigt, und trotz des Glanzes, in den sie sich hüllt.

c) Die Welt und ihre Ohnmacht[1]

Es stand jedoch auch das unter Gottes Fügung, daß Nebukadnezar beim Erwachen sein Traumbild vergaß. Dies Ereignis schuf jene Gelegenheit für das weltliche Prophetentum, daß es seine völlige Ohnmacht in göttlichen Dingen offenbaren mußte. *Gottes Offenbarung zu verstehen vermag nur, wer sich von Gott zuvor erleuchten läßt.* Die Welt kommt daher nie aus ihrer Problemstellung heraus. Sie steht in ihrer Geschichte ewig

[1] Kap. 2, 4—11.

vor neuen Fragen. So stark sie sich besonders auch in den Zeiten ihrer Katastrophen von all den Rätseln des Lebens gepackt und wie von einem Fieber geschüttelt sieht, ein erlösendes Wort findet sie nicht. Ihre Antwort war vielfach nur ein Ausweg, der in eine noch tiefere Katastrophe führte.

Als Nebukadnezar in seiner Unruhe den vergessenen Traum nicht wiederzugewinnen vermochte, wandte er sich an das Priesterkollegium und das Prophetentum seines Reiches. Alle Orden dieser babylonischen Gelehrtenwelt beanspruchten für sich die Würde, mit den Göttern in geheimer Verbindung zu stehen.

In seiner Not wandte sich der König nun an diese angeblichen Träger und Dolmetscher der mancherlei Kundgebungen der Götter. Er tat es in der Voraussetzung, daß sie ihm nicht nur die Deutung, sondern auch den Traum selbst sagen könnten. Denn als das vor dem König in seinen verschiedenen Abstufungen versammelte Prophetentum erklärte: *„Erzähle deinen Knechten den Traum, so wollen wir die Auslegung sagen"*, da antwortete der König mit großer Bestimmtheit: *„Das Wort ist von mir ausgegangen. Wenn ihr mir nicht anzeigen könnt den Traum und seine Deutung, so sollt ihr in Stücke zerhauen und eure Häuser sollen in Schutthaufen verwandelt werden. Wenn ihr aber den Traum und seine Deutung kundtun könnt, so werdet ihr Geschenke und Gaben und große Ehre von mir empfangen. So tut mir den Traum und seine Deutung kund[1]!"*

Es scheint uns ungemein hart zu sein, daß der König die Vertreter der damaligen Wissenschaft und Religion mit solch einer schweren Strafe bedrohte. Der König aber sagte sich: Entweder stehen die Magier wirklich in mystischer Verbindung mit der Gottheit und sind fähig, den Traum für mich zu erfahren, oder alles ist Wahn und Betrug. Er blieb daher auch bei der ganzen Härte und Strenge seiner Worte. Die Chaldäer jedoch antworteten dem Könige und sprachen: *„Es ist kein Mensch auf Erden, der dem König kundtun könnte, was er verlangt. Demgemäß fordert auch kein noch so großer und mächtiger König etwa solches von irgendeinem Bilderschriftkundigen und Beschwörer und Chaldäer. Was der König verlangt, ist zu schwer, und es gibt keinen andern, der es dem König*

[1] Kap. 2, 5 f.

kundtun könnte, wenn nicht die Götter, deren Wohnung aber nicht bei dem Fleische ist[1].“

Das war das erschütternde Bekenntnis von der inneren Ohnmacht des damaligen weltlichen Prophetentums. Es mußte vor dem König und aller Welt erklären: Das können wir nicht! Was der König verlangte, war nach ihrem Urteil nur den Göttern möglich. Deren Wohnung ist jedoch nicht bei den Menschenkindern. In diesem Bekenntnis lag ungemein viel Wahrheit. Auch Daniel erklärte später dem König, als er ihm den Traum und auch die Deutung erst sagen konnte: *„Das Geheimnis, nach dem der König fragt, vermag kein Weiser, Wahrsager, Bilderschriftkundiger oder Sterndeuter dem König kundzutun; es ist aber ein Gott im Himmel, der Geheimnisse enthüllt, der hat dem König Nebukadnezar wissen lassen, was in späteren Tagen geschehen soll*[2].“

Diese Wahrheit ahnte auch das gesamte babylonische Priester- und Prophetentum. In der ganzen Begebenheit offenbart sich jedoch wieder etwas von dem eigentlichen Charakter der Weltgeschichte. Wo die angebliche Schau der Völker trotz ihrer hohen Kultur und ihres hohen Wissens nichts anderes war als mystische oder naturhafte Religion, d. h. als die Frucht einer rein menschlichen Frömmigkeit, da konnte sie dem einzelnen und dem Volke nie das geben, was Gott der Welt zu ihrem Heil durch seine Offenbarung zu allen Zeiten geben wollte.

Er vermag mit seinem Geiste nicht in Gottes Leben, Wirken und Geheimnisse einzudringen. Daher kam der einzelne und ein Volk auch nie bis zu Gott, wenn nicht Gott zuvor zum Menschen kam und ihn in sein Licht und sein Wirken hineinzog. *„Gott kann nur durch Gott erkannt werden“*, sagt Prof. D. E. Brunner in seinem vorzüglichen Werk „Der Mittler“[3].

Zu einem wahren und lebendigen Umgang mit Gott kam es beim Menschen daher immer nur auf Grund göttlicher Erleuchtung. Wenn Priester und Propheten sich nur als Träger und Dolmetscher einer Religion, nicht aber als von Gott aus Gesandte und Bevoll-

---

1 Kap. 2, 10 f.
2 Kap. 2, 27 ff.
3 Verlag J. C. B. Mohr (Paul Siebeck), Tübingen.

mächtigte erwiesen, dann haben sie nie verstanden, dem einzelnen oder dem Volk als Wegweiser zu Gott hin zu dienen. *Wer Menschen bis zu Gott führen will, muß von Gott her zum Menschen kommen.*

Was jedes weltliche Prophetentum an göttlicher Erleuchtung so arm macht, das ist die innere Gottesferne, in der es selbst lebt. Seine Gottheit ist die Schöpfung seiner religiösen Seele, und die Glaubenshaltung seiner Seele ist nicht die Schöpfung Gottes. Es muß daher in seiner Ohnmacht allem Göttlichen gegenüber auch bekennen: *„Ausgenommen die Götter, deren Wohnung nicht bei dem Fleische ist."* Die Magier Babels kannten keinen Gott der Gegenwart, keinen Gott wahrer Erlösung, keinen Gott des Heils, der da zelten will mitten unter den Menschenkindern. Wie ganz anders lauteten daher die Worte, als erst in den Gesalbten Gottes in Israel ein höheres Prophetentum in Sicht trat! Bezeugt nicht der wahre Gottesprophet im Gegensatz zu dem Bekenntnis des Prophetentums Babels so wunderschön: *„Der Herr wohnt bei denen, die zerschlagenen Herzens und gedemütigten Geistes sind"?*

Solch einen Gott der Gegenwart, solch ein Zelten Gottes mitten unter den Menschenkindern, solch ein Wohnen des Höchsten mitten unter denen, die betrübten Geistes und gedemütigten Herzens sind, hat ein weltliches Prophetentum nie zu künden gewußt. Es fehlte ihm die göttliche Quelle. Es weissagte stets nur Menschliches selbst in seiner tiefsten Religiosität.

d) Die Welt und ihre Härte

Solch ein versagendes Prophetentum sieht sich eines Tages durch jene gerichtet, denen es zwar mit seiner Religion, nicht aber mit wahrer Offenbarung gedient hat. Als Nebukadnezar die Antwort der Magier hörte, *„erzürnte und ergrimmte der König sehr, und er befahl, die Weisen Babels alle umzubringen"*. Das ist nur die letzte Konsequenz der weltgeschichtlichen Entwicklung, die zwar Religion besaß, aber ohne Offenbarung lebte.

Es wird bis heute von der Kirche Christi viel zu sehr übersehen, *daß diese Feindschaft der Welt vielfach aus dem Versagen und der*

Ohnmacht der Kirche heraus geboren ist. Wenn die Welt in ihrer inneren und äußeren Not ihre Zuflucht zur Kirche nahm, wie oft hatte auch sie dann nur eine zwar äußerlich gepflegte Religion, jedoch keine Offenbarung Gottes! *Die Kirche war im Staat nicht Gottes Prophetin, sie war Hüterin der Religion des Staates.* Sie segnete nicht das Volk in seinen Erschütterungen mit göttlicher Offenbarung und Erleuchtung, sie opferte dem Geist und der Gesinnung des Staates, dessen Dienerin zu sein sie die Ehre hatte.

Man fragt sich, ob die Kirchen die Warnung und den Weckruf Gottes zur inneren Umstellung auf der ganzen Linie verstehen werden. Wenn nicht, dann entgehen auch sie dem Gericht nicht. Die Zeiten sind vorbei, wo das Volk zwischen äußerer Religiosität und wahrer Gottesoffenbarung nicht zu scheiden wüßte. Es fühlt, ob das Salz der Kirche würzt oder ob es dumm geworden ist. Der Mensch kann aber wie Nebukadnezar ungemein hart werden, wenn er sich in dem Tiefsten und Heiligsten von der Kirche irregeleitet oder sogar betrogen sieht. *Ungemein viele Leiden, die über die Kirche Christi der Gegenwart hereingebrochen sind, erduldet sie nicht um der göttlichen Offenbarung und um Christi willen, sondern um ihres falschen Prophetentums willen.*

Wenn die Kirche Christi ihrem Gericht durch die Welt entgehen will, dann kann es nur auf dem Wege geschehen, auf dem ein Daniel dem Gericht Babels entging. Sie kann nur gerettet werden, wenn sie wieder als der Mund Gottes Prophetin wird unter jenem Volk, in dem sie lebt, und dem zu dienen sie berufen ist. *„Das Jahrhundert der Kirche" muß zu einer Wiedergeburt und Geistessalbung der Kirche werden.* Dann wird sie auch unserem Zeitalter wieder als Gottes Prophetin auf die alte Frage: *„Was wohl nach diesem geschehen wird?"* mit einer göttlichen Offenbarung zu dienen wissen.

II. Daniels zweiter Glaubensschritt

„Da trat Daniel alsbald dem Arioch, dem Obersten der Scharfrichter des Königs, welcher ausgegangen war, die Weisen zu töten, mit klugen und verständigen Worten entgegen. Er antwortete und sprach zu Arioch, dem Befehlshaber des Königs: Warum ist dieser scharfe Befehl vom König ausgegangen? Da erklärte Arioch dem Daniel die Sache sofort. Daniel aber ging und erbat sich vom König, daß er ihm Frist geben möge, so wolle er dem König die Deutung sagen." Dan. 2, 12—23

a) Daniel stellte sich Gott zur Verfügung

Wir haben bereits in einem der vorigen Kapitel gesehen, daß es ein Jerusalem in Jerusalem und eine Kirche in der Kirche gibt, die auch in Babel nie Babel werden können. Wohin sie auch durch die Gerichte, die ihr Volk erlebt, und durch die Ereignisse der Geschichte verschlagen werden, sie bleiben auf jedem Gebiet, unter allen Verhältnissen und zu jeder Zeit das, was sie in ihrem tiefsten Wesen sind: *wohl in der Welt, nicht aber von der Welt.* Ihre enge Verkettung mit ihrem Volk und ihre Stellung innerhalb der verschiedenen Zweige des Berufslebens bringt es zwar mit sich, daß auch sie die Leiden und Katastrophen mit zu tragen haben, durch welche sich die Welt hindurchgeführt sieht. Aber sie erleben die Gerichte und Erschütterungen und Umwälzungen der Welt ganz anders, als diese sie durchlebt.

Auch Daniel und seine Freunde sahen sich durch ihre Mitgliedschaft zu dem Gelehrten- und Magierorden Babels mit in das furchtbare Gericht hineingezogen, das Nebukadnezar in seinem Zorn über das babylonische Propheten- und Priestertum ergehen ließ. Der König hatte bereits dem Arioch, seinem Oberscharfrichter, den Befehl gegeben, alle Weisen Babels umzubringen. Auch Daniel und seine Freunde wurden bereits gesucht, damit auch sie getötet würden.

Solche Härte entspricht durchaus dem Wesen der Welt. Sie kann sich auf keinem Gebiet des Lebens — nicht einmal auf dem Gebiet ihrer Religion — anders behaupten als nur durch die Mittel ihrer Macht. Sie sind aber immer hart. Jede Waffe der Macht knechtet. *Auf „Befehl"* des Königs mußten die Besten des Volkes für den Gelehrten- und Magierberuf erzogen werden. Durch denselben *„Be-*

fehl" mußten sie auch umgebracht werden. *So wird die Welt immer wieder sich selbst zum Gericht.* Darin liegt die ganze Tragik der Weltgeschichte, daß sie sich je und je durch ihre Stärke, die sie zu erringen vermochte, wiederum auf jene Katastrophen und Erschütterungen vorbereitete, durch die sie untergehen mußte.

In dieser kritischen Stunde, wo sich das ganze babylonische Prophetentum dem Tode geweiht sah, tat Daniel seinen zweiten Glaubensschritt: *er stellte sich Gott zur Verfügung und trat stellvertretend für die Welt ein.* Hätte Daniel diesen Schritt nicht getan, dann wären auch er und seine Freunde als stille Märtyrer mit im Gericht der Welt umgekommen. Wie hätte Gott sich dann so durch ihn verherrlichen können, wie es jetzt geschah, als er im Glauben Gott sein Leben und seinen Dienst zum Heil der Welt zur Verfügung stellte! Der Herr hatte zwar versucht, dem König ohne einen Dolmetscher eine Antwort auf seine tiefen Fragen zu geben. *Der König hatte jedoch nur den Eindruck, nicht aber die Offenbarung als solche festzuhalten vermocht.* Gottes Absicht jedoch, mit seinem göttlichen Licht dem König zu dienen, war nicht erloschen. Sie blieb bestehen trotz der furchtbaren Härte, die Nebukadnezar zeigte. Gott bedurfte jedoch eines Mittlers, der dem König das göttliche Licht dolmetschen konnte.

Da ist es in Daniel der heilige Überrest, der sich Gott zur Verfügung stellt — auch mitten in dem Gericht, das über ein falsches Propheten- und Priestertum hereingebrochen war. Nachdem die Welt so in ihrem Wesen und Charakter, in ihrer Unruhe und Härte, in ihrer Ohnmacht und Ratlosigkeit offenbar geworden war, trat in dem Dienst Daniels jener Glaube in Sicht, welcher stets der Welt in ihrer tiefsten Not mit dem Höchsten zu dienen sucht. Die Welt konnte sich in dieser kritischen Stunde selbst nicht helfen. Wenn sie je und je ihr Gericht erlebte an dem, was sich in der Geschichte als unbrauchbar und haltlos erwies, so gab es von seiten der Welt her keine Rettung aus dem Gericht.

Und doch gibt es eine Rettung. Diese kann aber nie dort gefunden werden, von wo die Gerichte ausgegangen sind. *Ein Einhalten der Gerichte kann nur von denen kommen, die außerhalb der Gerichte stehen, weil sie keinen Anteil haben an dem Geistesleben, das zu solchen Gerichten führte.* Hier in Babel waren es damals Daniel und seine Freunde. Zwar waren auch sie durch ihre ganze Erziehung und durch ihre gegenwärtige Berufsstellung mit in das Priesterkollegium und Prophetentum Babels eingegliedert worden. Wie fern standen sie aber seinem Geiste und Wesen! Allein von ihnen aus konnte daher auch die Rettung für jene kommen, die um ihres Versagens willen das Gericht herausgefordert hatten.

Als Daniel erst erfahren hatte, warum der harte Befehl des Königs ausgegangen war, ging er zunächst zum Oberscharfrichter und trat ihm mit *„klugen und verständigen Worten entgegen"*. Die Henkerdienste wurden in jener Zeit, wie später auch im Türkischen Reich und in Persien, von des Königs Leibwächter und Trabanten vollzogen. Die Hinrichtungen geschahen ohne Verhör und ohne Beobachtung irgendwelcher Formen. Die Betreffenden wurden von den Trabanten, die ihnen den Befehl des Königs übermittelten, ohne jeden weiteren Umstand mit dem Schwert niedergehauen. Daniel suchte daher zunächst diesem Blutbad Einhalt zu tun, indem er mit dem Obersten der Scharfrichter sprach und ihm sein Vorhaben, zum König zu gehen, um diesem die Deutung des Traumes zu sagen, mitteilte.

Erst darnach ging Daniel durch die Vermittlung des Obersten der Leibwache auch zum König hinauf. *In der ganzen Art, wie Daniel in seiner Person hier auftritt, wird das innere Wesen und der Charakter derer offenbar, die als heiliger Überrest wohl in der Welt, aber nicht von der Welt sind.* In der Verbindung mit dem Ewigen stehend, haben sie den Gott der Barmherzigkeit, der Langmut und der Erlösung gefunden. Nicht etwa nur in der Theorie und im Bekenntnis, sondern im Leben. Ihr Licht, ihre Kraft, ihre Liebe, ihr Dienst fließen aus dieser Quelle. Daher ist auch ihr Leben nicht von dieser Welt.

Wie nahe hätte es einerseits gelegen, daß auch ein Daniel sich gesagt hätte: Wenn diese Priesterschaft und dieses Prophetentum durch seinen angeblichen Dienst König und Volk in dem Allerheiligsten des Menschen immer wieder so irreleiten, dann ist es nur gerecht, wenn sie eines Tages alle im Gericht untergehen! Ein Elia dachte wenigstens in seinen Tagen so. In Daniels Seele war aber etwas weit Höheres wirksam: *ein priesterliches Mitleid, das am Herzen Gottes gewonnen worden war.* Auch lag es einem Daniel völlig fern, nur für sich und seinen engsten Freundeskreis eine Rettung zu erwirken. *Wenn Gottes Knechte gesegnet werden, dann sollte die Welt mit gesegnet werden und Anteil haben an dem Leben, das diesen werden konnte.*

b) Daniel tat den Schritt im Glauben[1]

Wie die Dinge damals lagen, war nach menschlichem Ermessen an keine Rettung zu denken. Der Glaube wagt jedoch Schritte zu tun, die andere nie taten, sieht Auswege, wie sie von anderen nie gesehen wurden, hegt Erwartungen, die andere für Illusionen halten müssen. Die Welt bewegt sich in ihrem Geist und in ihren Entscheidungen nur im Geschichtlichen. Sie bricht in ihrer Not zusammen, da sie unfähig ist, Schritte zu tun, die über das bisher Gegebene hinausgehen.

Der Glaube jedoch wagt in kritischen Stunden vielfach mit Dingen zu rechnen, die jenseits des bisher Erlebten liegen und die nicht einfach aus der Erfahrung der Vergangenheit begründet werden können. Seine Erkenntnis und Erwartung, seine Zuversicht und Kraft fließen aus einer höheren Quelle. Er ist in seinen Handlungen die Frucht einer innerlich erlebten Gottesoffenbarung. Er sieht sich in seinem Vertrauen und in seinen Entscheidungen von Gott genötigt. Wo dem Glauben diese Grundlage fehlt, ist auch er nur eine Illusion, eine Selbsttäuschung. Dem Vertrauen fehlt dann der reale Boden und die göttliche Garantie, die allein ein Schauen des Erhofften und eine Rechtfertigung der Entscheidung verbürgt.

Der Glaube war nie eine geheimnisvolle magische Macht, die ohne weiteres über alles Göttliche und Zukünftige nach eigenen Wünschen verfügen konnte. Wirklichkeit im Leben auch des Glaubenden kann immer nur das werden, was auf der Linie des Gottgewollten und des Göttlich-Möglichen liegt. *Glaube oder Gottvertrauen war daher stets ein Einswerden mit Gott:* ein Sicheinstellen auf Gottes Verheißung, auf Gottes Heilsabsichten und Zukunftsgedanken. Der Glaube ist die Antwort der Seele auf eine empfan-

[1] Kap. 2, 24.

gene Offenbarung Gottes, der Wiederklang des Herzens, der durch den Ton aus der oberen Welt geweckt wurde.

Gottes Reden war zu allen Zeiten des Glaubens Quelle, aus der er seine Kraft und sein Leben, seine Richtung und seine Ziele schöpfte. In diesem Glauben handelte einst auch Daniel, als er sich entschloß, zum König zu gehen. Dieser zweite Glaubensschritt Daniels war jedoch weit schwerer, als der erste für ihn gewesen war. Als es sich beim ersten darum handelte, sich nicht mit der Tafelkost des Königs zu verunreinigen, da hatte sein Glaube noch gewisse sichtbare Stützen. Er konnte sich sagen: Gott kann das Gemüse so segnen, daß ich und meine Freunde nicht schlechter ernährt aussehen werden als die anderen Mitberufenen. Hier fehlte jedoch seinem Glaubensschritt jede äußere Stütze. Ihm blieb Gott allein. Er kannte weder den Traum noch wußte er dessen Deutung. *Er kannte aber Gott.* Er kannte ihn als die Quelle, aus der jede wahre Offenbarung fließt und jede Rettung dem Menschen wird. *Wenn der Glaube in seinen Entschlüssen und Handlungen mutig und stark sein kann, so fließt das nicht aus seinem Selbstbewußtsein, sondern aus der Aktivität Gottes, in die er sich hineingezogen weiß.*

Auch Daniel sah sich in seinem Vertrauen nicht enttäuscht. Nach den Darlegungen Daniels erkannte der König offenbar sehr klar, daß es sich in dessen Bitte um den ehrlichen Wunsch handle, dem König den vergessenen Traum und auch die Deutung kundzutun. Daher gewährte er ihm die Frist und ließ seinen Befehl an den Oberscharfrichter bis auf weiteres zurückziehen.

c) Daniel handelte in bewußter Abhängigkeit vom Herrn

„Darauf zog sich Daniel in sein Haus zurück und teilte seinen (Freunden) Hananja, Misael und Asarja die Sache mit, auf daß sie Erbarmen erflehen möchten von dem Gott des Himmels wegen dieses Geheimnisses, damit nicht Daniel und seine Gefährten samt dem Rest der Weisen von Babel umkämen[1].“

Das ist Abhängigkeit, wie nur ein Glaube sie kennt. So sichtbar und praktisch auch die Betätigungen des Glaubens sind, seine Wur=

[1] Kap. 2, 17 f.

zeln liegen im öffentlichen Leben, sie liegen hinter geschlossenen Türen. Sein verborgener Umgang mit Gott vollzieht sich im Kämmerlein. Hier werden jene Geburtswehen durchlebt und auf den Knien jene Kämpfe der Seele ausgetragen, die sich später im Leben als der Sieg offenbaren, der die Welt überwindet. Hier vollzieht sich im Gebetsumgang mit Gott das tiefste und verborgenste Wirken des Geistes in einer menschlichen Seele. *In ihrem Ringen mit Gott wird die Seele von Gott überwunden und in sein Licht und in seine Aktivität hineingezogen, so daß sie alsdann auf Grund göttlicher Erleuchtung und Vollmacht mit einer untrüglichen Botschaft an die Öffentlichkeit treten kann.* Mit Gott allein wird daher jener Prophet geboren, der später vor Volk und König zu sprechen wagt: *„Also spricht der Herr!"*

Daniel ging aber nicht allein in sein Haus, um den Traum und dessen Deutung von Gott zu erflehen. Er teilte die Sache auch seinen Gefährten und Leidensgenossen mit. Er wußte, welch eine Macht in der Gemeinschaft der Heiligen liegt und was es zu bedeuten hat, wenn Menschen in einer gemeinsamen Sache in einem Geiste betend vor Gott treten.

Handelte es sich hier doch nicht um etwas rein Persönliches, es ging um eine Rettung von weittragendster Bedeutung, um eine Kundgebung Gottes vor einer in Spannung wartenden Welt. Welch eine Verherrlichung Gottes würde es bedeuten, wenn Daniel wirklich dem König den Traum und auch dessen Deutung sagen könnte! Dann stünde vor aller Welt fest, daß es Gott war, der dem König den Traum gegeben habe, damit dadurch Nebukadnezar erführe, was nach diesem geschehen werde. Mit dieser ganzen Seelenlast wollte Daniel nicht allein vor Gott treten. Daher zog er seine Mitverbundenen mit hinein ins Gebet. *Die Sache war groß genug, um von allen getragen zu werden.*

Wie wünschte man, daß auch die Kirche Christi der Gegenwart erkennen würde, welch eine entscheidende Bedeutung der heilige Überrest in den kritischen Stunden der Geschichte haben kann! Ja, was er bedeuten kann selbst in solchen Zeiten der Gerichte, wo die Katastrophen sich gleichsam überstürzen und alles in Verderben und Tod hineinzuziehen drohen. *Denn auch unsere Zeit kommt nicht wieder zur Ruhe durch die Welt selbst.* Neues Leben und neue Kräfte zum Segen des eigenen Volkes und der Nachbarvölker können erst wieder einsetzen, wenn die Kirche Christi als heiliger Überrest neu begnadet sein wird, Glaubensschritte zu tun, wie Daniel sie tat. Dann wird ihr Dienst dazu beitragen, daß sie nicht *„samt den übrigen Weisen"* umkommt, und der Welt wird kundwerden, *„was nach diesem geschehen werde"*.

Wir betonen noch einmal: Daniel und seine Mitverbundenen hätten auch schweigen können. Sie wären dann als unschuldige Märtyrer und fromme Dulder mit untergegangen in dem Gericht, das über das ganze babylonische Prophetentum hereingebrochen war. Hätten sie dann aber wirklich etwas beigetragen zur Rettung der Welt? Wäre dann ihr Leben solch ein Beitrag geworden für das Kommen der Gottesherrschaft auf Erden? Hätte Daniel in jenem entscheidenden Augenblick in seiner priesterlichen Hingabe und in seinem prophetischen Dienst versagt, hätte dann die Zukunft je eine Fortsetzung des Dienstes des Propheten erlebt, wie er uns in den ferneren Kapiteln mitgeteilt wird?

Wir vergegenwärtigen uns diese Fragen, um zu erfassen, was solch ein heiliger Überrest für die Welt und deren Zukunft bedeuten kann. Welch eine Wendung kann er in die Geschichte tragen, wenn er als Prophet Gottes im priesterlichen Geiste der Welt in ihren verhängnisvollen Stunden mit einer Offenbarung Gottes zu dienen vermag! Man kann daher die Kirche Christi nicht stark genug auf ihre priesterliche Stellung und auf ihre Prophetenaufgabe in der Welt aufmerksam machen. Wenn sie nicht selbst samt der Welt in den Erschütterungen und Katastrophen umkommen soll, die durch den Geist der Zeit und durch die ganze Kulturentwicklung der Geschichte unaufhaltsam heraufbeschworen werden, dann muß sie wieder zum Propheten Gottes werden. Oder muß sie schweigen, weil sie keine höhere Botschaft von Gott in sich trägt? Soll sie schweigen und lieber das Gericht der Welt teilen, als Schritte des Glaubens zu tun und die Wehen für das Kommen eines neuen Zeitalters auf sich zu nehmen?

Es hat den Verfasser gelegentlich erschüttert, wenn er sah, daß man heute auch in ernst-christlichen Kreisen für die gegenwärtige

Zeit, für ein kulturberauschtes Volk und für ein versagendes Prophetentum nichts anderes als nur Gericht erwartet. Gewiß, es muß kommen und wird kommen, unaufhaltsam, wenn nicht Gott eintreten und durch ein wahres Prophetentum sein Licht, seine Gnade und seine Rettung sichtbar machen kann. Wahres Prophetentum aber, das in Verbindung steht mit dem Gott aller Gnade, mit dem Vater der Barmherzigkeit — *das erwartet nicht Gericht, es erwartet Gnade. Wir sind nicht Träger der Gerichtsgedanken Gottes, wir sind Dolmetscher der Barmherzigkeit Gottes.* Was wir einem untergehenden Geschlecht zu künden haben, ist, ihm zu sagen: Halte ein mit deiner gegenseitigen Vernichtung, besinne dich auf einen gerechteren Aufbau der Geschichte, gewinne wieder eine heilige Achtung vor dem Leben des Nächsten, stelle dein Leben wieder auf den Geist der Ewigkeit und der Anbetung ein! Wir sind bereit, dir den Sinn des Lebens zu deuten. Wir wollen mit dir die Arbeit der Liebe teilen, die Hoffnung der Müden und Entmutigten beleben und in die Zeit jene Erkenntnis des Herrn hineintragen, die berufen ist, die Völker zu bedecken, wie Meereswogen den Meeresgrund bedecken.

Das mag phantastisch klingen. Von der Kirche Christi als Gottes Prophetin in der Gegenwart darf solch eine Kunde für die im Gericht liegende Welt erwartet werden. Es bedeutet aber solch eine Erwartung in der Not unserer Zeit nichts anderes, als es in den Tagen Babels bedeutete. Solch ein Prophetendienst der Kirche an der Welt kann zwar nicht im religiösen Fanatismus, nicht im berauschten Selbstbewußtsein, nicht in begeisterter Stimmung geschehen, er kann nur als klare Sendung von Gott aus erfaßt werden. Den Sieg, der auch heute wieder die Welt zu überwinden vermag, findet die Kirche nicht auf ihren Kanzeln und Kathedern, nicht in ihren Vereinshäusern und Bibelstunden, sie findet ihn allein auf den Knien vor Gott. *Je mehr die Kirche erst wieder selbst zurück zu Gott und den Quellen höheren Lebens gefunden hat, desto mehr Vollmacht wird sie haben, mit göttlicher Offenbarung unter das Volk zu treten.* Der Welt ihre Träume zu deuten vermag nur, wer vom Kämmerlein her unter das Volk tritt.

Von der Entscheidung dieser Fragen wird die Zukunft der gegenwärtigen Kirche Christi abhängen. Gelangt sie zur Besinnung auf ihre göttliche Sendung und ihren Prophetenberuf in der Gegenwart — dann rettet sie nicht nur sich selbst, sie wird wieder zu einem *„Salz der Erde"* und zu einem *„Licht der Welt"* werden. Kommt diese große Stunde der Besinnung nicht, schweigt sie, wenn die Welt in ihrem sozialen Wirrwarr und in ihrer politischen Ratlosigkeit nach der Deutung der Träume ihres Lebens fragt und in ihrem Haß sich Vernichtung um Vernichtung schafft — dann geht auch sie unter mit der Welt. *Der einzige Weg ihrer gegenwärtigen Rettung geht durchs Kämmerlein bis zu Gott, um von Gott her alsdann den Weg zurück zum Volk zu finden.*

d) Daniel pries das Walten Gottes[1]

Während die Weisen Babels die Nacht hindurch um ihr Leben zitterten und dem Anbruch des Morgens in Furcht und Hoffnung entgegensahen, lag ein Mann auf seinen Knien vor Gott. Seine Seele hatte so viel in Gott gesehen, so viel an Rettung und Leben für das dem Gericht verfallene Prophetentum Babels empfangen, daß in ihm ein Psalm der Anbetung geboren wurde, der mit zum Höchsten gehört, was je über Gottes Weltregierung gesungen worden ist. Die Welt gelangte in ihrer Trauer nicht über ihre Trauer hinaus, dem Mann aber im Kämmerlein wurde die Klage seiner Seele zum Gebet, das Gebet wurde ihm zu einer Antwort Gottes, und Gottes Antwort schuf in ihm eine tiefere Erkenntnis der Majestät und der Allmacht Gottes. Aus diesem tiefen Gotterleben wurde die Anbetung geboren: *„Es sei der Name Gottes gepriesen von Ewigkeit zu Ewigkeit! Denn sein ist beides, Weisheit und Macht. Er führt andere Zeiten und Stunden herbei. Er setzt Könige ab und setzt Könige ein. Er gibt den Weisen ihre Weisheit und den Verständigen ihren Verstand. Er offenbart, was tief und verborgen ist. Er weiß, was in der Finsternis ist, und bei ihm wohnt das Licht. Dich, den Gott meiner Väter, lobe und rühme ich; denn Weisheit und Kraft hast du mir gegeben; und*

[1] Kap. 2, 17—23.

eben jetzt hast du mich wissen lassen, was wir von dir erbaten. Denn du hast uns die Angelegenheit des Königs kundgetan[1]*."*

Solche Psalmen sind Schöpfungen erlebter Erleuchtung, die die Seele im Anschauen Gottes gewonnen hat. *Denn so von Gott reden kann nur, wer Gott in seiner weltumfassenden Aktivität und weltbeherrschenden Majestät gesehen hat.* Einen solchen Einblick in die letzten Zusammenhänge der größten weltpolitischen Ereignisse gewinnt nur die Seele, die von Gott aus alles Weltgeschehen zu sehen vermag. Nun erkennt sie: im Weltgeschehen waltet nicht nur ein wildes Spiel unberechenbarer Mächte, *da ernten nicht nur Bosheit und Schuld ihr schweres Gericht, bauen nicht nur die Nationen dauernd an dem Turmbau ihrer Kultur, eifert nicht nur der Mensch in seiner Feindschaft und Geistesrichtung wider Gott — hinter allem steht vielmehr ein Wille, der nicht gebrochen werden kann, und waltet ein Arm, der stark genug bleibt, Zeiten kommen und Zeiten gehen zu lassen, Könige abzusetzen und einzusetzen, Weltreiche zu rufen und zu stürzen.* Dieser Wille benutzt Kriege und Revolutionen, Machtbestrebungen der Könige und Empörungen der Völker, Blütezeiten der Kultur und nationale Nöte, um durch alles „seine Stunde" kommen zu lassen, wo er ein Reich aufrichten kann, *dessen Grundfeste Gerechtigkeit, dessen Antlitz Friede und dessen König der Menschensohn sein wird.*

Daniels Seele war in Gott zur Ruhe gekommen. Daher konnte er auch beim Anbruch des Morgens eine Botschaft der Ruhe in die Aufregung des Königs und der Weisen Babels tragen. Das war der nächste Ausklang der Harfe jener Seele, die Gottes Finger im Heiligtum neu stimmen konnte. Sie sang am kommenden Tage ein Lied des Lebens, der Versöhnung und des Friedens in jene Herzen hinein, die sich in eine undurchdringliche Nacht des Hasses, der Angst und des Gerichts versetzt sahen.

---

[1] Kap. 2, 20—22.

III. Die Gottesantwort an Nebukadnezar

„Daraufhin führte Arioch den Daniel eilends vor den König und sprach zu ihm also: Ich habe einen Mann gefunden unter den Gefangenen von Juda, der dem König die Deutung kundtun will. Der König antwortete und sprach zu Daniel, der Beltsazar genannt ward: Bist du der, welcher mir den Traum, den ich gesehen, und seine Deutung kundtun kann? Daniel antwortete vor dem König und sprach: Das Geheimnis, nach dem der König fragt, können weder Weise, Wahrsager, Schriftkundige oder Sterndeuter dem König kundtun. Es ist jedoch ein Gott im Himmel, der Geheimnisse enthüllt; der hat dem König Nebukadnezar kundgetan, was in späteren Jahren geschehen wird." Dan. 2, 24—49

Propheten, die vor Gott knieten, werden in ihrem Dienst vor Menschen und deren Königen stehen können. Sobald sie das Antlitz Gottes gesehen und Antwort auf die Fragen der Welt empfangen haben, sind sie bereit, auch das Antlitz des Menschen zu suchen. Sie werden wie Daniel zu Arioch, dem Oberscharfrichter, sprechen: *„Bringe die babylonischen Weisen nicht um! Führe mich zum König, so will ich ihm die Deutung kundtun."* Ihnen ist es niemals um das Gericht der Welt zu tun, so sehr es auch durch deren Schuld und Unglaube heraufbeschworen ist.

Sobald Arioch, der Oberscharfrichter, diese Worte aus dem Munde Daniels vernommen hatte, trat er vor den König und sprach zu ihm: *„Ich habe einen Mann gefunden unter den Gefangenen von Juda, der dem König die Deutung kundtun will."* Das ist Gottes Art, seine Auserwählten zu rechtfertigen. *Mag die Welt in ihrer Macht den heiligen Überrest auch zu den Gefangenen zählen, in ihrer Not wird sie froh sein über den Dienst, den er ihr in ihrem Gericht erweisen darf.* Ging die Welt auch immer wieder stark und selbstbewußt, auf ihr Wissen und ihre Waffen bauend, stolz an dem Nazarenervolk vorüber, das ohnmächtig in sich selbst auf Kreuzeswegen dem Sohne Gottes folgte, es kamen in der Geschichte je und je Not- und Gerichtszeiten, wo die teuer waren, die bisher um ihres Glaubens willen unwert geachtet wurden.

a) Daniels freimütiges Glaubenszeugnis

Als der König den Daniel mit der Frage: *„Bist du der, welcher mir den Traum, den ich gehabt, und seine Deutung kundtun kann?"*

empfangen hatte, legte der Prophet vor seinem König zunächst ein sehr freimütiges Bekenntnis ab. Er bezeugte, *daß menschliches Verstehen allein nie das Göttliche zu fassen und zu deuten vermag. „Das Geheimnis, welches der König begehrt, vermag kein Weiser, Wahrsager, Zeichenschriftkundiger oder Sterndeuter dem Könige kundzutun."* Mit dieser Umschreibung der menschlichen Ohnmacht allen göttlichen Dingen gegenüber erklärte auch Daniel, daß der König von den Weisen Babels etwas erwartet hätte, was sie niemals erfüllen konnten. Was jedoch der Mensch nicht sich selbst und dem Nächsten zu geben vermag, das kann Gott geben durch Offenbarung und Erleuchtung. Daher antwortete auch Daniel weiter dem König: *„Es ist aber ein Gott im Himmel, der Geheimnisse enthüllt. Der hat dem König Nebukadnezar kundgetan, was in späteren Tagen geschehen wird."*

Wohl selten ist schöner, klarer und bestimmter das Primäre und Ursächliche aller wahren Erkenntnis bezeugt worden, als Daniel es hier vor seinem Könige tut. Er steht als Prophet vor dem damaligen Weltherrscher und Vertreter der Menschheit und erklärt, *daß Gott zuvor reden muß, bevor der Mensch in Wahrheit erkennen kann.* Wie Gott das erste Subjekt in der Weltschöpfung war, so ist er auch das ursächliche Subjekt in der Welt der wahren Erkenntnis und des Glaubens. Wo die göttliche Offenbarung schwieg, da tastete der Mensch je und je in der Finsternis. Gott muß reden, wenn es licht werden soll auch in der Seele und im Geist des Menschen. Ohne ihn schafft der Mensch sich Götter, die in ihrem Wesen dem Charakter seines Geistes, seiner Gelüste, seiner Neigungen, seiner Sünden entsprechen. Ohne Offenbarung und deren Erleuchtung baut er sich eine Welt, die ihn knechtet, zerreibt und begräbt, in der er Frieden sucht und doch keinen Frieden zu finden vermag.

Als Nebukadnezar erst auf seinem Lager in seiner Seele die so berechtigte Frage bewegte: *„Was wohl nach diesem geschehen wird"*, da suchte Gott dem König durch den Traum zu antworten. Gott allein ist die Quelle aller wahren Offenbarung. Dann sprach Daniel weiter zu Nebukadnezar: *„Mir aber ist nicht durch Weisheit, die in mir mehr als in allen Lebendigen wäre, dieses Geheimnis enthüllt worden, sondern damit dem König die Deutung kund-*

würde." Auch Daniel hatte die Deutung nur erst auf Grund eines Erlebnisses mit Gott empfangen. Sie war nicht die Frucht seines Geistes, nicht das Ergebnis seiner politischen Spekulation, nicht das Geheimnis seiner Frömmigkeit und Weltanschauung. *Der Mensch war immer nur insoweit Prophet, als er Gott in seiner Offenbarung erlebte und er durch Erleuchtung in Gottes Geheimnisse hineingezogen wurde. Ein wahrer Prophet war immer nur Empfänger, jedoch niemals Schöpfer seiner Botschaft, immer nur Dolmetscher und niemals Herr der von ihm bezeugten Offenbarung.*

b) Die Deutung des Monarchienbildes[1]

Nachdem Daniel jede Erwartung des Königs allein auf Gott gelenkt hatte, teilte er Nebukadnezar zunächst den Traum und alsdann auch dessen Deutung mit. *In einem gewaltigen Monarchienbilde sah der König den inneren Wesenscharakter und den geschichtlichen Verlauf der sich ablösenden Weltmächte, und zwar bis zu jenem Tage hin, wo Gottes Königsherrschaft ein Reich schaffen wird, dessen Wesen Gerechtigkeit, dessen Frucht Friede und dessen Dauer ewig sein wird.*

In großen, scharfen Umrissen wird der Verlauf der Weltgeschichte auf Grund einer göttlichen Schau gezeichnet und sowohl der Wert als auch die Dauer und der Zerfall der einzelnen Weltmonarchien im voraus gesehen. Ihr Kommen und Gehen wird aber nicht nur das Spiel der der Geschichte innewohnenden Kräfte sein. Hinter allem Geschehen wird nämlich Gott mit seinem kommenden Königreiche stehen, um der Menschheit in ihrer tiefsten Not und in ihren schwersten Katastrophen mit einem unvergänglichen Heil solange zu dienen, bis seine Herrschaft eine feste Gestalt und eine geschichtliche Vollendung für immer gefunden hat.

In dem gewaltigen Monarchienbilde wurde mithin dem König durch die göttliche Offenbarung zuerst eine Geschichtsprophetie über die kommenden Weltmächte gegeben. An der Spitze steht als erste Weltmacht Babel, und Nebukadnezar ist ihr goldenes Haupt. *„Du, o König, König der Könige, dem der Gott des Himmels Königsherrschaft, Stärke, Macht und Herrlichkeit verliehen hat, und in*

[1] Kap. 2, 31—45.

dessen Hand er alles, worin Menschenkinder wohnen, die Tiere des Feldes und Vögel des Himmels gegeben hat, und den er zum Herrscher über sie alle gemacht hat, du bist das goldene Haupt!" Was erst unlängst in wenigen und doch an weltpolitischen Ereignissen so reichen Jahren geschehen war, das stand in einem symbolischen Bilde vor der Seele des jungen Herrschers. Nebukadnezar war der Begründer des babylonischen und damit der Monarch des ersten Weltreiches geworden. In seiner Person und in seiner Weltmonarchie präsentierte sich die Weltgeschichte in ihrer Macht und Entwicklung, in ihren Völkern und in ihrer geschichtlichen Zukunft.

Nebukadnezar war in seinen Tagen tatsächlich der Herr des ganzen Erdbodens im eminenten Sinne. Soweit die Kultur der alten Welt Asiens reichte, lag alles zu seinen Füßen. Selbst die mächtige, uralte Kulturmacht und Herrschaft Ägyptens war durch ihn aus den Grenzen Asiens vertrieben worden. Seinem Zepter beugten sich Könige, Völker und Länder. Es hat wohl selten einen späteren Herrscher gegeben, der in seinen kriegerischen und politischen Unternehmungen so glücklich war wie Nebukadnezar.

Was jedoch Nebukadnezar zu seinem Unheil nicht erkannte, war, daß ihm der Gott des Himmels das Reich und die Herrschaft übergeben hatte. *Auch er als Weltherrscher sollte in seiner Abhängigkeit nur Knecht Gottes und in seiner Verantwortung nur Diener der Völker sein.* Die Macht, die Herrschaft, die Länder sollten nicht zu seiner Verherrlichung dienen, sie sollten ihm allein das Mittel sein, durch das er die Völker segnen könne. Nebukadnezar wurde seine Weltmonarchie aber Selbstzweck. Er war nicht da um ihretwillen, sie war vielmehr da um seinetwillen. In dieser Gesinnung und Geschichtsauffassung wurde er aus einem segnenden Weltherrscher ein Dämon der Geschichte. Insoweit die Entstehung eines Weltreiches „ein naturgemäßes Ergebnis der unter göttlicher Leitung stehenden Weltgeschichte ist, so ist das Weltreich an sich nicht widergöttlich". Es hat seine temporäre, erzieherische Bedeutung von Gott. *Es wird erst widergöttlich, wenn es seine von Gott ihm gezogenen Schranken durchbricht, seine Abhängigkeit von Gott und seine Verantwortung dem Volke gegenüber verleugnet.*

So deutete Daniel dem König das goldene Haupt. Allein Nebu=

kadnezar hatte auf der Höhe seines Glanzes und Triumphes stehend gefragt: „*Was wohl nach diesem geschehen werde?*" Gottes Antwort war: „*Nach dir wird ein anderes Königreich erstehen, geringer als das deine. Darnach noch das dritte Königreich, ein ehernes, das über alle Lande herrschen wird.*" Vom goldenen Haupte geht die Deutung des Propheten weiter zum zweiten und dritten Teil des Gesamtbildes. Und so wie im goldenen Haupte das babylonische Weltreich erscheint, so bezeichnen auch diese Teile jene geschichtlichen Weltreiche, die nach dem Zusammenbruch Babels auf die Bühne der Geschichte traten. Es wird von ihnen nur ausgesagt, daß das zweite als Silber und das dritte als Erz in seinem eigentlichen Wert geringer sein wird, als das erste gewesen ist. Dennoch werden sie stark genug sein, die Enden der Erde zu beherrschen.

Am ausführlichsten wird das vierte Weltreich beschrieben. „*Das vierte Königreich aber wird so stark sein wie Eisen, entsprechend dem, daß das Eisen alles zermalmt und zerschlägt; und wie das Eisen, das alle jene (Stoffe) zertrümmert, wird es zermalmen und zertrümmern. Und daß du die Füße und die Zehen teils aus Töpferton und teils aus Eisen (gebildet) gesehen hast, (das bedeutet:) Das Königreich wird sich teilen, und es wird (nur) etwas von der Festigkeit des Eisens in ihm sein, dementsprechend, daß du das Eisen mit Lehmton gemischt gesehen hast; und die Zehen der Füße teils Eisen und teils Ton, (das bedeutet:) ein Teil des Königreiches wird stark sein und einer wird gebrechlich sein. Daß du das Eisen mit Lehmton gemischt gesehen hast, (das bedeutet:) vermischen werden sie sich durch Menschensamen, sie werden aber nicht aneinander haften, wie sich ja auch Eisen und Ton nicht vermischen läßt*[1]."

Schon aus der so ausführlichen Beschreibung geht hervor, welch eine Bedeutung diesem vierten Weltreich in der Geschichte zukommen wird. Es ist in seinem inneren Bestand zwar noch geringer als die unmittelbar vorangehenden. Da es aber gleich der Härte des Eisens ist, wird es dennoch fähig sein, in seiner Wucht und mit seinen Schlägen alle Reiche zu zermalmen, die sich ihm widersetzen.

In dieser seiner Gewalt erscheint das Reich jedoch nur in seinen Anfängen. „Schon die Füße und die Zehen, wie die Mischung aus

[1] Kap. 2, 40 ff.

Ton und Eisen, deuten darauf hin, daß es ein geteiltes Reich sei. Geteilt und gesondert äußerlich, wie die beiden Füße und die Ausläufer derselben, die Zehen; geteilt auch seinen inneren Bestandteilen nach. Vermöge letzterer, die beim Bilde als Eisen und Ton erscheinen, ist das Reich teils stark, teils zerbrechlich. Stark dem Eisen, zerbrechlich dem Ton nach. Denn Eisen ist das Bild der Stärke und Unnachgiebigkeit, Ton das der Zerbrechlichkeit und Schmiegsamkeit. Diese Vermischung von Ton und Eisen ist aber um so schlimmer, als sie keine wahre, innere ist, sondern rein äußerlich bleibt. Wie Eisen und Ton sich nicht durchdringen, nicht ineinander verwachsen, sondern der Lehm nur dem Eisen sich anschmiegt, bei seiner Verhärtung aber sich leicht wieder abbröckelt, so ist es mit den Bestandteilen dieses Reiches. Ob sie sich auch vermischen durch Menschensamen, d. h. ob sie (und der folgende Vers zeigt, daß hiermit die Herrscherfamilien der einzelnen Teile dieses Reiches gemeint sind) sich auch durch Wechselheiraten eng miteinander zu verbinden suchen, so kommt es zu einer wahren Einheit doch so wenig wie zwischen Eisen und Ton[1]."

So erscheint die letzte Weltmacht bereits in ihrer ganzen inneren Schwäche. Trotz ihres äußeren Zusammenhangs und ihrer imposanten Erscheinung genügt dennoch nur ein Schlag, und sie bricht in sich selbst zusammen. Ihre einzelnen Wesensteile haben keine Kraft zu einer organischen Verschmelzung, sondern nur die Fähigkeit vorübergehender zweckmäßiger Zusammensetzung. Die Weltmacht kann nur knechten, organisieren, verketten, nie aber eine wahre organische Volkseinheit schaffen. *Weltstaaten sind nicht Weltorganismen, sie waren immer nur Weltorganisationen mit despotischem oder föderativem Charakter.*

Der Wert der Weltmächte besteht nur in dem Vermögen, die einzelnen einander völlig fremden Teile zweckmäßig zu einer höheren, also staatlichen Einheit zusammenzuschließen. Dies kann auf die Dauer immer nur durch eine äußere Gewalt geschehen, da die innere und organische Verwandtschaft der einzelnen Teile fehlt. Sie streben je länger desto mehr auseinander, wie das beim vierten Reiche so plastisch in den beiden Schenkeln mit den Füßen und zehn

[1] J. L. Füller: Der Prophet Daniel, Bahnmaiers Verlag, Basel 1868.

Zehen zur Darstellung kommt. Das anfänglich eine Reich löst sich auf in zwei und letzthin in zehn.

Mit Recht fragt man nun, *ob dieses Monarchienbild, das Nebukadnezar als Offenbarung wurde, von der Geschichte als der Wirklichkeit entsprechend gerechtfertigt worden ist.* In den Deutungen der einzelnen Reiche ist man zwar verschiedener Meinung gewesen. Durchweg gilt jedoch das erste als das babylonische, das zweite als das medisch-persische, das dritte als das von Alexander dem Großen begründete griechische und das vierte als das römische Weltreich. Mit welchen Gewaltmitteln hat man nicht versucht, letzteres in seiner äußeren Einheit zu erhalten! Ströme von Blut mußten fließen, Länder und Völker verelenden, politische Ehen geschlossen und zerrissen werden. Europäische Gleichgewichte wurden durch Bündnisse geschaffen und wieder verschoben. Jedoch die entsetzliche Weltkatastrophe der hinter uns liegenden Jahre hat gezeigt, *wie Ton und Eisen sich nicht dauernd zu einer höheren Einheit verschmelzen lassen.* Die Zahl zehn auf Grund der zehn Zehen der beiden Füße ist vielleicht weit mehr das Bild einer beliebigen Vielheit als das einer begrenzten Zahl. Der eigentliche Sinn der Deutung liegt zweifellos auch hier auf dem Wesensbestand der zusammengehaltenen Teile.

Die Geschichte Europas gibt uns die Deutung. In ihrer Ratlosigkeit suchen die Völker nach dem politischen, wirtschaftlichen und sozialen Kitt, der den völligen Zusammenbruch der bisherigen Staatsformen, Wirtschaftsordnungen und Kulturschöpfungen verhindern soll. Insoweit dieses Suchen wirklich aus einer tieferen Sehnsucht, aus dem Geist einer höheren Gesinnung und aus dem Wunsch nach einer gerechteren Weltordnung herausgeboren ist, freuen wir uns darüber. Wir segnen es, ob es sich im Völkerbund oder in der Kriegsächtungsfrage oder in sonstigen weltpolitischen Beschlüssen zum Gemeinwohl der Völker verkörpert. All diese Bestrebungen wird Gott segnen und rechtfertigen, solange sie sich nicht aufs neue zu einer bewußten Feindschaft wider Gott und wider das Kommen seines Reiches verdichten. *Sobald jedoch auch sie wieder bewußt ohne Gott suchen, was nur mit Gott zu finden und zu verwirklichen ist, dann teilen auch sie unerbittlich das Ge-*

richtsschicksal, dem bisher alles aus dem Geist der Weltmacht Herausgeborene verfallen ist. Denn alles zielt letzthin auf das fünfte Reich.

„Aber in den Tagen jener Könige wird der Gott des Himmels ein Reich entstehen lassen, das ewig nie untergehen wird, und die Herrschaft wird auf kein anderes Volk übergehen. Alle diese Königreiche wird es zermalmen und ihnen ein Ende machen, selbst aber ewiglich bestehen, wie du denn gesehen hast, daß ein Stein ohne Zutun von Menschenhand vom Berge losbrach und Ton, Eisen, Erz, Silber und Gold zermalmte. Ein großer Gott hat dem König kundgetan, was nach diesem geschehen wird. Der Traum ist wahr und zuverlässig seine Deutung."

Dies fünfte Reich kann nur das von den Propheten geschaute, von den Völkern ersehnte und von Jesus geoffenbarte Königtum der Himmel sein. *Sein Kommen ist der Zweck der göttlichen Weltschöpfung, das Ziel der göttlichen Weltregierung und der Inhalt der göttlichen Welterlösung.* War dieses sich offenbarende Himmelreich auch im Lauf der Zeitalter und unter der Herrschaft der Weltmächte ein verhülltes, ein im heiligen Überrest in Knechtsgestalt einhergehendes, es war doch „die unsichtbare Wurzel, die die Weltreiche hielt und trug, und die unsichtbare Kraft, die die Weltreiche schlug und zermalmte[1]". So *„groß und hoch und sehr glänzend Bild, schrecklich anzusehen[2]"*, die Weltmonarchien in ihrer Gesamtschau auch waren, sooft die Völker und der heilige Überrest auch vor der unheimlichen Macht dieser Weltreiche erbebten und erzitterten, *dieser gewaltige Koloß mit seinem goldenen Haupt stand immer nur auf tönernen Füßen.* Er brach in seiner Gerichtsstunde rettungslos zusammen, damit *„das Königreich der Welt hinfort unseres Herrn und seines Gesalbten sei und er als König herrsche in die Äonen der Äonen[3]."*

Schwieriger als die in großen Zügen geschilderte Geschichtsprophetie mag manchen die *Wesensprophetie des Monarchienbildes*

---

1 Nach B. Keller: Der Prophet Daniel. Richters Verlagsbuchhandlung, Dresden und Leipzig.

2 Kap. 2, 30.

3 Offb. 11, 15.

erscheinen. Sie ist aber gerade für die Kirche Christi von tiefster Bedeutung. Will sie sich wirklich auf ihre Fremdlingsstellung in der Welt, auf ihre göttliche Sendung und ihre prophetische Mission besinnen, um der Welt als Trägerin der Offenbarung zu dienen, dann muß sie tiefer als bisher erfassen, *was sie zu jeder Zeit von der Welt und deren Staaten scheidet.* Sie kann niemals Staatsreligion einer Weltmacht sein, die in ihrem Geist und in ihrer Entwicklung zuletzt ausreift zu einem vollendeten Antichristentum.

Wie die innere geschichtliche Entwicklung der Weltstaaten sich vollziehen muß, offenbaren ja die mehr und mehr in ihrem Wert abnehmenden Stoffe im geschauten Monarchienbilde. Es läßt sich zwar nicht behaupten, „daß sich in den nacheinander aufkommenden Gestalten des Weltreiches die sittliche Tüchtigkeit oder der Umfang der Weltherrschaft stufenmäßig vermindert habe". „Allein man muß bedenken, daß der Offenbarungstraum Nebukadnezars der Erkenntnisstufe des heidnischen Herrschers angepaßt war. Daniel, der heilige Prophet, sah zwar in seiner ersten Vision, Kap. 7, den Gegensatz zwischen der rohen *Raubtiernatur* der Weltreiche und der idealen Menschlichkeit des Königreichs des Menschensohnes. Doch so weit und tief reichte das Verständnis des heidnischen Königs nicht. Dieser erblickte in der Zusammenfassung aller Kräfte der Völker in dem einen souveränen Willen des Weltherrschers die höchste Stärke und den herrlichsten Glanz des Menschtums, und er mußte einsehen lernen, daß diese gigantische und titanische Vereinigung aller Kräfte der Völker ohne Gott wie Spreu im Winde sein wird, wenn der Gott Israels sein ewiges Königreich aufrichten wird. So steht denn in dem Traum Nebukadnezars der in dem Weltreich verkörperte Menschenwille dem in dem Königreich Gottes herrschenden Gotteswillen gegenüber[1]."

Wir müßten eigentlich in das Licht der Traumgesichte des Propheten eintreten, wie sie uns mit dem Beginn des siebenten Kapitels seines Buches beschrieben werden, um die ganze Tiefe von dem inneren Wesen und dem Charakter der Weltreiche zu erfassen. Im Monarchienbilde sehen wir nur das geschichtliche Geringerwerden der stofflichen Bestandteile: ein goldenes Haupt, silberne Brust,

---
[1] P. G. Stockmann, a. a. O. S. 50.

eherne Schenkel, tönerne Füße. Wie war bisher nun die Weltentwicklung? *Jede Weltmacht* begann zunächst mit einem goldenen Haupt, stand auf tönernen Füßen und *endete mit einer Schlußkatastrophe,* sobald Höheres und Göttlicheres in der Geschichte in Sicht trat. Jede Weltmacht trug zwar äußerlich das Bild des Menschen, barg aber in sich eine tierische Seele, lebte vom Raub des Nächsten, sank in seiner Entwicklung hinab zum unaussprechlich Gräßlichen und verschwand vor dem Erscheinen des Menschensohnes. Jede Weltmacht stieg aus den Untiefen des Meeres empor und war ungestüm in ihrem Charakter, widergöttlich in ihrer Gesinnung und Selbstzweck in ihrer Entwicklung. Jedoch *alle Gottesherrschaft* kam von oben und führte nach oben, segnete die Menschheit, einte die Völker, erlöste den Menschen und *endete mit dem Triumph des Lebens über den Tod, mit der Herrschaft Gottes über die Welt.*

So sah Daniel in seinen Gesichten die Weltmacht in ihrem Wesen und in ihrer Entwicklung. Heute erkennen wir tiefer als je zuvor, wie die göttliche Offenbarung recht behalten hat. Sie war damals schon das scharfe, zweischneidige Schwert des Geistes, das den Menschen und dessen Geistesschöpfungen ohne Gott bloßlegte bis in die tiefsten Falten seines Wesens. Daher ist in der wahren Kirche Christi, die sich auch durch die Zeiten ihrer Ruhe und ihrer Anerkennung nicht täuschen ließ, nie die Sehnsucht und Bitte verstummt: *„Dein Reich komme!"* Sie war zwar zu jeder Zeit bereit zum Dienst, jedoch niemals wesenseins mit dem Staat. Sie blieb — aus Gott geboren — ein Fremdling in der Welt und eine Bürgerin des Gottesreiches. Als Ausdruck der wahren Jüngerschaft stand sie zu allen Zeiten unter dem Wort ihres Meisters: *„Sie sind nicht von dieser Welt, gleichwie auch ich nicht von der Welt bin*[1]*."*

c) Der tiefe Eindruck Nebukadnezars[2]

Wir begreifen, daß Nebukadnezar mit steigender Spannung während der Deutung des Traumes dem Propheten gefolgt sein muß. Nun begriff er noch viel tiefer dessen Wort: *„Aber es ist ein Gott im Himmel, der Geheimnisse offenbart, der hat*

[1] Joh. 17, 16.
[2] Kap. 2, 46—49.

dem König Nebukadnezar enthüllt, was in späteren Tagen geschehen soll." Überwältigt von der Tatsache, daß Jahve als der Gott Israels die tiefsten Geheimnisse der Geschichte enthüllen könne, fiel der König anbetend vor Daniel, dem Gefangenen aus Juda, nieder und befahl, ihm Speisopfer und Räucheropfer zu bringen. „Gewiß ein wunderbares Bild: *der erste Weltherrscher im Staube liegend vor dem Propheten des lebendigen Gottes*[1]." Offenbar galt jedoch die Huldigung mit ihren Opfern letzthin weniger Daniel als vielmehr dem Gott Israels, dessen Diener Daniel war. Denn Nebukadnezar in seiner Erregung und Ergriffenheit sprach zu Daniel: „*Wahrlich, euer Gott ist ein Gott der Götter und ein Herr der Könige und ein Offenbarer der Geheimnisse; denn du hast dieses Geheimnis zu offenbaren vermocht.*"

Es gehört nun wieder zum Wesen und zur Glaubensstellung des heiligen Überrestes, daß er es — wie später Paulus und Barnabas in Lystra[2] — nie gelten lassen kann, daß der zur Erkenntnis des lebendigen Gottes gekommene Mensch in seiner Verehrung, Bewunderung und Anbetung stehenbleibt vor den menschlichen Trägern und Dolmetschern der göttlichen Offenbarung. Er spricht vielmehr immer wieder mit dem Apostel Petrus, durch dessen Dienst der Lahme an der Pforte des Tempels gesund geworden war: „*Was verwundert ihr euch darüber, oder was blickt ihr auf uns, als hätten wir durch eigene Kraft oder Frömmigkeit gemacht, daß dieser wandelt? Der Gott Abrahams, Isaaks und Jakobs, der Gott unserer Väter, hat seinen Sohn Jesum verherrlicht*[3]."

Es ist verständlich, daß der König nach diesem für ihn so wichtigen und bedeutungsvollen Ereignis Daniel nicht nur mit Geschenken reich belohnte, sondern ihn auch zum Obervorsteher der Weisen Babels erhöhte.

Für seine Glaubensgenossen Sadrach, Mesach und Abed-Nego erbat sich Daniel die Verwaltung der Landschaft Babel. Er ahnte jedoch nicht, *wie die Welt mit jeder Erhöhung und Erweiterung des Einflusses, die sie dem heiligen Überrest einräumt, diesem einen um so schwereren Prüfungsboden für die Zukunft vorbereitet.*

---

[1] B. Keller, a. a. O. S. 48.

[2] Apg. 14, 15 ff.

[3] Apg. 3, 12 f.

C. Weltliche Universalreligion und wahre Gottesanbetung

I. Das Monarchienbild in der Dura-Ebene

„Der König Nebukadnezar ließ ein goldenes Standbild errichten. Seine Höhe betrug sechzig Ellen, sein Durchmesser sechs Ellen. Er ließ es in der Ebene Dura in der Provinz Babel aufstellen . . . Der Herold rief mit mächtiger Stimme: An euch, ihr Völker, Stämme und Zungen, ergeht der Befehl: Wenn ihr den Ton der Hörner, der Flöten, der Zithern, der Harfen, des Psalters, der Sackpfeifen und jeglicher Art von Saitenspiel hört, sollt ihr niederfallen und das Bild von Gold verehren, welches der König Nebukadnezar aufgerichtet hat. Wer aber nicht niederfällt und anbetet, der soll zur selben Stunde in den brennenden Feuerofen geworfen werden.“ Dan. 3, 1—7

a) Die Veräußerlichung der empfangenen Offenbarung

Wir sahen bereits am Schluß des vorigen Kapitels, daß Nebukadnezar zunächst stehengeblieben war bei *dem Träger* der Offenbarung und weniger bei *deren Inhalt und deren Botschaft.* Denn das Kapitel schließt mit den Worten: *„Und der König erhöhte Daniel und gab ihm große und viele Geschenke, und machte ihn zum Fürsten über die ganze Landschaft Babel, und setzte ihn zum Obersten über alle Weisen zu Babel.“* Wie verhielt sich der König aber der eigentlichen Antwort Gottes gegenüber, die ihm geworden war?

Nebukadnezar veräußerlichte die Gottesantwort durch eine symbolische Darstellung. Mit der Erhöhung Daniels zum Fürsten über die Landschaft Babels war für den König die empfangene Gottesoffenbarung zwar noch nicht erledigt. Sie hatte ihn erfaßt, und er sah sich gezwungen, sich mit ihr auseinanderzusetzen. *Das ist jedes Menschen Verhängnis oder Rettung, daß die Offenbarung den nicht mehr läßt, in dessen Leben sie mit ihrer Sprache und ihrem Licht treten konnte.* Sobald und sooft sie mit ihrem Licht in ein Leben trat, hörte der Mensch auf, neutral zu sein. Hinfort muß er, auch ohne daß er es will, eine innerliche Entscheidung treffen. Entweder geht der Mensch auf das Wesen der empfangenen Gottesoffenbarung ein, und sie wird ihm zur Rettung, oder er beginnt sich derselben bewußt zu widersetzen, und sie wird ihm zum Gericht.

Auch Nebukadnezar sah sich gezwungen, zu entscheiden, was er mit dem ihm gewordenen Offenbarungstraum machen wolle. Er entschied, indem er den Befehl gab, in der Ebene Dura der Provinz Babel ein großes goldenes Bild zu errichten. Dieses Bild war nichts anderes als jenes Monarchienbild, das dem König durch den Propheten Daniel als Offenbarungsantwort geworden war.

Bei der Errichtung und in der Darstellung des Bildes traf der König nur insofern eine Änderung, daß er es ganz aus Gold herstellen ließ[1]. Das eine hatte Nebukadnezar besonders aus der Gottesantwort behalten: *„Du bist das goldene Haupt!"* In diesem Unternehmen fand Nebukadnezars innerliche Entscheidung einen sichtbaren und sehr klaren Ausdruck. *Anstatt sich zu beugen vor dem Gott der Offenbarung und innerlich einzugehen auf das Licht, das ihm durch den Propheten Daniel geworden war, symbolisierte er das empfangene Licht und schuf das goldene Monarchienbild in der Ebene zu Dura.*

Hier stehen wir jedoch wiederum vor einer ganz erschütternden Wahrheit der Menschheitsgeschichte. Was sich einst in der Seele eines Weltherrschers vollzog, vollzog sich je und je offenbar oder weniger offenbar in der Seele aller Völker, die irgendwie mit der göttlichen Offenbarung in Berührung kamen.

b) Nebukadnezar suchte durch das Monarchienbild eine Universalreligion zu schaffen[2]

Aus dem Befehl des Königs erkennen wir, daß er nicht auf das Wesen der Gottesoffenbarung einging. Daraus floß nun weiter das ungemein Tragische in der Geschichte des menschlichen Lebens: *Nebukadnezar schuf aus der Offenbarung eine Religion.* Die von ihm empfangene und im Bilde veräußerlichte Offenbarung sollte hinfort der Gegenstand der heiligsten Verehrung und tiefsten Anbetung aller Landschaften, Stämme und Nationen sein, die er durch sein Zepter zu einer Weltmonarchie verbunden hatte.

Das war aber die erschütternde Tragik, die sich auch im Lauf

[1] Stockmann macht darauf aufmerksam, daß der Grundtext gestattet, nur an eine Vergoldung der Kolossalstatue zu denken.

[2] Kap. 3, 2—7.

der christlichen Jahrtausende je und je wiederholte. Was hat die Welt seit den Tagen Jesu alles mit dem empfangenen Licht gemacht, das ihr durch das Reden Gottes im Sohn und durch die Offenbarung seiner Kraft im Urchristentum wurde! Wie hat sie doch vielfach, da sie sich dem Geist und der Wirksamkeit des apostolischen Evangeliums verschloß, *die ganze Jesusbotschaft vom Vater in rein begriffliche Formeln, in erlernbare Bekenntnisse und in heilige Symbole veräußerlicht!*

Man forderte zwar die Heilighaltung des Buchstabens und die Unterwerfung unter das Bekenntnis, die innere Beugung vor dem Geist der Offenbarung aber verleugnete man. Man führte zwar die Apostelsprache und bewegte sich in ihrem Christuszeugnis, jedoch ohne Vollmacht des Apostelevangeliums und ohne Mitwirkung der Christuskraft. Man baute zwar dem Ewigen Tempel und Dome, schuf Kanzeln und Altäre, die Herrlichkeit seiner Gegenwart und die Schöpferkraft seines Wortes aber ersetzte man durch den Glanz feierlicher Prozessionen und durch festgelegte Wiederholungen ritueller Gottesdienste. Man schuf zwar das Heilige als Symbol des Göttlichen, der Gemeinschaft des Geistes mit dem Heiligen aber verschloß man sich. *Eine Laodicäa-Kirche kann christliche Religion pflegen auch ohne Christus.* Das Leben dieser Gemeinde hatte zwar Raum für die Kirche, nicht aber für den Herrn der Kirche. Dieser stand bereits außerhalb der Kirche und klopfte an in der Hoffnung, daß ihm vielleicht der eine oder der andere die Herzenstür zu seinem Leben öffnen würde.

So kann man mit Kain, dem Vater jeder rein äußerlichen Religiosität, zwar die Form des Huldigungsopfers wählen, aber ohne Huldigung leben, zwar den Weg zum Altar gehen, ohne den Segen des Altars zu suchen, dem Herrn Opfer bringen, ohne in der Hingabe der Seele vor Gott zu stehen. Wer denkt dabei nicht an jene kirchengeschichtlichen Zeiten vergangener Jahrhunderte, wo z. B. mit dem Wechsel der Landesfürsten und deren Religion auch die betreffenden Völker ihre Religion zu wechseln hatten! *Das Fürstenwort entschied über das Heiligste der Seele, das Schwert über den Glauben der Völker, die Weltmacht über die Form der Gottesanbetung.*

Denn es war Nebukadnezar, der als Vertreter seiner Weltmonarchie bestimmte, daß die veräußerlichte Gottesoffenbarung eine alle Völker seines Reiches bindende und verpflichtende Universal- und Staatsreligion werden solle. *So erstrebt auch die Welt eine religiöse Einheit.* Wie auf dem Boden des Evangeliums die neue Gottesschöpfung auf Gemeinschaft des Geistes und auf Einheit des Glaubens angelegt ist, wie es von Jesus vom Vater in Joh. 17 erfleht wird, so sucht auch die Welt eine Universalreligion zu schaffen, durch die alle religiösen Bestrebungen und Weltanschauungen zusammengefaßt werden sollen. Sie vermag ihr Ziel jedoch nie durch den Geist von oben und von innen heraus zu erreichen, sie war stets gezwungen, zu Befehlen und Drohungen und Machtmitteln zu greifen. *Denn die Stärke jeder Staatsreligion — auch der christlichen — liegt nicht in den Waffen des Geistes, sie liegt in den Mitteln der Gewalt, deren sie sich in ihrer Mission bedient.* Religionen scheuten je und je auch vor den äußersten Machtmitteln nicht zurück. Sie ließen durch monarchische Ukase und durch brutale Gendarme ihre Existenz schützen und ihre Mission mit Erfolgen krönen.

Wer jedoch eine Anbetung Gottes im Geist und in der Wahrheit kennt, wer sich herausgerettet weiß auch aus dem Wesen weltlicher Frömmigkeit und versetzt sieht in den Geist des lebendigen Gottesreiches, der weiß, daß niemals der Mensch anbeten kann auf Kommando hin. Er kann sich auch nicht auf Staatsbefehl zu einer Religion bekehren. Unmöglich vermag der Mensch sich ehrfurchtsvoll zu etwas zu bekennen, dessen göttliche Kraft er nie erlebt hat. Wo die Welt jedoch in der Geschichte nur Religion übte, *wo sie Anbetung des Heiligen ohne Hingabe an den Heiligenden forderte,* da glaubte sie noch immer durch staatliche Machtmittel und durch kaiserliche Bestimmungen Völker zur Anbetung Gottes im Geist und in der Wahrheit führen zu können.

Dieser Irrtum der Welt fließt aus ihrem völligen Unverständnis für das Wesen der göttlichen Offenbarung, und zwar in ihrer Erleuchtung und Wirkung. Das Reich Gottes will dienen, indem es als Offenbarung der Kraft Gottes begnadigt, erlöst und den Menschen innerlich in seinen Geist und in sein Wirken hineinzieht. Sein Licht scheint in die Finsternis, damit auch die Finsternis Licht werde. Es weckt den Glauben und erleuchtet, und der Mensch sieht sich in den Geist und in das Wirken des Reiches Gottes hineingezogen, so daß es mehr und mehr der Inhalt seines inneren Lebens wird. *Nicht der Mensch vermag das Reich Gottes wie eine Religion zu pflegen und zu bauen, das Reich Gottes baut und pflegt vielmehr den Menschen als ein neues, werdendes Leben.*

Anders ist es mit dem religiösen Leben der Welt. *Auch sie will inspirieren,* durch Stimmung heben, innerlich begeistern. Mit gewaltiger Stimme mußte der Herold bekanntmachen: *„Sobald ihr hören werdet den Ton der Hörner, Flöten, Zithern, Harfen, Psalter, Dudelsackpfeifen und aller Art von Saitenspiel, so sollt ihr niederfallen und das goldene Bild anbeten." So wird selbst die Inspiration des Geistes verdinglicht.* Von sachlichen Dingen und ihrer Sprache und Wirkung wird erwartet, was allein durch die Sprache der Offenbarung und des Geistes im Innersten des Menschen geweckt werden kann.

Daher war die Religion auch zu allen Zeiten nie ohne Lärm, ohne Schaustellung, ohne Prozession in den feierlichen Akten ihres Lebens und in den Weihestunden ihrer seelischen Berauschung. Sie brauchte die feierliche Stimmung, die hinreißende Begeisterung, den blinden Fanatismus für den Geist der Inspiration, den sie nie zu vermitteln vermochte. *Wo aber der Geist schweigt, muß die Trommel reden — auf staatlichen Befehl!* Alsdann kniet vor dem Monarchienbilde in der Ebene zu Dura eine anbetende Weltmonarchie.

c) Der Protest des Glaubens gegen eine Veräußerlichung der Gottesoffenbarung[1]

Nie beugte sich aber wahrer Glaube vor der Religion der Weltmacht. Es tritt nun ganz unerwartet bei der feierlichen Einweihung des Standbildes in der Ebene zu Dura wieder jener heilige Überrest in Sicht, den wir besonders in Daniel bis dahin als unüberwindlich auf babylonischem Boden kennengelernt haben. Es war ein eigenartiges Schauspiel, das wir bereits im ersten Kapitel sahen. Es standen sich einerseits *Nebukadnezar* als Weltherrscher mit seinem uneingeschränkten Machtwillen und anderer-

[1] Kap. 3, 8—15.

seits *Daniel,* ein gefangener Jüngling aus Juda, gegenüber. Einerseits befahl der König, daß auch die Söhne Judas durch die Tafelkost des Königs ernährt werden sollten; andererseits sprach das Gewissen Daniels und seiner jungen Freunde, daß sie sich nicht durch den Wein, den der König trank, und durch die Speisen, die an der Tafel des Königs gereicht wurden, verunreinigen sollten. Wir fragten: Wer wird siegen? *Die damalige Weltmacht?* Sie hatte Pharao Nechos Einfluß in Asien gebrochen, Ninives Bollwerke in den Staub gelegt, Jerusalems heilige Mauern erstürmt. Wird diese energievolle und selbstherrliche Macht kapitulieren vor dem innerlichen An-Gott-Gebundensein eines Daniel und seiner Freunde?

Im zweiten Kapitel hatten wir ein verwandtes Schauspiel. Auf der einen Seite stand ein uraltes, durch Tradition und Weltanschauung geheiligtes, im ganzen Reich hoch *angesehenes, weltliches Berufsprophetentum.* Auf der anderen Seite war eine *kleine Beterschar,* die in ihrem Verhältnis zu Gott und in ihren Glaubensansichten so „weltfremd" geblieben war. Vor beiden lag ein und dieselbe Aufgabe, dem König den vergessenen Traum und dessen Deutung zu sagen. Wir fragten wieder: Wer wird siegen? *Weltliches Prophetentum oder göttliche Offenbarung?* Wir sahen aufs neue: Wo die Weltweisheit versagte, da siegte der Glaube. Wo die Welt ihre völlige Ohnmacht gegenüber der göttlichen Offenbarung eingestehen mußte, da wurde die Kraft Gottes in jenen Gefäßen offenbar, die von sich, wie später ein Apostel Paulus, bezeugen konnten: *„Wir haben aber solchen Schatz in tönernen Gefäßen, auf daß die überschwengliche Kraft sei Gottes und nicht als von uns*[1]*."*

In der Dura-Ebene haben wir letzthin wieder dasselbe Bild. Es stehen sich gegenüber einerseits *die Anbetung des Fleisches,* die Religion einer Weltmonarchie, der Pomp einer Staatsreligion, und andererseits *der persönliche Verkehr mit Gott,* die Einfalt kindlichen Glaubens, die Reinheit eines geheiligten Gewissens. Wird nicht einfach die von der Begeisterung des Volkes getragene Staatsreligion die schlichte Anbetung im Geist und in der Wahrheit erdrücken? Liegt nicht die ganze Zukunft der menschlichen Frömmigkeit einfach auf dem Boden der Religion? — Oder wird sie auf dem

[1] 2. Kor. 4, 7.

Boden eines persönlichen Verkehrs mit Gott liegen? Was wird siegen? *Die Glaubensgemeinschaft der jüdischen Freunde* mit dem Gott der Offenbarung oder *die Feier einer anbefohlenen Staatsreligion?*

d) Die schwere Anschuldigung gegen die Träger des Glaubens[1]

Zunächst schien es, als ob die Männer, die da wagten, der stimmungsvollen Feier in der Dura-Ebene zu widersprechen, rettungslos verloren wären. Wenn die Welt schon auf dem Boden ihrer politischen Macht hart sein kann, sie ist doppelt hart auf dem Boden ihres religiösen Fanatismus. *Das Schrecklichste vom Schrecklichen war in der Geschichte doch noch immer der fanatische Mensch in seiner Religion.* Man denke nur an die entsetzlichen Inquisitionszeiten im dunklen Mittelalter, in den Tagen der Reformation, und man erinnere sich an „den großen Leidensweg" der russischen Stundistenbrüder am Ende des neunzehnten und am Anfang des zwanzigsten Jahrhunderts. Nicht selten erlebte man es, daß die Organe innerhalb der politischen Polizei zwar noch menschliches Mitleid mit dem verurteilten Bruder hatten und ihn mit allen ihnen zu Gebote stehenden Mitteln zu decken suchten, während der fanatisierte Mensch und die offizielle Staatsreligion kein Erbarmen fanden.

Als der heilige Überrest in Sadrach, Mesach und Abed-Nego der Stimme des Herolds nicht folgte und nicht mit den anderen Vertretern der Landschaften und Völker vor dem goldenen Monarchienbilde niederfiel, da klagte man ihn vor dem König an. Man behauptete, daß die Männer religionslos und staatsfeindliche Leute seien. *„Die verachten dein Gebot"* und *„ehren deine Götter nicht." Das waren immer die angeblichen Gründe, die der Welt im Lauf der Geschichte das moralische Recht zu geben schienen, den Trägern der Offenbarung und des Gottesreiches einen dunklen Kreuzes- und Todesweg zu bereiten.* Die meisten Märtyrer sind von ihrer Zeit unter dem Vorwand ihrer Irreligion und ihrer Staatsfeindschaft verurteilt worden.

Der heilige Überrest hatte in der Geschichte nie ein Interesse an

[1] Kap. 3, 8—15.

Revolutionen und Volkserhebungen. Ob es eine monarchische, eine demokratische, eine republikanische oder sonst eine Regierung war, er nahm nie teil an gewaltsamen Aufständen und Staatsumwälzungen. Sein Interesse liegt auf weit höherer Linie, und er betätigt sich mit weit moralischeren Mitteln. Sein Mitwirken gilt allein dem Kommen der Gottesherrschaft auf Erden zum Heil der Völker. Sein Programm ist Aufbau von innen und nicht Abbruch durch Gewalt von außen her.

Der heilige Überrest ist daher bereit, jedem Staat zu dienen mit der ganzen Treue, die in ihm wohnt, mit den besten Kräften, über die er verfügt, mit der größten Selbstaufopferung, die das wahre Wohl des Volkes erfordert. Wir sehen das auch hier in unserem Geschichtsbild. Als Sadrach, Mesach und Abed-Nego von Nebukadnezar über die Verwaltung der Landschaft Babel gesetzt und Daniel sogar zum Fürsten der Landschaft erhöht wurde, da widersprachen sie nicht. *Nicht der Dienst auf dem Boden der Welt verunreinigt den heiligen Überrest, wohl aber eine anbefohlene Anbetung vor den Götzen der Welt.* Er entzieht sich daher solch einem Knien vor Göttern und Götzen, falls es von der Macht befohlen und im Geiste des Staates gepflegt wird. *Er kann wohl mit voller Hingabe dem Staate dienen, nicht aber in seiner Erkenntnis wider Gott sündigen.* Für die anderen heidnischen Völkerschaften des damaligen Weltreiches war es nicht schwer, sich auch innerlich an der großartigen politischen und zugleich religiösen Huldigungsfeier in der Dura-Ebene zu beteiligen. Ihre religiöse Auffassung gestattet es ihnen, auch den babylonischen Reichsgott in den „Kreis ihrer heimischen Götter aufzunehmen". Denn ihnen waren ja ihre Götter nur National- und Landesgottheiten; sie konnten daher auch, wenn es sein mußte, fremde Gottheiten anerkennen und sie verehren, ohne den eigenen untreu zu werden.

„Was aber der Heide konnte, das konnte nicht auch ein Israelit." Seine Gotteserkenntnis war eine viel tiefere. Der Gott Abrahams, Isaaks und Jakobs war dem wahren Juden kein „Nationalgott", keine „Landesgottheit", er war ihm der Gott, der in seiner Allmacht und in seiner Allgegenwart über jeder Macht und über jedem Land steht. Jahve, als dem Gott des Himmels und der Erde, gehört

die ganze Welt; denn sie ist die Fülle seiner Herrlichkeit[1]. Daher trug der Jude auch das Gesetzeswort: *„Du sollst keine anderen Götter neben mir haben*[2]*"* wie ein höchstes Erkenntnisgut und wie ein Gottesevangelium in seiner frommen Seele. Mithin lagen für die drei Freunde Daniels auch hier die Grenzen ihres Gehorsams. Unmöglich konnten sie einem Monarchienbilde Nebukadnezars geben, was Gottes war. *Der heilige Überrest ist wohl bereit zu jedem Dienst, niemals aber über die Grenzen des von Gott erleuchteten Gewissens und der durch Offenbarung gewonnenen Gotteserkenntnis hinaus.* Mag die Welt auch in ihren feierlichsten und kritischsten Stunden Anspruch auf unbedingten Gehorsam erheben, so antwortet er dennoch wie Luther mit dem heiligen Nein: „Hier stehe ich, ich kann nicht anders!" Dies ist jenes Nein des Glaubens, mit dem Joseph dem Weibe des Potiphar antwortete: *„Wie sollte ich solch ein großes Übel tun und wider Gott sündigen!"* Es ist jener Protest des Glaubens, in dem der fromme Naboth dem König Ahab den Weinberg verweigerte, weil es das nach dem Gesetz verordnete und ihm gewordene Erbe seiner Väter war. In diesem Nein des Glaubens lodert eine Liebe zu Gott und seiner Offenbarung, die stärker ist als der Tod.

e) Das schwere Gericht, das den Trägern des Glaubens droht[3]

Nie umgab sich die Welt mit so viel Heuchelei und äußerem Schein wie in solchen Zeiten, wo sie dem Nein des Glaubens gegenüberstand. Mit erheuchelter Entrüstung und heiligem Zorn und gekränktem Nationalgefühl begab man sich auch in der Dura-Ebene zum König und teilte ihm mit: *„Nun sind da jüdische Männer, welche du über die Verwaltung der Provinz Babel bestellt hast, Sadrach, Mesach und Abed-Nego; diese haben auf dein Gebot, König, nicht geachtet; deinem Gott dienen sie nicht, und das Bild von Gold, das du aufgestellt hast, verehren sie nicht*[4]*."*

Zunächst geriet Nebukadnezar über diese Majestätsbeleidigung und Religionsablehnung in die größte Aufregung. Er befahl in sei-

[1] Jes. 6, 3.
[2] 2. Mose 20, 3.
[3] Kap. 3, 14 f.
[4] Kap. 3, 12 ff.

nem Zorn, daß Sadrach, Mesach und Abed=Nego vor ihn gebracht werden sollten. Offenbar erinnerte er sich jedoch an den auch ihm so unschätzbaren Dienst, den ihm Daniel mit der Deutung des Traumes erwiesen hatte, und an die hohe Begabung, die auch Daniels Freunde in der Verwaltung der Landschaft Babel bekundet hatten. Daher ließ er sie nicht ohne weiteres in den feurigen Ofen werfen. Er stellte den Männern vielmehr zuvor die schweren Gewissensfragen: *„Ist es Absicht, Sadrach, Mesach und Abed=Nego? Meinem Gott dient ihr nicht, und das Bild von Gold, welches ich errichtet habe, verehrt ihr nicht. Nunmehr, wenn ihr bereit seid, in dem Zeitpunkt, in dem ihr den Ton des Hornes, der Flöte usw. hört, niederzufallen und das Bild, das ich gemacht habe, zu verehren, (dann ist es gut); wenn ihr (es) aber nicht verehrt, zur Stunde sollt ihr mitten in den brennenden Ofen geworfen werden. Und was für einen Gott gäbe es, der euch aus meiner Hand erretten könnte?"*

Hier tut sich unserem Blick die ganze innere Abgrundtiefe der Welt auf. Sie benutzt auch die empfangene Gottesoffenbarung zur Stärkung ihres eigenen Wesens. Auch das höchste Licht, das ihr wird, muß zu ihrer Umkleidung und Verherrlichung dienen. Nebukadnezar hatte nicht vergessen, daß der Offenbarungstraum ihm kundgetan hatte: *„Du, o König, bist ein König der Könige, da dir der Gott des Himmels königliche Herrschaft, Reichtum, Macht und Gerechtigkeit gegeben hat, und überall, wo Menschenkinder wohnen ... hat er sie in deine Hand gegeben und dich über sie alle zum Herrscher gemacht*[1]*!"* War es nun ein Wunder, daß dieser Nebukadnezar, der von dem Gott der Offenbarung die Herrschaft über alles und alle empfangen hatte, im unbegrenzten Selbstbewußtsein fragte: *„Und was für einen Gott gäbe es, der euch aus meiner Hand erretten könnte?"*

Wie verstieg sich da Nebukadnezar! War ihm mit den Völkern, Ländern, Tieren des Feldes usw. tatsächlich alles von Gott übergeben worden? Auch der heilige Überrest? Auch das Tiefste, Heiligste, das Ewige? Gibt es letzthin überhaupt eine Weltmacht, die dem Menschen je das Heiligste, was er in sich trägt, hat nehmen können? Ganz Rom konnte toben, nicht aber das Evangelium und

[1] Kap. 2, 37 ff.

das Glaubenszeugnis aus dem Herzen Luthers und der Reformation reißen. Kein Zarenreich konnte trotz all seiner Härte in den einfachen Stundistenbrüdern und in so manchen Adelskreisen Petersburgs den heiligen Überrest in seiner Anbetung im Geist und in der Wahrheit zum Schweigen bringen. *Nebukadnezar! Alles und alle sind dir übergeben: nur der heilige Überrest nicht! —*

II. Die Feuerprobe der Freunde Daniels

„Und Männern, kräftigen Männern aus seinem Heere, befahl der König, Sadrach, Mesach und Abed-Nego zu binden und in den brennenden Feuerofen zu werfen. Da wurden diese Männer gebunden und in ihren Hemden, Westen, Röcken, Mänteln und Überwürfen in den brennenden Feuerofen geworfen. Infolgedessen, weil der Befehl des Königs dringend und der Ofen übermäßig geheizt war, so tötete die Feuerflamme jene Männer, welche den Sadrach, Mesach und Abed-Nego hinauftrugen; jene drei Männer aber, Sadrach, Mesach und Abed-Nego, fielen gebunden in den glühenden Feuerofen. Da erschrak der König Nebukadnezar und stand eilends auf. Er hob an und sprach zu seinen Räten: Haben wir nicht drei Männer gebunden ins Feuer geworfen? Sie antworteten und sprachen: Gewiß, Herr König! Er antwortete und sprach: Siehe, ich sehe vier Männer frei umherwandeln mitten im Feuer, und es ist kein Schaden an ihnen, und die Gestalt des vierten gleicht einem Sohne der Götter." Dan. 3, 19—25

a) Das mutige Bekenntnis des Glaubens[1]

Der heilige Überrest trägt etwas in sich, was nicht von dieser Welt ist. Er gehört einem Reiche an, das mächtiger ist als der Tod. Daher fürchtet er weder den Feuerofen Babels noch die Arena Neros, noch die Scheiterhaufen Roms, noch die Ausstoßung aus dem Volksleben. Er antwortete zu jeder Zeit mit Sadrach, Mesach und Abed-Nego: *„Wir halten es nicht für notwendig, darauf ein Wort zu erwidern. Wenn unser Gott, dem wir dienen, uns aus dem brennenden Feuerofen zu retten vermag und uns aus deiner Hand, o König, rettet, (so ist es gut). Wenn aber nicht, so sei dir kund-*

[1] Kap. 3, 16—19.

getan, o König, daß wir deinen Göttern nicht dienen und das goldene Bild, das du hast aufrichten lassen, nicht anbeten werden[1]*."*

Das war ein Bekenntnis, das aus tiefster Überzeugung und aus heiligsten Grundsätzen sprach. So kann angesichts schwerster Not nur jemand sprechen, der sich in seinem Gehorsam und in seinem Leben allein an Gott und an dessen Offenbarung gebunden weiß. Nebukadnezar sollte wissen, *daß auch der Glaube in seinem Dienen seine Grenze hat.* So treu Sadrach, Mesach und Abed-Nego auch in der Verwaltung der Landschaft Babel gedient hatten — niederfallen und das goldene Bild anbeten konnten sie auch angesichts der schärfsten Drohung eines Weltherrschers nicht. Ihre Anbetung als Ausdruck ihrer höchsten Verehrung Gottes und ihrer Glaubenshingabe an dessen Offenbarung gehörte Gott allein. Unmöglich konnten sie mit dem Fleische vor dem Fleische und dessen Göttern knien. *Wo die Welt sich in ihrem eigenen Bild und Werk anbeten läßt, da kann der zu höheren Grundsätzen und zu wahrer Gotteserkenntnis gelangte Glaube nicht mitmachen.*

„Unser Gott, dem wir dienen", antworteten die Männer. Von ihm bezeugen sie, daß er sie wohl aus der Hand des Königs erretten kann. Sie behaupten jedoch nicht, daß er es tun wird. Dafür fehlte ihnen zunächst noch die Gewißheit. Sie behaupteten mithin nicht mehr, als sie wußten. Wahrer Glaube bleibt sehr nüchtern, auch in seinen Behauptungen. Er berauscht sich nicht durch das, was Gott ihm von Fall zu Fall anvertrauen konnte. Er glänzt nicht mit seinen Gaben und geht nicht hausieren mit seinen Erlebnissen. Er weiß sich nur als Frucht göttlicher Offenbarung und ist Zeuge der göttlichen Aktivität im Leben derer, die Gott in seine Gemeinschaft ziehen konnte. Nur das stand den Freunden Daniels fest, daß Gott sie erretten könne. So verhüllt ihnen das „Ob" und das „Wie" auch war, sie wußten, Gott hat Auswege auch aus dem Tode. Mehr wagten sie jedoch nicht zu behaupten.

„Und wenn nicht" — sprachen sie daher weiter. Es ist möglich, daß unser Gott, dem wir dienen, uns nicht retten wird. Sie wußten, daß schon oft die Heiligen Gottes wie Lämmer zur Schlachtbank geführt worden waren. Gott hatte es zugelassen, daß sie untergingen

---

[1] Kap. 3, 16 f.

und das Fleisch in seiner Macht triumphierte. Auch der fromme Naboth, der Jesreeliter, hatte einst gewagt, mit dem heiligen Nein des Glaubens zu antworten, als Ahab von ihm verlangte, daß er ihm das Erbe seiner Väter abtreten solle[1]. Dies hatte ihm den Tod gebracht. *Gott antwortete auf die Treue des Glaubens nicht immer mit einer Rettung aus dem Feuerofen der Welt.*

„Und wenn nicht, so sollst du dennoch wissen, daß wir dein Bild nicht anbeten werden", sprachen sie zum König. Eher waren sie bereit, den Weg der Leiden und des Todes zu gehen, als dem Herrn untreu zu werden. Ihnen standen die aus der Thora gewonnenen Grundsätze höher als ihr Leben. Ihr Glaube war fähig, um der Wahrheit willen auch Schweres aus der Hand des Herrn zu nehmen.

b) Die Antwort der Welt auf den Protest des Glaubens[2]

Als Nebukadnezar diese Sprache des Glaubens aus dem Munde Sadrachs, Mesachs und Abed-Negos hörte, da ward er *„voll Wut, und die Gestalt seines Angesichts entstellte sich"*. Das Angesicht der Welt ist abhängig von der Stimmung ihrer Seele. *Sie läßt sich zu ihren entscheidungsvollen Handlungen nicht durch höhere Leitung, sondern durch persönliche Leidenschaften bestimmen.* Leidenschaft ist ihre Freundschaft, Leidenschaft ist ihr Haß. Fehlt ihr die Leidenschaft, dann fehlt ihren Handlungen die Inspiration. Um große Entscheidungen herbeizuführen, muß sie zuvor große Leidenschaften wekken .... Kriegsbegeisterungen, Revolutionsbegeisterungen, Volksbegeisterungen, Sportbegeisterungen — alle haben sie ihre tiefste Lebenswurzel in der Leidenschaft. Man vergegenwärtige sich nur, von welchen Leidenschaften die Völker Europas beherrscht wurden beim Ausbruch des entsetzlichen Weltkrieges! Sie raubten Regierungen und Völkern jede politische Vernunft. Mit freundlichem Angesicht hatten die Diplomaten der großen Westmächte sich immer wieder in den Salons ihrer Botschaften gegrüßt und von Vertrauen und Freundschaft und Bündnissen zur Sicherung ewigen

---

[1] 1. Kön. 21.

[2] Kap. 3, 19 f.

Friedens gesprochen — *bis die Leidenschaft kam.* Da *„veränderte sich ihr Angesicht"*, Europa sah hinfort das größte Blutbad der Geschichte.

Denn Leidenschaften holen aus dem Menschen das Letzte und Höchste heraus, was der Mensch in seiner eigenen Kraft herzugeben vermag. Nebukadnezar befahl, daß man den Ofen *„siebenmal heißer machen sollte, als man sonst zu tun pflegte"*. Leidenschaft bricht nur an der Grenze des menschlichen Könnens zusammen. Nicht der Mensch beherrscht die Leidenschaft, die er weckt, die Leidenschaft beherrscht den Menschen und läßt ihn zerbrechen. Auch Nebukadnezar überbot sich in seiner Kraft und in seiner Vernunft. Als die Vollstrecker seines Befehls Sadrach, Mesach und Abed-Nego gebunden in den übermäßig geheizten Glutofen warfen, wurden sie selbst von der Feuerflamme vernichtet. Leidenschaften fragen aber nicht nach solchen unschuldigen Opfern. Sie deuten solche Opfer als Vaterlandsliebe, als Untertanentreue, als Hingabe an das Wohl des Volkes.

Das war Nebukadnezars Antlitz und dessen Antwort auf die kühne Sprache des Glaubens. So bereitete sich der heilige Überrest durch seine Treue Gott gegenüber in der Geschichte immer wieder eine Feuerprobe. Die letzte Antwort des Fleisches auf die Bewährung des Glaubens war immer das Kreuz. Ob es wie hier der Feuerofen war, ob es die Nachstellungen Sauls waren, die ein David erlebte, ob es die Insel Patmos war, auf die ein Johannes verbannt wurde, ob es die Leiden waren, die ein Jeremia in der Mitte seiner Brüder erduldete, oder ob es das Kreuz war, an das man den Schönsten unter den Menschenkindern schlug — *es war immer die letzte Antwort des Fleisches auf ein Leben, das den Mut hatte, Gott mehr zu gehorchen als den Menschen.* Jesus konnte daher auch seinen Nachfolgern und den lebendigen Trägern seiner Kirche für dieses Zeitalter nie etwas anderes in Aussicht stellen als jenen Lammesweg, den er selbst zu gehen hatte.

c) Die beschränkten Vollmachten der Welt[1]

Wie hart die Antwort auch je und je war, mit der die Welt auf die Treue des Glaubens antwortete, im letzten Grunde konnte

[1] Kap. 3, 21 ff.

sie dem Volke Gottes durch das Kreuz nie etwas Wesentliches nehmen. *Denn die Vollmachten des Fleisches reichen nie über das Sichtbare hinaus.* Menschen aber, in deren Leben Gott treten und seine Kraft offenbaren konnte, besitzen unsichtbare, ewige Werte und Güter. Wohl kann die Welt einen Paulus und Silas in den Kerker stecken, einen Täufer enthaupten lassen, die Christen in den Tagen Neros als Brandfackeln behandeln, einen Hus zum Scheiterhaufen führen, die Edelsten des Volkes ausstoßen oder in die Verbannung schicken und einem Sadrach, Mesach und Abed=Nego einen glühenden Ofen bereiten, sie kann ihnen jedoch nicht das Höchste ihres Lebens: *die Gemeinschaft mit Gott* nehmen. Obgleich man den Ofen auch siebenmal heißer gemacht hatte als gewöhnlich, es wandelte in der Glut ein Vierter mit ihnen, der einem Sohn der Götter glich.

Es gab in der Geschichte je und je Verhältnisse, Gerichte, Geschichtskatastrophen, in denen der Glaube wandeln konnte, das Fleisch aber zugrunde ging. Während die Männer, die Sadrach, Mesach und Abed=Nego zum Feuerofen hinauftragen mußten, von der Glut des Ofens vernichtet wurden, fielen die drei Freunde gebunden in ihn hinein. Das Feuer aber verzehrte sie nicht, es löste sie nur. Zum Schrecken des Königs gingen sie frei und gelöst im Feuerofen umher. *So gibt es Wege, wo das Fleisch sein Gericht, der Glaube aber seine Befreiung erlebt.* Alles, was die siebenfach gesteigerte Glut den Freunden nehmen konnte, waren nur die Fesseln, mit denen eine sich allmächtig wähnende Welt in ihrer Leidenschaft sie gebunden hatte. Gebunden gingen sie in den Glutofen, gelöst kamen sie heraus. Es war nicht einmal ein Brandgeruch an ihnen zu merken.

Das Geheimnis ihrer Bewahrung auch im Glutofen der Welt bestand aber in *der Gegenwart des Vierten.* Als Nebukadnezar Sadrach, Mesach und Abed=Nego im Ofen wandeln sah, stand er eilends auf und sprach erregt zu seinen Räten: *„Haben wir nicht drei Männer gebunden ins Feuer geworfen? Sie antworteten und sprachen: Gewiß, Herr König! Er antwortete und sprach: Siehe, ich sehe vier Männer gelöst umherwandeln mitten im Feuer, und es ist* *kein Schaden an ihnen, und die Gestalt des vierten gleicht einem Sohne der Götter!"*

Gott in seiner Gegenwart steht jenseits der Vollmachten dieser Welt. Er läßt sich in seinen Kräften, in seinen Handlungen und in seiner Gegenwart nicht binden durch irgendeine Macht und Vollmacht der Welt. Er verklärt durch seine Gegenwart auch den dunkelsten Weg und gestaltet ihn zu einer Pforte des Lebens. Er als Herr aller Dinge zieht auch Leidenschaften der Völker und Wege des Todes in sein verborgenes Walten und in die Offenbarung seiner Majestät hinein. Der Glutofen Babels muß ihm die geschichtliche Basis zur Offenbarung seiner Gegenwart werden. *„Wenn du durchs Wasser gehst, so will ich bei dir sein; und wenn durch Ströme, so sollen sie dich nicht ersäufen. Wenn du durchs Feuer wandelst, sollst du nicht verbrennen, und die Flamme soll dich nicht anzünden; denn ich, Jahve, dein Gott, der Heilige Israels, bin dein Heiland*[1]*." Gottes Verhalten zum heiligen Überrest wird nicht verändert durch die Leidenschaft, in der die Welt spricht.* Daher erlebte das Reich Gottes auch vielfach da seine Erlösung, wo die Welt ihr Gericht erlebte. Ägyptens Wehen wurden einst Israels Heil. Unser Freund und Mitarbeiter Prof. Marzinkowskij kann uns in einem seiner Bücher auf Grund seiner Erfahrungen und Erlebnisse im Gefängnis die große Wahrheit zurufen: *Mit Gott ist man auch im Gefängnis frei; ohne Gott ist man aber auch außer dem Gefängnis ein Gebundener.*

Denn niemals war es dem Haß des Fleisches möglich, dem heiligen Überrest die Gemeinschaft mit Gott zu nehmen. Wurde Joseph einst auch sehr leichten Herzens von seinen fleischlich gesinnten Brüdern verkauft und sehr billig an die fremde Welt Ägyptens abgegeben, Gott wandelte mit ihm. Ob er in das Haus eines Potiphar oder in den Kerker Pharaos kam, die Schrift berichtet: *„Und Gott war mit ihm!"* Er ist auch mit seiner wahren Kirche in der Gegenwart.

Wohl mag es Zeiten und Augenblicke in ihrer Geschichte geben, wo auch sie mit ihrem Haupte klagen muß: *„Mein Gott, mein Gott, warum hast du mich verlassen?"* Nach solchen dunklen Stunden kann sie jedoch bewußter als vorher bezeugen: Gott ist gegenwärtig! Es

[1] Jes. 43, 2 ff.

sind nicht bloß Legenden, wenn uns die Märtyrerakten aus der Zeit der ersten christlichen Jahrhunderte von dem Triumph erzählen, mit dem die verurteilten Christen dem Tode entgegengingen. Unter den entsetzlichsten Foltern und Qualen erlebten sie Verzückungen, sahen wie ein Stephanus den Himmel offen und waren von einer überströmenden Freude erfüllt, daß die Umgebung sich dieses Geheimnis nie erklären konnte. Vielfach war es, als ob sie in ihren schwersten Leiden die Schmerzen überhaupt nicht mehr fühlten, als wenn die Auferstehungskräfte ihres erhöhten Hauptes sie so durchdrangen, daß ihr Körper nicht mehr die Qualen und die Schläge empfand, unter denen ihr natürliches Leibesleben zusammenbrach.

Es gehört ja zur großen Paradoxie des Kreuzes, daß es zwar von der Welt stets als Todesweg geschaffen, von dem heiligen Überrest aber als Auferstehungsweg erlebt wurde. Ist doch aus dieser Tatsache jenes große, bekannte Wort geboren worden, daß das Blut der Märtyrer der Same der Kirche sei. Wie Gott das macht, kann zwar erlebt, jedoch nicht erklärt werden. Auch die Rettung der Glaubensgenossen Daniels aus dem Glutofen Babels kann von einer menschlichen Exegese nicht erklärt werden. Ein Glaube aber, der seine Feuerprobe in der Welt erlebte, weiß, daß Gott Unmögliches möglich machen und seine Allmacht so offenbaren kann, *daß seine Rettung nur noch als ein Wunder Gottes zu fassen ist.*

d) Das unerwartete Erwachen des Gewissens der Welt[1]

Ohne daß die Welt es ahnt und will, mußte sie vielfach durch ihr Kreuz, das sie dem heiligen Überrest bereitet, mit dazu beitragen, daß er nur von jenen Fesseln gelöst wird, mit denen sie ihn zuvor gebunden hat. Die Welt wollte durch die Leiden, die sie schuf, die Kirche Christi für immer binden. Gelöster als je mußte sie diese eines Tages wieder empfangen. Wenn Gott seinen heiligen Überrest rechtfertigt, so redet er damit auch zur Welt. Sein Wunder an den Männern im Glutofen zu Babel sollte auch zu einer Offenbarung für Nebukadnezar werden. Trotz seines Hochmuts, seiner Härte und seiner Launen, die er als Weltherrscher in den kritischen Stunden

[1] Kap. 3, 26—33.

seiner Regierung äußerte, war er von Gott noch nicht losgelassen und verworfen worden. Nebukadnezars Stellung gegen den Gott der Offenbarung war noch keine abgeschlossene. Solange der Mensch aber noch keine letzte Entscheidung wider Gott getroffen hat, läßt Gott ihn nicht los. Er zieht ihn immer wieder in das Licht seiner Offenbarung, um ihm zur Rettung zu werden.

Gottes Gegenwart und das Wandeln der drei Glaubensgenossen im feurigen Ofen sprachen lauter als die Leidenschaft in der Seele Nebukadnezars. Der König trat vor die Öffnung des Ofens und sprach: *„Sadrach, Mesach und Abed=Nego, ihr Knechte Gottes, des Allerhöchsten, geht heraus und kommt her!"* Ihr Knechte Gottes des Allerhöchsten! — Das war ein Titel für die drei Freunde, den sie bisher aus dem Munde des Königs noch nicht vernommen hatten. Durch Erleuchtung lernte er das tiefste Geheimnis in dem treuen Wesen seiner drei Hofbeamten begreifen, die ihm die Landschaft Babei verwalteten. Ihr Dienst allein hatte ihm nicht jene tiefe Erkenntnis über sie geben können. Er gewann sie aber, als sie litten.

Viel wesentlicher für Nebukadnezar aber war, *daß er in allem Gott sehen lernte.* Als Daniel ihm den Traum und auch die Deutung kundtat, bewunderte er Daniel und fiel anbetend vor ihm nieder. Jetzt sang seine Seele einen Psalm, in dem es sich nicht um eine Verherrlichung der geretteten Freunde handelte, sondern um einen Lobpreis Gottes, des Allerhöchsten: *„Gepriesen sei ihr Gott, der Gott Sadrachs, Mesachs und Abed=Negos, der seinen Engel gesandt und seine Knechte errettet hat!"* Nun begriff er, daß es ein Gottvertrauen gibt, das niemals Illusion ist. Jetzt erkannte er, daß es sich in dem Nein des Glaubens nicht um eine Majestätsbeleidigung, nicht um einen Revolutionsgeist, nicht um eine Irreligiosität, nicht um eine Staatsverneinung gehandelt hatte. Er begriff das Gewaltigere und Entscheidende ihrer Beweggründe; denn er sprach: *„Da sie sich auf ihn verließen und das Gebot des Königs übertraten und ihre Leiber hingegeben haben, da sie keinen andern Gott verehren und anbeten wollten als ihren Gott allein."* So lernte Nebukadnezar das Heiligste im Nächsten sehen und die Sprache Gottes verstehen.

Und doch verstand er sie noch nicht ganz. *Er blieb zunächst nur ein Bewunderer Gottes, wurde aber nicht ein bewußter Knecht Got=*

tes. In seinem tiefsten Wesen blieb er der ungebrochene Weltherrscher. *„Und von mir wird eine Verordnung erlassen, daß, wer unter allen Völkern, Stämmen und Zungen leichtfertig von dem Gott Sadrachs, Mesachs und Abed-Negos spricht, der soll in Stücke zerhauen und dessen Haus soll zum Schutthaufen gemacht werden, darum, weil kein anderer Gott ist, der also erretten kann wie dieser."*

Nebukadnezar! Um deine veräußerlichte Gottesoffenbarung in der Ebene Dura als Staatsreligion unter die Völker deines Reiches einzuführen, reichten diese deine Machtmittel aus. Sie werden aber zu schwach und zu arm sein, um unter den Völkern eine lebendige Ehrfurcht vor dem Allerhöchsten zu schaffen. Du vermagst zwar zu zeugen von diesem Gott; die wahre Erkenntnis und Ehrfurcht Gottes zu wirken, steht aber nicht in deiner Macht. Dies ist die Schöpfung einer höheren Kraft. Warum willst du in der dir gewordenen Erkenntnis nun mit äußeren Machtmitteln an deinen Nächsten das richten, was du noch wenige Stunden vorher in deinem Selbstbewußtsein verurteiltest, in dem du sprachst: *„Und welcher Gott wird euch aus meiner Hand erretten?"* Nebukadnezar! *Geistliche Werte werden in der Seele deiner Völker nur durch geistliche Mittel geschaffen.*

Daraufhin beförderte der König Sadrach, Mesach und Abed-Nego in der Landschaft Babel.

e) Die Sonderstellung Daniels während der Prüfungszeit

Wir können den ganzen Bericht nicht schließen, ohne zuvor noch auf die berechtigte Frage zu kommen: „Wo war aber Daniel?" Darauf können wir zunächst die einfache Antwort geben: Das wissen wir nicht. Wir wissen aber: in diese Feuerprobe ist er nicht hineingekommen. Wir suchen ihn vergeblich darin. So unmöglich es uns auch erscheinen mag, Gott hatte für einen rechtzeitigen Ausweg gesorgt.

Das ist der Segen vorangegangener Bewährung. Hat man sich auf einer bestimmten Linie wie Daniel immer wieder bewährt, dann bricht nicht selten nach der letzten Probe ein Zeitabschnitt an, wo es eine Zeitlang auf diesem Gebiet für uns keine Kämpfe und keine

Prüfungen mehr gibt. Kam auch für Daniel später unter Darius wieder eine neue Glaubensprobe, jetzt durfte er jedoch ruhen, wo andere kämpften, hatte Sabbatstille, während andere ihre Feuerprobe erlebten.

Also nicht für Daniel, wohl aber für seine Freunde war diesmal die Feuerprobe gekommen. Bis dahin waren sie in den einzelnen Proben immer wieder nur mitgegangen. Die Hauptverantwortung in den einzelnen vorangegangenen Prüfungen hatte Daniel getragen. Wohl hatten sie mitgelitten, mitgekämpft und sich mitbewährt. Als selbständige Persönlichkeiten waren sie aber nicht hervorgetreten. Nun war für sie jene große Stunde gekommen, wo die ganze Verantwortung auf ihnen lag.

Das ist Gottes Pädagogik. Er führt uns so, daß jeder einzelne mit der Zeit auf dem Boden des Glaubens zu einer Persönlichkeit, zu einem Charakter, zu einer bewährten Kraft ausreift. Haben wir uns bisher nur im Anschluß an eine glaubensstarke Persönlichkeit bewährt, so schafft er uns Gelegenheiten, uns hinfort auch ohne sie zu bewähren.

Täuschen wir uns über die Gesamtlage der Gegenwart nicht, so will uns scheinen, als ob heute alles in der Welt darauf angelegt sei, *daß auch die Kirche Christi zu solch einer bewährten Persönlichkeit ausreife.* Gott hat ihr die Freundschaft der Welt genommen; die Staaten, von deren Gunst und Mitteln sie Jahrhunderte und Jahrtausende lang getragen wurde, schütteln sie ab. Priester und Propheten atheistischer und rein materialistischer Weltanschauungen machen sie zum Objekt ihrer Bekämpfung und ihrer Propaganda. Sie fühlt heute wieder, wie es einst in den Tagen ihrer Geburt empfunden wurde, daß ihre gliedliche Verbundenheit mit Volk und Staat jener „Todesleib" ist, unter dem sie wie Paulus seufzt, und aus dem nur Gott durch Christus sie erlösen kann.

Wird sie erfassen, was für eine ungeheure prophetische Mission für sie darin liegen kann, wenn sie sich in diesem Kampf als heiliger Überrest bewährt und in ihrem Dienst und in ihren Grundsätzen klar unterscheidet zwischen privilegierter Staatsreligion und wahrer Gottesanbetung? Wird sie erfassen, daß sie sich nicht auf dem Wege falscher Kompromisse selbst erhalten, ihre Zukunft retten und ihre Mission in der Welt erfüllen kann, *daß ihre höhere Berufung und ihr Apostel= und Prophetendienst sie vielmehr zu jener heiligen Einseitigkeit zwingt, in welcher einst Apostel und Propheten der Welt mit dem Höchsten dienten?* Wie oft konnte in der Geschichte erst durch die Feuerprobe der Kirche der Welt jene Erleuchtung gegeben werden, welche sie in den Tagen ihres treuen Dienstes ihr nicht hatte geben können! Hat die Kirche Jesu Christi wirklich „den Dienst der Versöhnung" als ihre letzte und höchste Aufgabe empfangen, warum sollte sie dann das Kreuz und den Weg zum Kreuz fürchten, durch welche sie dem Staat und dem Volk eines Tages weit mehr zu geben vermag, als sie es in den Tagen ihrer Anerkennung und ihrer Stärke tun konnte? *Nein, Kirche Christi, werde Prophet und nur Prophet, diene als Apostel und nur als Apostel, und sprich durch dein Leben, durch deinen Dienst, durch deine Hingabe und — wenn es sein muß — auch durch deine Leiden!*

D. Durch Offenbarung oder Gericht zum Leben

I. Gottes schwere Gerichtsoffenbarung

„Und siehe: ein Wächter und Heiliger stieg vom Himmel herab. Der rief mit Macht, und so sprach er:

Hauet den Baum um
und schneidet seine Zweige weg,
streift sein Laub ab
und streuet seine Frucht umher!

Auf dem Beschluß der Wächter ruht der Befehl, und Anordnung der Heiligen ist die Sache, damit die Lebenden wissen, daß der Höchste Herr ist über das menschliche Königtum, und wem er will, gibt er es, und selbst den Niedrigsten unter den Menschen kann er darüber setzen." Dan. 4, 11—14

Zwischen dem Schluß des 3. Kapitels und dem Berichteten in Kapitel 4 liegt die lange und glanzvolle Regierungszeit Nebukadnezars. Über den gewaltigen und tiefen Eindruck, den er vom Allerhöchsten bei der Rettung Sadrachs, Mesachs und Abed=Negos aus dem Glutofen empfangen hatte, war er nicht hinausgekommen. An

Nebukadnezar erkennen wir, wie leicht Eindrücke durch nachfolgende Ereignisse abgeschwächt und vernichtet werden können, wenn sie nicht zu einer entsprechenden Neugestaltung der Gesinnung und des Lebens führten. So war es gekommen, daß auch Nebukadnezar sich in den Jahrzehnten seiner so macht- und glanzvollen Regierung weit mehr mit seiner Macht und dem neuen Aufbau Babels beschäftigt hatte als mit der tiefen Gotteserkenntnis, die ihm durch eine sehr klare Gottesoffenbarung geworden war.

Nebukadnezar hatte Gott wieder losgelassen, Gott ließ jedoch den ersten Weltherrscher nicht wieder los. Nach langem, geduldigem Warten hatte er eine neue Offenbarung für ihn. Sie enthüllte ihm diesmal im Traumgesicht *nicht das Gericht im Verlauf der Weltgeschichte, sondern das Gericht, dem er persönlich entgegengehe.* Erst nach diesem furchtbaren Gerichtserlebnis, das ihm im Traum angekündigt wurde, erfolgte das königliche Manifest, dessen Inhalt das 4. Kapitel ausfüllt. Der König verkündet darin den Völkern seiner Weltmonarchie, wie er auf dem Wege des Gerichts zur Erkenntnis des lebendigen Gottes gekommen sei, und daß auch er sich hinfort vor der Majestät des Höchsten beuge. Wiederum war es ein Traum gewesen, durch den Gott zu ihm geredet hatte, aber die Deutung war ihm auch diesmal erst durch Daniel, den Propheten des Höchsten, geworden.

a) Nebukadnezars freimütiges Glaubenszeugnis[1]

Um den Landschaften, Völkern und Stämmen seines Weltreiches kundzutun, wie er während seiner entsetzlichen Krankheit bis zum Wahnsinn gekommen war, erließ er nach seiner Genesung und erneuten Regierungsübernahme an alle ein königliches Manifest und eröffnete es mit den Worten: *„König Nebukadnezar wünscht allen Völkern, Stämmen und Zungen, die auf der ganzen Erde wohnen: Euer Wohlsein möge wachsen!"* Diesmal begann der Weltherrscher sein Manifest nicht mit einem *königlichen Machtbefehl,* er eröffnete es mit einem *königlichen Segenswunsch und Friedensgruß.* Aus seiner Seele sprach gleich das Neue, ganz Andere, das die letzte Offen-

[1] Kap. 3, 31—33.

barung in ihm hatte wirken können. Auch Könige können letzthin in ihrer Sprache nur von dem reden, was als Höchstes ihre Seele bewegt. Hinfort suchte er nicht durch Machtmittel andere zur Beugung vor Gott zu führen, er beugte sich selbst vor dem Allmächtigen und legte ein so freimütiges Zeugnis von dem ab, was er in seinem erschütternden Gericht mit Gott erlebt hatte.

Er beginnt sein Glaubenszeugnis mit den Worten: *„Es hat mir gefallen, die Zeichen und Wunder kundzutun, die der höchste Gott an mir getan hat."* Wie ganz anders klingt dieses Zeugnis als der königliche Erlaß am Schluß des vorigen Kapitels! Hier redet die gebrochene Kraft, das gebeugte Herz, der gedemütigte Mensch, der sich durch die Barmherzigkeit Gottes aus einem schweren Gericht wie ein Brand aus dem Feuer errettet weiß. Daher auch die so ergreifende, vielfach erschütternde Sprache, die hier die Ehrfurcht vor Gott für ihr Zeugnis findet. *Man muß durch Tiefen gegangen sein, um so die Zeichen und Wunder Gottes schildern zu können, durch die der Mensch aus Tiefen errettet werden kann.* Die anderen Manifeste stellten die eigene Majestät immer in den Mittelpunkt der Kundgebung. Nebukadnezar verlieh ihnen den königlichen Nachdruck mit den Worten: *„Und von mir wird eine Verordnung erlassen."* Jetzt jedoch beginnt er sein Zeugnis mit dem Hinweis auf das, was seine Seele so tief bewegt und erfüllt: *„Es hat mir gefallen, die Zeichen und Wunder kundzutun, die Gott, der Höchste, an mir getan hat."*

Darnach spricht Nebukadnezar aus, welch eine tiefe Erkenntnis ihm diese Zeichen und Wunder erschlossen hätten. Nun kann er im Blick auf den Allerhöchsten bezeugen: *„Sein Reich ist ein ewiges Reich, und seine Herrschaft währet für und für." Diese tiefe Gotteserkenntnis war ihm erst aufgegangen auf Grund ganz bestimmter Gotteserlebnisse.* Aus dem, wie er persönlich Gott in seinem Walten, Richten und Erbarmen erlebt hatte, mußte er schließen: *„Sein Reich ist ein ewiges Reich."* Dasselbe kann in seiner Macht nicht begrenzt werden durch die Weltherrschaft eines zeitweiligen Weltherrschers. Gott macht in seiner Rettung nicht halt vor dem Feuerofen, den ein Machthaber in seiner Leidenschaft dem heiligen Überrest in der Dura-Ebene bereitet. Nebukadnezar erkannte: Es gibt eine Grenze, eine höhere Macht, an der jegliche menschliche Macht und jedes menschliche Königtum in ihrem Stolz und Wahn zerbrechen müssen. *Diese Macht ist die in die Geschichte hineinragende und daselbst waltende Kraft und Majestät Gottes.*

Mag die Welt sie auch nicht sehen, mag sie auch in Knechtsgestalt und verhüllt durch die Geschichte gehen, mag das dokumentierte Weltgeschehen in den Archiven der Weltstaaten letzthin auch nichts von dem geheimnisvollen Eingreifen Gottes in die Geschichtsereignisse zu künden wissen — sie ist da und wird geschaut von den Glaubenden. Sie war da auch in den Tagen Daniels und seiner Freunde. Sie wurde je und je in der Geschichte offenbar, diese Herrschaft, dieses Königtum Gottes, und zwar da, wo die einzelnen Gott Gelegenheit gaben, seine Kraft und Majestät zum Heil der Welt zu offenbaren.

b) Nebukadnezars offenes Schuldbekenntnis[1]

Nun fährt Nebukadnezar in seinem königlichen Manifest an die Völker seines Reiches fort und schildert in einem offenen Sündenbekenntnis, wie es zu solch einem furchtbaren Gottesgericht, wie er es in seiner Krankheit erlebt hatte, gekommen war. *„Ich, Nebukadnezar, lebte sorglos in meinem Hause und gesund in meinem Palaste. Da sah ich einen Traum, und der erschreckte mich, und die Vorstellungen, (die mir) auf meinem Lager und die Gesichte, (die mir) durch den Kopf (gingen), machten mich bestürzt."*

Es ist immer ein Zeichen eingetretener Erneuerung, wenn der Mensch oder auch ein Volk beginnt, wahr zu werden im Blick auf jene Gesinnung ihres Lebens, die schließlich mit irgendeiner schweren Katastrophe enden mußte. „Ich lebte sorglos in meinem Hause" bekennt Nebukadnezar und bezeugt damit, wie wenig er sich in seinem Privatleben und in seiner Regierung durch jene Offenbarung Gottes hatte bestimmen lassen, die am Anfang seiner Herrschaft so sichtbar in sein Leben getreten war. Er hatte Gottes Gnade vergeblich empfangen. Diese wollte ihn zu einem gesalbten Knechte Gottes machen, damit er als solcher alsdann in seiner Stellung als

[1] Kap. 4, 1 f.

Weltherrscher die Völkerschaften regieren möchte. Wieviel Heil und Erkenntnis hätte aus solch einer Regierung für die ganze damalige Weltmonarchie und weit darüber hinaus werden können!

Gottes Offenbarung hatte zwar Bewunderung und Eindrücke in Nebukadnezar zu wecken vermocht, in seiner Geisteshaltung und in seinem Wesen war er jedoch derselbe geblieben. Offenbarungen wollen mit ihrem Lichte aber nicht nur erleuchten, sie wollen den Menschen in ihr eigenes Wesen und Wirken hineinziehen. *Das ist die große Mission jeder Gottesoffenbarung, daß sie den Glaubenden in jene Aktivität Gottes zieht, von der sie ausgegangen ist.* Nebukadnezar war aber in der eigenen Aktivität und in den gewaltigen Schöpfungen seines Geistes steckengeblieben.

Die unbeschränkte Macht, die Sicherheit und Ruhe im Reich und das persönliche Herrschertalent hatten ihm während seiner mehr als vierzigjährigen Regierungszeit Gelegenheit geboten, auf allen Gebieten seine königliche Macht und Größe zu entfalten. Leider ist uns in der allgemeinen Geschichte nicht viel über sein Leben erhalten worden. Sehr treffend schreibt daher P. G. Stockmann in seinem bereits erwähnten Werk: „Obgleich Nebukadnezar sicherlich einer der gewaltigsten Eroberer und mächtigsten Herrscher aller Zeiten war, so ist doch nur spärliche Kunde von seiner Lebensgeschichte, seinen Kriegszügen und sonstigen Taten auf unsere Tage gekommen. Wie tiefe Spuren einst auch seine Herrschaft in die Weltgeschichte eingrub – der Staub der Jahrhunderte hat sie bedeckt und fast gänzlich verwischt. Der etwa sechzig Jahre nach dem Tode Nebukadnezars geborene Geschichtsschreiber Herodot, der ‚Vater der Weltgeschichte', der die gewaltigen Prachtbauten Nebukadnezars in Babel hundert Jahre nach ihrer Vollendung gesehen und beschrieben hat, hat den Namen Nebukadnezar nicht gekannt und von seinem entscheidenden Sieg bei Karchemis nichts erfahren. Von dem aber, was zwei glaubwürdige Schriftsteller, der chaldäische Priester Berossus (um 280 v. Chr.) und sein dem zweiten oder dritten Jahrhundert vor Christi Geburt angehörender Schüler Abydenus, über ihn berichtet haben, sind nur geringe Bruchstücke erhalten geblieben. Nur von Nebukadnezars großartiger Bautätigkeit zeugen noch die Inschriften seiner Tonzylinder und die aus dem Schutt wieder aus=

gegrabenen Ziegelsteine seiner zerfallenen Riesenbauten. So vergeht der Ruhm der Welt!

Wie wenig aber auch die Weltgeschichte über diesen Eroberer und Beherrscher Westasiens zu melden weiß, so nimmt er doch in der Geschichte des Reiches Gottes eine bedeutungsvolle Stellung ein. Durch ihn, der Jerusalem zerstören und das jüdische Volk in die Gefangenschaft führen ließ, wurde das babylonische Weltreich zum Hammer der ganzen Welt (Jer. 50, 23), zur Rute der Gottlosen (Jes. 14, 5), und seine Residenz zur Welthauptstadt, zum Mittelpunkt des Weltglanzes, wohin der Reichtum der Länder der Erde zusammenströmte. Neben Jerusalem gibt es keine andere Stadt auf Erden, die sich an Bedeutung für die Geschichte des Reiches Gottes mit dieser Weltstadt am Euphrat vergleichen ließe. Denn gleichwie sich in dem Weltreich Nebukadnezars das Wesen des Weltreiches, die Macht dieser Welt für immer verkörperte, so ist die Stadt Babel seit der Urzeit bis zum Ende dieser Weltzeit das Sinnbild der Weltherrlichkeit und Weltseligkeit[1]."

Nachdem Nebukadnezar durch seine kriegerischen Unternehmungen seine Weltherrschaft befestigt und durch eine vernünftige Regierungspolitik die verschiedensten Völker seines Reiches beruhigt hatte, wandte er sich ganz der inneren Kulturarbeit zu. Er wollte durch die Schöpfungen seines Geistes „Babel zur glänzendsten Stadt in der ganzen Welt machen". Bis zu welcher Kulturhöhe er sein Werk vollenden konnte, davon werden wir später hören. Auf der Höhe seiner weltlichen Macht und seines irdischen Glanzes stehend, hatte er aber wieder einen Traum, der ihn erschreckte und ihn auf seinem Lager beunruhigte. Waren ihm auch die tiefen Erlebnisse seiner jungen Herrscherjahre verlorengegangen, den Eindruck gewann er jedoch auch jetzt wieder, daß es sich nicht um einen gewöhnlichen Traum handle, daß vielmehr die Gottheit ihm dadurch auch diesmal etwas sagen wolle. Zwar regte er sich nicht so auf, wie er es beim ersten Traum getan hatte, obgleich dieser mit seiner Gerichtsoffenbarung viel tiefer in sein persönliches Leben eingriff, als der erste es getan hatte. Die lange Zeit äußerlicher Ruhe, innenpolitischer Sicherheit und körperlicher Gesundheit hatten ihn in

[1] Stockmann, a. a. O. S. 67 u. 68.

seinem Wesen und Wohlleben offenbar sicherer und sorgloser gemacht.

Er wandte sich zunächst wiederum an sein babylonisches Prophetentum und Priesterkollegium, damit sie ihm die Deutung des Traumes sagen möchten. Er erzählte den Magiern seinen Traum, das Charisma der Auslegung besaßen sie aber immer noch nicht. Seinerzeit hatten sie in ihrer Ohnmacht dem König geantwortet: *„Sage uns den Traum, so wollen wir dir auch die Deutung sagen."* Nun mußten sie jedoch offen ihre innere Ohnmacht göttlichen Dingen gegenüber eingestehen, als der Offenbarungstraum ihnen genau mitgeteilt wurde. *Gott sorgt dafür, daß durch den Gang der Geschichte eines Tages der Mensch in seiner eigenen Weisheit völlig zuschanden werden muß.* Gelang es dem Menschen auch, jahrelang seine eigentliche Blöße und Nacktheit zu verdecken, eines Tages zwangen ihn die Verhältnisse doch, zu offenbaren, was er in Wahrheit war und was er an falschen oder ewigen Werten in sich trug.

Denn die Sprache der Ewigkeit versteht nur, wer mit dem Geist der Ewigkeit innerlich vertraut ist. Gottes Offenbarungssprache kann immer nur von denen verstanden werden, die Gott in sein Vertrauen hineinzuziehen und durch seinen Geist zu erleuchten vermochte. Wem der Herr nicht das Ohr öffnen konnte, der suchte vergeblich nach einer geübten Zunge, um die Müden zur rechten Zeit mit Worten erquicken zu können. *Prophetenvollmachten waren zu allen Zeiten das Geheimnis göttlicher Geisteswirkungen.*

Nebukadnezar blieb aber auch diesmal nicht ohne jenes Licht, mit dem Gott ihm zu seinem Heil dienen wollte. Gott richtet nicht, um gerichtet zu haben. Er möchte durch die Warnung vor dem Gericht den Menschen bewegen, daß er jene innere Haltung und jenes Leben ändere, die das Gericht zu einer innerlichen Notwendigkeit machen. *„Und zuletzt kam auch Daniel, dessen Name Beltsazar heißt, nach dem Namen meines Gottes, und in welchem der Geist der heiligen Götter ist; vor dem erzählte ich meinen Traum."*

Die Welt wird fertig, wo es sich um ihr Sündenleben, ihre Torheiten, ihr eigenes Geistesleben und ihre Kulturschöpfungen handelt, auch ohne den Propheten Gottes. Die lange und große Regierungszeit, die so voll war von imposanten Geistesschöpfungen zur

Hebung des Glanzes und des Ruhmes der damaligen Weltstadt Babel, weiß nichts von Daniel und seinen Freunden zu berichten. Das Reich Gottes war zu allen Zeiten besonders dann in unscheinbare Knechtsgestalt gehüllt, wenn die Staaten der Welt sich in den Höchstleistungen ihrer Macht und ihres Glanzes bewegten.

Die Welt kann aber den Dienst der Träger des Lichts nie dauernd entbehren. Sobald es sich um ihre Not, ihre Gesundung und Rettung handelt, wird sie diese suchen und finden. Was bedeutete es für Nebukadnezar und seine Tage, daß ein Daniel als Gottesprophet die ganze Gerichtsverkündigung des Traumes so klar verstand und daher dem König *nicht allein das drohende Gericht, sondern auch die Grenze des Gerichts* als ein Evangelium im voraus nennen konnte: *„Bis daß du erkannt hast!"* Wenn Daniel dies nicht erfaßt hätte, wie nahe hätte es gelegen, daß ein Nebukadnezar in seiner Krankheit, die offenbar mit einem Wahnsinnszustand zusammenhing, völlig verzweifelt wäre! Nun wußte er aber, wenn sich lichte Augenblicke in seinem Zustande einstellten: *„Bis daß du erkannt hast!"* Welch ein Evangelium der Hilfe und Rettung leuchtete nicht durch dieses kurze Wort in die dunkelste Nacht seines Lebens hinein!

Gewiß, als der König *„sorglos in seinem Hause"* lebte, da brauchte er Daniel nicht. Als es sich aber um das Letzte und Höchste seines Lebens handelte, da mußte der Prophet ihm mit jenem Evangelium Gottes dienen, in dem seine einzige Rettung lag. Das war aber in der Menschheitsgeschichte bisher nie anders. *Sobald es sich in der Not der Welt um die letzten und tiefsten Fragen handelte: um die Warnung vor dem Gericht und um die Rettung aus dem Gericht, da kam die Menschheit nie ohne die Träger des Lichtes aus, d. h. ohne jene Dolmetscher der Sprache Gottes, die auch mitten in der Finsternis das Licht, mitten im Untergang die Rettung, mitten im Gericht die Barmherzigkeit Gottes sahen.* Propheten wissen, daß Gott nie an ein Gericht gebunden ist, sobald der Mensch in seiner Blindheit einsieht, was zum Gericht führte, und bereit ist, sich davon lösen zu lassen. Gott in seiner Majestät ist auch Herr der Gerichte. Er verwandelt sie in Leben und Erlösung, sobald der Mensch aufhört, Widerspruch zu sein, und anfängt, Bekenntnis zu werden.

Hier ruht die große Weltmission auch für die Kirche Christi der Gegenwart. Sie drängt sich zwar der Welt nicht auf, wenn diese in ihrer Kraft sie entbehren kann. Sie kommt aber, sobald sie von der Welt in ihrer Not gerufen wird. Alsdann dient sie ihr mit dem Höchsten, was sie in sich trägt, und zwar ohne Bitterkeit im Blick auf die Leiden, die sie von ihr zu erdulden hatte.

c) Nebukadnezars neue Gerichtsvision[1]

Erst nachdem Nebukadnezar von Gottes wunderbarem Eingreifen und seinem sorglosen Leben, das er geführt hatte, ein so offenes Bekenntnis abgelegt hatte, erzählte er in seinem Manifest nun auch den Traum, der ihm geworden war. Wie in einer Vision sah er einen mächtig hohen Baum auf weiter Erde stehen, der an seinen starken Zweigen unzählige Früchte trug und mit seiner Krone tief in die Wolken des Himmels ragte. In seinen Ästen nisteten die Vögel des Himmels, und die Tiere des Feldes fanden Schutz und Schatten unter seinen weitgestreckten Zweigen und nährten sich von seinen Früchten. Und trotz dieser seiner Größe und Stärke glaubte der König, den Baum dennoch weiter wachsen und erstarken zu sehen.

Nun geschah jedoch etwas Unerwartetes. Es fuhr plötzlich ein heiliger Wächter, ein unbekannter Bote aus der Welt des Himmels herab und gebot mit gewaltiger Stimme: *„Hauet den Baum um und schneidet seine Zweige weg; streift sein Laub ab und streuet seine Frucht umher! Es flüchte das Getier unter ihm weg und die Vögel aus seinen Zweigen! Jedoch seinen Wurzelstock lasset in der Erde, und zwar in einer Fessel aus Eisen und Erz im Grün des Feldes, und vom Tau des Himmels soll er benetzt werden, und mit den Tieren soll er seinen Anteil haben am Kraut der Erde. Sein Herz soll man anders machen als das eines Menschen, und das Herz eines Tieres soll ihm gegeben werden, und sieben Zeiten sollen über ihn dahingehen. Auf dem Beschluß der Wächter ruht der Befehl, und Anordnung der Heiligen ist die Sache, damit die Lebenden wissen, daß der Höchste Herr ist über das menschliche Königtum, und wem er will, gibt er es, und selbst den Niedrigsten unter den Menschen kann er darüber setzen."*

[1] Kap. 4, 10—14.

Es ist verständlich, daß Nebukadnezar auch ohne Dolmetscher aus dem Inhalt des Traumes erkennen mußte, daß es sich um eine sehr ernste Kundgebung Gottes für ihn handelte. *„Ein heiliger Wächter“, „vom Himmel herabfahrend“, „hauet den Baum um“* — das waren alles inhaltsschwere, wuchtige Erscheinungen im Gesamtbilde, die nichts Gutes ahnen ließen. Es bleibt zwar unverständlich, warum nicht Nebukadnezar gleich den Daniel rufen ließ, um von ihm die richtige Deutung zu empfangen. Wenn auch die große und glanzvolle Regierungszeit mit ihren unzähligen Eindrücken so manches aus dem Gedächtnis Nebukadnezars ausgelöscht hatte, so ist doch nicht anzunehmen, daß er vergessen hatte, wie ihm der erste Traum von Daniel gedeutet worden war.

Wahrscheinlich hat P. G. Stockmann in seiner Annahme recht, wenn er zu dieser Stelle bemerkt: „Selbstverständlich wäre es nun das Verständigste gewesen, Nebukadnezar hätte sogleich seinen bewährten Diener Daniel zu sich kommen lassen und ihn zur Deutung seines Traumes aufgefordert. Wußte er doch aus eigener Erfahrung, daß dieser der einzige Zuverlässige und Glaubwürdige unter allen Traumdeutern des Magierordens sei und ihm in keinem Fall die Wahrheit verschweigen werde. Allein wir scheuen uns leicht davor, die unverhüllte Wahrheit zu erfahren, wenn eine innere Stimme uns ahnen läßt, daß sie sehr betrübend für uns ist. Wir möchten uns dann die Hoffnung auf eine günstige Gestaltung unserer Lage nicht durch eine unabänderlich harte Gewißheit nehmen lassen und ziehen am Ende vielleicht eine angenehme Täuschung der bitteren Erkenntnis der uns bevorstehenden Trübsal vor. Das war denn wohl auch der geheime Grund, weshalb Nebukadnezar zunächst seine heidnischen Traumdeuter zu sich kommen ließ[1].“

So sah sich der König genötigt, sich auch diesmal an Daniel zu wenden. Was wird der Prophet als Gottes Bote dem König zu künden haben? Wird er Gottes Gerichtsoffenbarung in ihrem ganzen Ernst, aber auch mit ihrem Evangelium uneingeschränkt dem König zu deuten wagen? Oder wird der Prophet schweigen und der Staatsmann reden, der sich in erster Linie seinem irdischen König verpflichtet weiß?

---

[1] Stockmann, a. a. O. S. 70.

II. Nebukadnezars erschütternde Gerichtserlebnisse

> „Das ist die Deutung, o König, und Beschluß des Höchsten ist es, der über meinen Herrn, den König, ergangen ist: Man wird dich von den Menschen wegtreiben, und bei dem Getier des Feldes wird dein Aufenthalt sein, und Gras wie Rindern wird man dir zu kosten geben, und vom Tau des Himmels wird man dich benetzen lassen, und sieben Zeiten werden über dich dahingehen, bis daß du erkennst, daß der Höchste über das Königtum der Menschen Herr ist und es, wem er will, gibt. Und daß man befahl, den Stock der Wurzeln des Baumes zu lassen: dein Königtum wird dir dauernd (wieder) erstehen von dem Augenblick an, wo du erkennst, daß der Himmel mächtig ist. Darum, o König, möge mein Rat bei dir Gefallen finden: löse nämlich deine Sünden durch Almosen und deine Frevel durch Erbarmen gegen Elende, ob etwa dann deinem sorglosen Dasein Dauer beschieden werde!" Dan. 4, 21—24

a) Daniels schwerer Prophetendienst

Gottes Botschaft gestattet dem Propheten keine Rücksichtnahme auf Personen, denen er zu dienen hat. Das ganze Schwergewicht seiner Verantwortung liegt auf der Seite zu Gott hin, der ihn in sein Vertrauen hineingezogen und gesandt hat.

Das machte den Propheten je und je sehr einsam unter seinem Volk. Seine Botschaft kann keine Rücksicht auf Stellung, Tradition und Gewohnheit des Volkes nehmen. So schwer es ihm auch gelegentlich werden mag, *der Prophet ist aber nur insoweit Prophet und Gottes Dolmetscher, als er Gottes Wort ohne Einschränkung und Abschwächung abzugeben vermag.* Je mehr dieses aber von der herrschenden Politik, der gepflegten Weltanschauung, der gepriesenen Kultur und der staatlichen Religion des Volkes abweicht, desto bestimmter muß er mit seiner eventuellen Vereinsamung und dem Widerspruch seiner Zeit rechnen.

In dieser Situation befand sich auch Daniel. Nebukadnezar hatte ihm offen den Traum in seiner ganzen Schwere erzählt. Nun wartete er auf die Deutung. Daniel war jedoch einen Augenblick ganz bestürzt, da ihn der Inhalt des Traumes so tief bewegte. Der König aber ermutigte ihn und sprach: *„Beltsazar, der Traum und seine Bedeutung darf dich nicht erschrecken."* Daraufhin erklärte Daniel dem König den Traum.

Nebukadnezars Worte zeugen bereits von jener innerlichen Stellung des Königs, der es um die volle Wahrheit geht. Wie wünschte man, daß es auch die Stellung der europäischen Regierungen werden und sein möchte! Denn Gott hat auch ihnen zu ihrem Heil und zum Heil ihrer Völker etwas an Gericht und an Gnade zu künden. Ob Monarchien, Demokratien oder Republiken, sie stehen alle unter dem Urteil Gottes über Nebukadnezar, wenn sie nicht in Demut viel tiefer und bewußter ihre Abhängigkeit von Gott und ihren verantwortungsvollen Dienst zum Wohl des Volkes erkennen.

Den Propheten Daniel hatte tiefes Mitleid mit dem König gepackt. Er antwortete: *„Mein Herr, der Traum gelte deinen Hassern und seine Auslegung deinen Feinden." Ein wahrer Prophet Gottes ist immer auch Priester seiner Nächsten.* Nur in priesterlichem Geiste wird er fähig sein, dem Volke den wahren Sinn der göttlichen Gerichtsoffenbarungen zu dolmetschen. *Die Prophetensprache muß beherrscht sein von einer Priesterseele. „Jerusalem, Jerusalem, wie oft habe ich deine Kinder versammeln wollen, wie eine Henne ihre Küchlein versammelt unter ihre Flügel!"* sprach einst Jesus, der mehr war als Priester und Prophet. Und jener alttestamentliche Gottesknecht, der da wünschte, daß seine Augen Tränenquellen wären, um den ganzen Jammer seines Volkes beweinen zu können, hatte seinem Volk Gerichte zu dolmetschen wie kaum ein Prophet vor ihm. Wer nicht auch aus dem Gericht jene Gnade herauszuhören vermag, die durch Gericht noch retten möchte, was ohne Gericht nicht zu retten war, kann zwar Ankläger seiner Brüder, nicht aber Dolmetscher der Botschaft Gottes sein.

Solch eine Stellung hat nichts mit Weichlichkeit der Propheten oder mit Verfälschung der empfangenen Offenbarung zu tun. Sobald Gottes Aufträge es erfordern, können seine Knechte auch Sturm- und Gerichtsboten für die Welt sein. Auch Daniel mußte Nebukadnezar sagen: *„Der Baum, den du gesehen hast, bist du, o König!"* Wenn deine Macht auch bis an die Enden der Erde reicht, nach dem *„Beschluß des Höchsten"* wirst du *„aus der menschlichen Gesellschaft ausgestoßen werden"*, und du wirst bei den Tieren des Feldes hausen. Es wird dir Grünfutter wie den Rindern zur Nahrung gegeben werden, und du wirst dich von dem Tau des Himmels benetzen lassen. So lautete der Inhalt der schweren Gerichtsbotschaft.

Dies Gericht wird aber seine Grenze haben. *„Bis daß sieben Zeiten über dich ergangen sind und du erkennst, daß der Höchste Gewalt hat über das Königtum der Menschen und es gibt, wem er will."* Nicht wird das Gericht zusammenbrechen, weil es etwa seine Kraft in sieben Zeiten ausgegeben hätte. *Gerichte im Leben der einzelnen und in der Geschichte sind nicht eine Zeitfrage, sie waren immer eine Zustandsfrage.* Sie können auch sieben mal siebzig Zeiten währen, wenn nicht jene Gesinnungen und Zustände sich ändern, durch die Gerichte heraufbeschworen wurden. Gott sah aber, daß sieben Zeiten Gerichte genügen würden, auch Nebukadnezars Stolz zu brechen und ihn zu einer wahren Erkenntnis des Lebens zu führen.

„Sieben Zeiten" — ein Beweis, wie stark der Mensch in seiner falschen Einstellung und Gesinnung auch mitten im Gericht bleiben kann. Daher gibt es keine Rettung aus dem Gericht, *„bis daß du erkennst". Erst nach der Änderung der inneren Geisteshaltung kann auch eine Änderung der Gerichte eintreten.* Gott kann ein Leben des einzelnen und der Völker nicht aus dem Gericht erretten, solange es dem Gericht wesensverwandt ist. Wessen Leben und Handeln Brennstoff für Gerichte und Katastrophen sind, den kann keine Welt vor ihnen schützen. Es gehört zur einzigartigen Größe der menschlichen Persönlichkeit, daß sowohl die einzelnen als auch die Völker mit ihrem Wollen und ihren Entscheidungen die Schöpfer ihres Geschicks sind. An sich gibt es kein unerbittliches, unentrinnbares Schicksal. Dieses ist abhängig vom Willen und dem Leben des Menschen. Gottes Vorsehung hat eine ungeheure Freiheit in die Hand des Menschen gelegt. Daher hängen von der sittlichen Geistesrichtung und dem sittlichen Leben des Menschen das Schicksal des Menschen und der Völker und deren Kultur und Zukunft ab.

Diese sittliche Gesinnung ist aber immer allein die Frucht tiefer Selbsterkenntnis und wahrer Gotteserkenntnis. „Bis daß du erkennst, daß der Höchste Gewalt über das Königtum des Menschen hat und es gibt, wem er will." Nebukadnezar lebte offenbar in dem Wahn, daß das von ihm beherrschte Weltreich und der glanzvolle

Aufbau Babels seine eigenen Schöpfungen seien. Und vom Standpunkt der Geschichte und des Menschen aus waren sie auch die Frucht seiner Macht und seines Geistes. Sie waren es aber nicht vom Standpunkt der göttlichen Weltregierung aus. Nebukadnezar hatte zwar Völker niederwerfen und Staaten zu einer Weltmonarchie verschmelzen können, aber nur, weil Gott sie ihm übergeben hatte. Diese Macht war ihm jedoch nicht geworden, um in allem seine eigene Größe und das Werk seiner Hände und seines Geistes zu sehen. Es sollte ihn Gottes Walten in der Geschichte und im Leben der Völker erkennen lassen. Sobald ihm diese Gotteserkenntnis mit der entsprechenden Beugung und Lebensänderung werden kann, wird das Gericht seine Grenze finden.

Wir gewinnen mithin aus dem Ganzen einen tiefen Einblick in den Charakter aller geschichtlichen Gottesgerichte. *Sie sind in ihrem Wesen in erster Linie eine Heimsuchung, nicht aber eine Vergeltung Gottes.* Auch in den großen Gerichtsakten der Geschichte handelt es sich letzthin um die letzten Möglichkeiten Gottes, den Menschen und die Völker zur Selbstbesinnung und zum Leben zu führen. War es Gott nicht möglich, durch die Zeiten des Wohlergehens einen Nebukadnezar zur Buße zu führen, so wählte er den Weg des Gerichts. Gott ging diesen Weg schwerer Heimsuchung, um auf diesem Umweg bei Nebukadnezar das zu erreichen, was er auf dem direkten Wege der Offenbarung so gern erreicht hätte, aber nicht erreichen konnte.

Möchte es doch auch die Kirche Christi in ihrem Prophetendienst in der Gegenwart tiefer erfassen, *daß die Grundlage der Gerichte Gottes im Leben des Menschen und der Völker Gnade ist!* Damit soll jedoch nicht gesagt werden, daß diese Gnade immer ausreichend sein wird, den Menschen von seinem Widerspruch gegen Gott zu retten. Das tritt sehr klar im Lebensbilde Beltsazars im nächsten Kapitel zutage. Er ging im Gericht unter, während Nebukadnezar durch Gericht zum Leben geführt wurde. Judas erhängte sich, während Petrus hinging und bitterlich weinte. An sich war der Fall beider Jünger tief genug, um darin zugrunde zu gehen. Jesus war aber in seiner Vergebung groß genug, um beide aus ihrem Fall zu retten. Aber Petrus „erkannte“, während Judas ohne Erkenntnis blieb und daher den Jammer seines Lebens auch im Letzten selbst zu meistern suchte, indem er hinging und sich erhängte.

Hat man erst diese Wahrheiten erkannt, *dann lernt man auch die Fußspuren Gottes in der Geschichte verstehen.* Wie oft geschah es, daß Gott wie in den Tagen Noahs ein ganzes Zeitalter im Gericht untergehen ließ, um eine weit größere Zukunft retten zu können! Wie oft gab Gott in der Geschichte einzelne preis, um das ganze Volk von dem Gericht retten zu können, in das es durch die einzelnen geführt worden war! Wie oft ließ der Herr Bestehendes im Kulturleben der Völker rettungslos zusammenbrechen, um die Zukunft der Völker überhaupt retten zu können! Er entschloß sich, immer wieder den Weg solcher Gerichtsheimsuchungen zu gehen, um dem Menschen die letzte Möglichkeit zu geben, sich für das Leben oder den Tod zu entscheiden.

Nachdem Daniel dem König eine so klare, unzweideutige Erklärung der Gerichtssprache im Traum gegeben hatte, schloß er seinen prophetischen Dienst mit dem priesterlichen Rat: *„Darum, o König, laß dir meinen Rat gefallen und brich mit deinen Sünden durch Gerechtigkeit und mit deinen Missetaten durch Erbarmen gegen die Armen, wenn dein Glück dauerhaft sein soll!“* Mit diesen Worten sah sich auch Nebukadnezar vor seine letzte Entscheidung gestellt. Vor ihm lag der Weg zu seinem Untergang, aber auch der Weg zu seinem dauerhaften Wohlergehen. Die Wahl mußte er in seiner Seele treffen. Aus seiner Seele waren alle Sünden und Ungerechtigkeiten während seiner langen und glanzvollen Regierungszeit herausgeboren worden. In ihr mußte daher auch die Entscheidung für seine Zukunft fallen.

b) Nebukadnezars plötzliche Erkrankung[1]

Daniel hatte als Prophet und Seelsorger vor Nebukadnezar gestanden und seinem König den Gerichtstraum gedeutet. Nun fragte es sich, ob die göttliche Offenbarung oder der eigene Wille im Leben des mächtigen Weltherrschers siegen würde. Nach dem biblischen Bericht siegte zunächst der eigene Wille.

„Dies alles ist über den König Nebukadnezar gekommen.“ Alles

[1] Kap. 4, 25—34.

kam, aber nicht gleich. Erst nach zwölf Monaten, *„als der König auf der königlichen Burg zu Babel ging, hob er an und sprach: Dies ist die große Babel, die ich mir erbaut habe zur königlichen Residenz, kraft meines Reichtums und zu Ehren meiner Majestät!"* Nebukadnezar stand nicht mehr vor der göttlichen Offenbarung und deren Botschaft, sondern wieder vor sich selbst und den Schöpfungen seines Geistes und seiner Macht. Er betete nicht Gott in seinem wunderbaren Walten in der Geschichte an, er berauschte sich an dem Reichtum und an dem Glanz, mit denen er sein Leben schmückte. *Nebukadnezar war wieder fertig mit Gott, er weidete sich an der Majestät der eigenen Person.* Er hatte genug an sich selbst.

Es ist wunderbar, wie genau die Schrift hier über das göttliche Geschehen in der Geschichte berichtet. Man hätte annehmen müssen, nachdem Daniel dem König das Gericht angekündigt und den priesterlichen Rat, sein Leben zu ändern, gegeben hatte, daß unmittelbar darauf auch das Gericht hätte eintreten müssen. Es verging aber Augenblick um Augenblick, und es kam nicht. In höchster Seelenspannung wartete offenbar auch Nebukadnezar auf das furchtbare Ereignis. Es verging Woche um Woche, zuletzt Monat um Monat, und Nebukadnezar war gesund wie zuvor. Das politische Leben floß in Ruhe und Frieden dahin wie bisher. Die Bewunderung der Macht und des Glanzes Nebukadnezars erfüllte die Völker seines Weltreiches. — Da ließen die Spannung und die Furcht bei Nebukadnezar allmählich nach, die Gottes Offenbarung in seiner Seele anfänglich geweckt hatten.

Es ist eine Wahrnehmung, die zu allen Zeiten Propheten und Seelsorger machten, *daß die Menschen um so sorgloser wurden, je länger Gerichte und Gerichtskatastrophen auf sich warten ließen.* Von welch einer Sicherheit waren die Staaten Europas unmittelbar vor dem ersten Weltkriege beherrscht! Der Mensch deutete das Zögern der Gerichte noch immer als Ohnmacht, während es bei Gott nur Geduld und Langmut war. Gott kann warten, und zwar bis die letzte Hoffnung auf eine Umgehung des Gerichts geschwunden ist. Solange noch eine Hoffnung auf eine Gesinnungsänderung Pharaos bestand, redete Gott durch Mose zu Pharao und dem israelitischen Volk. Als aber Pharaos Herz endgültig verstockt war, d. h. der

Sprache Gottes gegenüber sich völlig verschlossen hatte, da redete der Herr durch seinen Propheten nur noch zu Israel. Der Herr hat Zeit. Der Mensch entrinnt ihm und seinen Gerichten nicht. Er kann in seiner Liebe und Geduld auch zwölf Monate noch warten und dem Menschen Gelegenheit geben, alles zu offenbaren, was er in sich trägt.

Allmählich hatte Nebukadnezar offenbar die Freude an seinem Leben voller Genuß und Pracht wiedergewonnen. Er erging sich auf seinem königlichen Palast, und sein Auge erblickte, was seine Hand geschaffen hatte. Da sprach er: *„Ist das nicht die große Babel, die ich mir erbaut habe zur königlichen Residenz, kraft meines Reichtums und zu Ehren meiner Majestät?" Nebukadnezar genoß bewußt sein grandioses Lebenswerk, er genoß es mit Stolz und Selbstbewunderung.*

In der Tat, er hatte Gewaltiges geleistet. Dies wird uneingeschränkt von der Geschichte bestätigt. Nachdem er durch seine kühnen Kriegsoperationen die Weltherrschaft begründet und nach allen Seiten befestigt hatte, widmete er sich ganz dem inneren Aufbau und der Ausschmückung seiner königlichen Residenz Babel. Sie zeigte überall noch die wüsten Spuren, die der aus der Geschichte Hiskias bekannte König Sanherib von Assyrien[1] durch seine Eroberung im Jahre 689 v. Chr. in Babel zurückgelassen hatte. Dieser hatte daselbst „in blinder Wut eine furchtbare Verwüstung angerichtet". Die siegreichen Heere Sanheribs hatten im Siegesrausch die Straßen Babels durchzogen und sie mit den Leichen der Bürger gefüllt. Schlösser und Tempel wurden von ihnen erstürmt, deren Schatzhäuser beraubt und deren Götzen zerstört. Unnennbares Leid hatte sich über Babel in jenen Zeiten seiner Niederlage ergossen. Sanherib berichtet selbst über dieses sein Zerstörungswerk mit den Worten: „Stadt und Häuser zerstörte, verwüstete ich vom Fundament bis zur Bedachung, verbrannte sie mit Feuer; Mauer und Wall und Tempel, die Türme samt und sonders riß ich ein und warf sie in den Kanal Arachtu. Durch die Stadt hin grub ich Gräben und vertilgte ihre Stätte durch Wasser. Den Bau ihres Fundaments vernichtete ich, größer denn die Sintflut machte ich ihre Zerstörung." Spä-

[1] 2. Kön. 18, 31; Jes. 36, 1.

ter hatte freilich sein Sohn und Nachfolger (680—669) Asarhaddon[1], der bei aller hervorragenden Kriegstüchtigkeit ein mildherziger Mann war, sogleich nach seinem Regierungsantritt den Wiederaufbau Babels, der „ewigen Stadt[2]", befohlen und sie aus ihren Trümmern neu erstehen lassen, um das von seinem Vater an der unglücklichen Stadt begangene Unrecht nach Möglichkeit wiedergutzumachen. Allein jene Wiederherstellung war doch naturgemäß auf das Notwendigste beschränkt geblieben.

Nun aber ging Nebukadnezar an das Werk, Babel zur glänzendsten Stadt in der ganzen Welt zu machen. Er umgab sie, deren gewaltiger Umfang 480 Stadien betrug[3], mit einem breiten Festungsgraben und doppelten, teilweise 200 Ellen hohen und 50 Ellen breiten Schutzmauern, die, zahllose Türme tragend und an jeder Seite mit 25 Toren versehen, das Staunen der Welt erregten, und durch die Babel eine schier uneinnehmbare Festung jener Zeit wurde. Die größte Mühe und die reichsten Mittel aber verwandte er auf die großartige Erneuerung und prächtige Ausschmückung der zum Teil verfallenen Tempel[4].

Am imposantesten war unter diesen der Riesentempel des Bel, den Nebukadnezar auf dem Westufer des Euphrat in der alten Stadt hatte erbauen und mit den Trophäen und Beutestücken seiner Siegeszüge schmücken lassen. Er besaß acht Stockwerke, von denen sich sieben auf sieben Planeten bezogen und das achte als der Wohnsitz Gottes galt. Dieser Prachtbau erhob sich mit seinen Stockwerken zu einer schwindelnden Höhe. Auf dem Ostufer des Euphrat war von Nebukadnezar eine ganz neue Stadt angelegt worden. Alt- und Neustadt waren durch eine Brücke verbunden, die durch steinerne Pfeiler getragen wurde. Innerhalb der Neustadt lagen der Palast des Vaters Nebukadnezars und die eigene mächtige und glänzende Königsburg mit den vielgenannten „hängenden Gärten", die zu den sieben großen Weltwundern gezählt wurden. Sie waren ein gewaltiger Terrassenbau und mit seltenen und prächtigen Bäu-

---

[1] 2. Kön. 19. 37; Esra 4, 2.
[2] So wird Babel auf dem sog. schwarzen Stein Asarhaddons bezeichnet.
[3] Ein Stadion = 192,27 Meter.
[4] G. Stockmann, a. a. O. S. 69.

men, Sträuchern und Blumen bepflanzt. Ein großartig angelegtes Wasserwerk speiste die spielenden Springbrunnen und tränkte und erfrischte die Pflanzen in den Zeiten der Dürre. Diese wunderbare Schöpfung hatte Nebukadnezar seiner Gemahlin, einer medischen Prinzessin, zuliebe aufführen lassen. Sie sollte in dem ganzen wunderbaren Werk einen kleinen Ersatz finden für die Berge, Täler und Parkanlagen ihrer gebirgigen Heimat[1].

Als im Glanz der morgenländischen Sonne Nebukadnezar diese glanzvolle und mächtige Schöpfung seines Geistes vor sich liegen sah, da wurde jener Psalm in seiner berauschten Seele geboren: *„Ist das nicht die große Babel, die ich mir zur königlichen Residenz erbaut habe kraft meines Reichtums und zu Ehren meiner Majestät?" Er floß nicht aus der Inspiration einer göttlichen Offenbarung, er war Inhalt der Begeisterung über das Können und die Herrlichkeit der eigenen Kraft.* Seitdem ist er der große Psalm der Weltgeschichte geworden, der je und je auch von unseren westeuropäischen Staaten gesungen wurde. Wer sich der Jahre vor dem Ausbruch des ersten Weltkrieges erinnert, der wird heute noch den Ton dieses Psalms vernehmen, der damals in seltener Selbstberauschung gesungen wurde. Ihn sangen die Lenker der Geschichte, die Träger der Macht, die Männer der Wissenschaft, die Schöpfer der Kunst, die Propheten des Fortschritts, die Apostel der Neuzeit: Ist das nicht das Vaterland, die Kultur, die Zivilisation, die Kunst, die Errungenschaft, die Technik, die Bildung, der Wohlstand, die wir uns geschaffen haben? *Geschaffen haben letzthin — auch ohne Gott, eingestellt auf unser eigenes Können, getragen von der Kraft unserer eigenen Inspirationen!* Wer auch nur gelegentlich jenen großen Festlichkeiten und Feiern des staatlichen und öffentlichen Lebens beigewohnt hat, wo der Mensch — ob auf dem Thron oder ohne Thron — von der Höhe seiner Macht und im Glanze seiner Schöpfung und in der Berauschung seiner Seele sprach, der hört heute noch den tiefen Unterton nachklingen: *„... die ich mir erbaut habe kraft meines Reichtums und zu Ehren meiner Majestät!"*

---

[1] Nach B. Keller: Der Prophet Daniel. Fr. Richters Verlagsbuchhandlung, Dresden und Leipzig. Siehe auch A. Jeremias, Artikel Ninive und Babylon in Herzogs Realencyklopädie, 3. Aufl.

Da sprach aber Gott, und zwar durch den Weltkrieg und die nachfolgenden Katastrophen. Gott war es auch, der zu Nebukadnezar sprach. Denn *„als dieses Wort noch in seinem Munde war, fiel eine Stimme vom Himmel: Dir wird gesagt, König Nebukadnezar: Das Königreich ist von dir genommen! Und man wird dich von den Menschen verstoßen, und du sollst bei den Tieren des Feldes wohnen."* Das war der jähe Sturz von der Höhe der Selbstvergötterung in den Abgrund des Wahnsinns. So wenig wir den Krankheitszustand Nebukadnezars auch erklären können, es muß wohl angenommen werden, daß des Königs plötzliche Erkrankung mit einem Wahnsinn verbunden war. In diesem fühlte und betrug er sich wie ein Tier des Feldes. Und da nach damaligem Recht dem König nicht widersprochen werden durfte, so mußte man ihn gewähren lassen.

Nach J. L. Füller[1] wird in der medizinischen Wissenschaft solch ein Zustand mit dem Namen insania zoanthropica oder Lykanthropie bezeichnet. „Der von dieser Krankheit Befallene hält sich für ein Tier und führt ein tierisches Leben, ganz so wie es hier von Nebukadnezar erzählt wird. — Es versteht sich dabei von selbst, daß man während dieser Zeit den König zwar seine tierische Lebensweise mußte führen lassen, dabei ihn aber doch beaufsichtigte und ihm alles fernhielt, was seine Person vor dem Volke prostituiert hätte. Und daß man sich seine Verstoßung nicht so zu denken hat, als ob seine nächsten Angehörigen es gewesen wären, die ihn aus ihrer Mitte verstießen, sondern vielmehr, daß *seine Krankheit* es war, die ihn hinaustrieb, ergibt sich schon daraus, daß ihm die Herrschaft aufbewahrt wurde. Das wußten ja die Seinigen von Daniel, wie von dem Könige selbst, der aus seinem Traum kein Geheimnis gemacht hatte, daß seine Krankheit sich nur über sieben Zeiten erstrecken werde."

Daß dieser tierische Zustand vor der Bevölkerung verborgen gehalten wurde, geht ja auch aus dem ganzen Manifest hervor, das der König nach seiner Genesung an seine Völker erließ. Nur seine Erkrankung war bekannt, und daß ein provisorischer Reichsverweser die höchste Regierung übernommen hatte. Dies war wohl Daniel,

[1] Der Prophet Daniel. Bahnmaiers Verlag, Basel 1868.

da er der oberste Statthalter über die mächtigste Provinz des Weltreiches war. Welche Wendung durch Gottes Fügung in dem Leben des mächtigsten Weltherrschers und seiner Weltmonarchie!

c) Des Königs wunderbare Genesung und seine Anbetung Gottes[1]

Als die sieben Zeiten der geistigen Umnachtung zu Ende waren, traten wieder lichte Augenblicke in dem Befinden des Königs ein. Von diesen berichtet nun Nebukadnezar in seinem Manifest mit den Worten: *„Nach dieser Zeit hob ich meine Augen zum Himmel empor, und mein Verstand kehrte zu mir zurück."* O Nebukadnezar, hättest du das vor zwölf Monaten getan, als dir die göttliche Offenbarung mit ihrem Lichte diente, du hättest das Gericht einer Geistesumnachtung nicht durchkostet! Damals aber richtetest du deinen Blick von Gott, der zu dir sprach, zum Menschen: auf dich selbst, auf den Reichtum deiner Macht, auf den Glanz deines Werkes. Diese Sprache war dir angenehmer, sie berauschte dich, sie gab dir die Inspiration für deinen Psalm der Selbstvergötterung. *Das war jedoch der Weg zum Tier.* Nun erlebst du, daß der Mensch erst wieder wirklich zum Menschen wird, wenn er seine Augen zum Himmel emporhebt und im tiefen Bewußtsein seiner Abhängigkeit die Zuflucht zu Gott nimmt.

Als Nebukadnezar das tat, da fand er nicht nur die Genesung seines Geisteszustandes wieder, er fand auch die Genesung seiner Seele. Hinfort sang diese ein neues Lied: *„Da lobte ich den Höchsten und pries den, der ewig lebt, und verherrlichte ihn, dessen Herrschaft eine ewige Herrschaft ist und dessen Reich währt für und für; gegen welche alle, die auf Erden wohnen, wie nichts zu rechnen sind. Er macht es, wie er will, mit dem Heere des Himmels und mit denen, die auf Erden wohnen, und niemand ist, der seiner Hand wehren noch zu ihm sagen dürfte: Was machst du?"*

Das war ein anderer Ton, der von der Seele Nebukadnezars in die Welt gesungen wurde. Er war aus der Ewigkeit gewonnen worden, daher führte er zur Ewigkeit. *„Nun lobe und erhebe und verherrliche ich, Nebukadnezar, den König des Himmels; denn all sein*

[1] Kap. 4, 33 f.

Tun ist richtig, und seine Wege sind gerecht; wer aber stolz einhergeht, den kann er demütigen."

So lernte der gewaltige Weltherrscher Gott erst im Gericht sehen. Ihm wurde jetzt ein Glanz der Majestät, der Unwandelbarkeit und der Gerechtigkeit Gottes sichtbar, wie seine Seele ihn in jenen Tagen, wo die Barmherzigkeit ihn mit Segen, Macht und Ruhm überschüttete, nie vernommen hatte. *Gehört es doch mit zum Geheimnisvollsten der Menschheitsgeschichte, daß der Mensch erst durch den Fall zum Leben geführt werden kann.* So schwer der Weg des Gerichts zum Leben für Nebukadnezar auch war, seine Seele jubelt es wie ein Evangelium in die kommende Weltgeschichte hinaus: *„All sein Tun ist richtig, und seine Wege sind gerecht!"*

Wie wenig ist aber zunächst dieses neue Lied Nebukadnezars in Europa auch nach den entsetzlichen Weltkatastrophen gesungen worden! *Man singt weiter von seinem eigenen Tun.* War Europas Fall noch nicht tief genug? Oder hat der Prophet der Gegenwart, hat die Kirche Christi nicht die ganze Gottes- und Gerichtsoffenbarung ihrem Zeitalter gedolmetscht? Hat sie ihm verschwiegen: *„Bis daß du erkennest ..."?* Denn auch im Blick auf Europa gilt: *„Wer stolz einhergeht, den kann er demütigen."* Fahre fort, Europa, in deinem Fortschritt — ohne Gott! Baue auf deine Zukunft — ohne Gott! Schaffe dir eine Gemeinschaft der Völker — ohne Gott! Bewundere dein Wissen und deine Geschichte — ohne Gott! Erziehe deine Jugend und deine Geschlechter — ohne Gott! Singe deine Psalmen und Nationalhymnen — ohne Gott! *Es kommt der nächste Tag, der mit rotem Feuerschein über dein Leben schreibt: „Wer aber stolz einhergeht, den kann er demütigen."*

E. Der fernere Geschichtsverlauf und Nebukadnezars Nachfolger

I. Nebukadnezars Nachfolger

„Der König Belsazer veranstaltete ein großes Gastmahl für seine tausend Großen, und vor den Tausend trank er Wein."
Dan. 5, 1 ff.

a) Nebukadnezars Thronerbe[1]

Im vorigen Kapitel vernahmen wir das gewaltige Manifest Nebukadnezars. Er hatte es gleich nach seiner Genesung bei der Wiederübernahme der Regierung veröffentlicht. Es war ein gewaltiges Glaubensbekenntnis vor den Völkern und Landschaften seines Weltreiches und bezeugte, daß er wie ein Brand aus dem Feuer gerettet worden sei. Bis dahin hatte er in seiner königlichen Gewalt nur Befehle erlassen, und zwar auch in jenen Fällen, wo er mit dazu beizutragen suchte, daß die Erkenntnis des lebendigen Gottes die Völker seines Reiches beherrschen möchte. Nachdem er aber auf dem Wege des Gerichts zu einem neuen Leben gelangt war, befahl er nicht mehr, *wie man Gott zu dienen und zu fürchten habe,* sondern legte ein freimütiges Zeugnis davon ab, *wie man Gott erleben kann, und zwar zu seinem Heil und seiner Rettung.*

Im fünften Kapitel haben wir nun ein erschütterndes Gegenbild. Das Ganze ist beherrscht von dem lasterhaften Lebenswandel Belsazers und der gewaltigen Bußpredigt, die der Prophet Daniel dem König hält. Nebukadnezar war nach einer zweiundvierzigjährigen, glanzvollen Regierungszeit im Jahre 562 v. Chr. gestorben. Er wurde von der alten Welt nicht nur um des Ruhmes seiner Waffen willen als Held bewundert, man verehrte ihn auch als einen seltenen Wohltäter seines Volkes und seines Landes.

Er hatte seine Macht und seinen Reichtum nicht nur dazu ausgenutzt, seine Residenz Babel zur glänzendsten Weltstadt zu erheben. In rastloser Tätigkeit hatte er auch die Länder seines Reiches durch neue Städte und mächtige Bauten, Hafen- und Kanalanlagen ausgebaut und gehoben. Die berühmte fruchtbare Euphratebene, die

[1] Kap. 5, 1 ff.

als die Kornkammer von ganz Westasien bekannt war, ließ er mit einem neuen, großartig angelegten Bewässerungssystem versehen. Die beiden Ströme Euphrat und Tigris verband er durch den bekannten Königskanal, der eine unberechenbare Bedeutung fürs Land erhielt. Für die Zeiten der Dürre ließ er im Norden von Babel einen großen See anlegen, der etwa einen Umfang von zehn Meilen hatte. In diesem wurden die von dem armenischen Hochgebirge zur Zeit der Schneeschmelze herabströmenden Fluten aufgefangen. Durch die Wassermassen dieses angelegten Seebeckens speiste man die vielen Kanäle, die während der trockenen Jahreszeit das fruchtbare Acker- und Gemüseland berieselten. Zu gleicher Zeit wurde durch die ganze Anlage ein Heraustreten der Wassermassen aus den Ufern des Euphrat und Tigris verhindert, die zur Zeit der Hochflut durch ihre Überschwemmungen vielfach große Verheerungen im Lande anrichteten. Auf Grund dieser Unternehmungen entstanden in der ganzen Landschaft Babel überall großartig angelegte Palmenwälder, wohlgepflegte Obstgärten, reiche Kornfelder und weite, grüne Wiesen und Weideländer. Um vom Norden her das Land vor dem Einfall der Feinde zu schützen, errichtete er die berühmte „medische Mauer“, die vom Euphrat bis zum Tigris reichte und zwanzig Fuß breit und hundert Fuß hoch war. All diese seine Kulturschöpfungen hoben ungemein den Wohlstand des Volkes, die Fruchtbarkeit des Landes und förderten den Verkehr und Handel, dessen Mittelpunkt die Residenz Babel war.

In diesem hohen Kulturzustand hinterließ Nebukadnezar sein Land, als er starb, seinen Nachfolgern. „Eine außerbiblische Geschichtsquelle berichtet von ihnen folgendes: Dem Nebukadnezar folgte sein Sohn Evil-Merodach. Er regierte schlecht und wurde nach zwei Jahren von dem Gemahl seiner Schwester, Neriglissar, getötet. Dieser Neriglissar hatte nun den Thron vier Jahre lang inne. Dann regierte dessen Sohn Laborosoarchod, noch ein Knabe, neun Monate; dann, weil er viele Beweise eines schlechten Charakters gab, wurde er von seinen eigenen Angehörigen getötet. Die Mörder übertrugen durch gemeinsamen Beschluß die Herrschaft dem Naboned, einem Babylonier, der selbst mit zu den Verschworenen gehörte. Als er aber im siebzehnten Jahre seiner Regierung stand, da kam Cyrus aus Persien mit großer Macht und griff, nachdem er das übrige Asien unterjocht hatte, auch Babel an. Naboned zog ihm entgegen, unterlag jedoch in der Schlacht und floh mit geringer Begleitung. Er starb später in der Verbannung.

Das ist die trübe Geschichte der vier Chaldäerfürsten, die noch auf Nebukadnezar folgten. Der erste ist sein Sohn, der dritte sein Enkel. Der zweite und vierte stammen nicht von ihm ab. Aber keiner von ihnen heißt in der Geschichte Belsazer. Damit ist jedoch nicht gesagt, daß nicht einer von ihnen den beliebten Namen Belsazer (ein wenig anders geschrieben, aber seinem Sinne nach völlig gleichbedeutend mit dem Beinamen des Daniel) geführt haben könne. Jeder babylonische König konnte ihn seiner Bedeutung nach als Ehrennamen tragen. Und gern führten die alten morgenländischen Könige mehrere Namen. Von Sanherib z. B. hören wir, daß er deren nicht weniger als sieben geführt habe.

So müssen wir uns also nach weiterer Bestimmung umsehen, wenn wir mit Sicherheit erkennen wollen, welcher der vier genannten Chaldäerfürsten der hier angeführte ‚Belsazer' sein soll. Da ist zuerst zu beachten, daß Nebukadnezar viermal (V. 11, 13, 18) sein ‚Vater' genannt, und er einmal (V. 22) als ‚Sohn' des Nebukadnezar bezeichnet wird. Diese Redeweise paßt nur auf Evil-Merodach als wirklichen Sohn, und im weiteren Sinne vielleicht noch auf Laborosoarchod als Enkel. Die anderen beiden sind keine Nachkommen Nebukadnezars. Und V. 30 wird uns berichtet, daß ‚Belsazer' gewaltsam seines Lebens beraubt wurde. Dies ist wiederum nur bei den beiden genannten Fürsten der Fall gewesen. Welcher von diesen beiden aber steht uns nun hier vor Augen?

Keinesfalls Laborosoarchod; denn er war nur ein Knabe, während der in unserem Kapitel genannte König bereits Frauen und Nebenfrauen (V. 2) hat; und er regierte nur neun Monate, während nach 8, 1 (wo vom ‚dritten Jahre des Königreichs des Königs Belsazer' die Rede ist) der hier Genannte volle zwei Jahre regiert haben muß. So erkennen wir also mit zweifelloser Bestimmtheit, daß wir in unserem Kapitel Evil-Merodach, den schwachen und sittenlosen Sohn und Nachfolger Nebukadnezars, (dessen übrigens noch 2. Kön. 25, 27 und Jer. 52, 31 gedacht wird) vor uns haben.

Merkwürdigerweise wird aber dieser Evil-Merodach auch Baruch 1, 11 und 12 mit dem Namen ‚Belsazer' bezeichnet[1]."

b) Belsazers frivoles Sündenleben[2]

Als Belsazer den Thron seines großen Vaters bestieg, vollzog er zunächst eine königlich-großmütige Tat. Volle siebenunddreißig Jahre hatte der unglückliche König von Juda Jojachin im Gefängnis zu Babel als Gefangener in Ketten geschmachtet. Bei der Übernahme der königlichen Macht begnadigte er Jojachin[3], zog ihn an seinen Hof, machte ihn zu seinem täglichen Tischgenossen und setzte ihn über alle anderen babylonischen Vasallenfürsten.

Das ist jedoch die einzige lichte Kunde, die wir über das schwache und sittenlose Leben des neuen jungen Weltherrschers haben. Was uns hier im biblischen Bericht zunächst über die Sitte und die Zustände am königlichen Hof und über das mit Lastern verbundene Leben des Königs berichtet wird, deckt sich auch mit den Beschreibungen, die die Profangeschichte von Belsazer oder Evil-Merodach zu erzählen weiß. *„König Belsazer veranstaltete ein großes Gastmahl für seine tausend Großen, und vor den Tausend trank er Wein. Während er sich den Wein schmecken ließ, befahl Belsazer, die goldenen und silbernen Gefäße zu bringen, welche sein Vater Nebukadnezar aus dem Tempel zu Jerusalem hatte wegbringen lassen, auf daß der König samt seinen Großen, seinen Gemahlinnen und Nebenfrauen daraus trinken könnte."*

Es gehörte zu den Vorstellungen und Sitten jener Zeit, daß der König durch Entfaltung von äußerem Glanz und Pomp und durch die Veranstaltung von öffentlichen Festgelagen und Festfeiern seine königliche Macht und die Herrlichkeit und Stärke seines Landes vor aller Welt zur Schau trug. Je größer die Zahl der Gäste war, je prunkhafter und freigebiger die königlichen Tafeln mit kostbaren Speisen, Weinen und Obstsorten besetzt waren, je länger solche Hoffeste mit ihren Vergnügungen und Schwelgereien dauerten, desto mehr wuchs in den Augen des Volkes die Ehre und der Glanz des Königs.

---

1 B. Keller, a. a. O. S. 94—96.

2 Kap. 5, 1—4.

3 2. Kön. 25, 27 ff.; Jer. 52, 31 ff.

„So ließ z. B. nach einer Mitteilung des griechischen Arztes und Geschichtsschreibers Ktesias der Perserkönig täglich 15 000 Menschen von seiner Tafel speisen[1], und Alexander der Große lud einmal 10 000 Gäste zu einem Hochzeitsmahl. Daß aber bei solchem Gelage gepraßt und geschlemmt wurde, und daß der Wein in Strömen floß, war, zumal in dem üppigen Babel[2], selbstverständlich. In Babel pflegten, wie die Geschichtsschreiber Xenophon und Curtius Rufus berichten, auch die Frauen an solchen Gastmählern teilzunehmen. Der König saß dabei auf einem erhöhten Platz vor der Festgesellschaft, so daß alle seine Gäste ihn sehen konnten[3]."

Solch eine öffentliche Hoffeier veranstaltete auch Belsazer im dritten Jahre seiner Regierung und lud zu dem königlichen Festmahl tausend Große und Gewaltige seines Reiches. Er wollte sich in seiner königlichen Majestät, Größe und Macht vor den Geladenen sehen lassen und ging mit seinen Weibern und Nebenfrauen in der Völlerei allen anderen voran. Die Geladenen folgten dem Beispiel des Königs, und da alles auf Kosten des Herrschers ging, kannten sie im Genuß, im Schwelgen, in der Sinnenlust und in der Preisgabe ihrer Persönlichkeit vielfach keine Grenzen.

Dieses ganze Hof- und Lasterleben war aber nur die Außenseite jener Innenwelt, in der ein Belsazer als Sohn jenes großen Vaters lebte, der so unendlich viel mit Gott erlebt hatte. *Lebendige Gotteserkenntnis und wahre Ehrfurcht vor Gott lassen sich nicht vererben.* Den Glanz und den Reichtum, die Ehre und die Weltherrschaft hatte Belsazer zwar aus der Hand seines sterbenden Vaters zu übernehmen vermocht, nicht aber jene höchsten und unvergänglichen Werte, die Nebukadnezar in seinen schweren Gerichtstagen in Gott gefunden hatte. *Göttliches kann zwar erlebt, nicht aber als Erbe übernommen werden.* Es war in jedem Menschen von Fall zu Fall eine schöpferische Gottestat, nicht aber ein übernommenes Erbgut der Vergangenheit.

Während Belsazer durch das ganze Festgelage eigentlich nur nach außen zur Schau trug, was er und mit ihm seine ganze Um-

---

[1] Vgl. auch Esther 1, 3 f.
[2] Siehe Jer. 51, 39.
[3] G. Stockmann, a. a. O. S. 80.

gebung im innersten Wesen und Charakter waren, berauschte er sich mit den Tausenden an dem Wein, den er trank. In seinem Frevel ging er aber noch einen Schritt weiter. *„Da brachte man die goldenen Gefäße herbei, welche man aus dem Tempel, aus dem Hause Gottes zu Jerusalem weggeführt hatte, und aus ihnen tranken der König und seine Großen, seine Gemahlinnen und Nebenfrauen. Sie tranken Wein und priesen die Götter aus Gold und Silber, Erz, Eisen, Holz und Stein."*

Sobald die Welt erst trunken ist von ihrer Macht und Größe, wenn sie sich erst sehen läßt in ihrem Pomp und Reichtum, wenn sie sich erst rühmt ihrer Sünden und Laster, dann verlor sie noch immer die Grenze zwischen dem Profanen und dem Heiligen. Bis dahin hatten die goldenen und silbernen Geräte aus dem Tempelschatz zu Jerusalem nur im Schatzhause zu Babel gestanden. Jetzt wurden sie jedoch hervorgeholt, man füllte sie mit Wein, und der König, die Großen und die Frauen und Nebenfrauen tranken daraus. Gefäße, die einst dem Glauben Israels im Heiligtum Gottes zu Jerusalem gedient hatten, wurden nun in das Laster- und Sündenleben der Welt hineingezogen und öffentlich entweiht.

In solch einer Stimmung gewinnt auch die Welt die Inspiration für einen neuen Psalm. Er entspricht ihrem Geist und ihrem Leben. Indem man aus den geweihten Gefäßen Wein trank, lobte man die Götter von Gold, Silber, Erz, Eisen, Holz und Stein, und zwar zum Zeichen des Triumphes der Götter Babels über den Gott der Söhne Judas und Israels. Zu solch einer Verhöhnung des Göttlichen hatte Nebukadnezar sich nie hinreißen lassen. Obgleich unter den goldenen Gefäßen des Tempelschatzes manche waren, die, wie z. B. der goldene Leuchter, einen sehr hohen Wert besaßen, so hatte es Nebukadnezar in seiner Achtung und Scheu vor dem Gott Israels nie gewagt, sie dem Hause seines Gottes in Sinear zu entziehen und durch einen profanen Gebrauch zu entweihen.

Wie ehrfurchtslos handelte jedoch sein Sohn Belsazer! Er füllte die heiligen Gefäße mit seinem Wein und sang einen neuen Psalm auf die eigenen Götter. In diesem stellte er fest, daß die babylonischen Götter triumphiert hätten über den Gott zu Jerusalem. In der ganzen frevelhaften Handlung lag mithin eine öffentliche und bewußte Verhöhnung, durch welche die Ohnmacht des Gottes der Offenbarung zu Jerusalem zur Schau getragen werden sollte.

Auch hierin ist Babel je und je der Typus jener Träger der Weltgeschichte geworden, die in ihrer Verneinung Gottes eine Zukunft zu beherrschen glaubten auch ohne Gott. *Sie füllten noch immer in ihrem Rausch das Heilige Gottes mit ihrem eigenen Wein und priesen mit immer neuen Psalmen die Schöpfungen ihrer Hände vor dem Gott der Offenbarung und Erlösung.*

Was ist der Mensch ohne Gott, was wird er erst in seinem Haß wider Gott! Ich sagte seinerzeit einmal in unserem Seminar vor der Klasse: wenn die Schrift recht habe in dem, was sie über die Dämonen sagt, dann seien diese nie so tief gefallen, wie der Mensch fallen kann. Von den Dämonen berichtet die Schrift niemals, daß sie die Existenz Gottes leugneten, sie bezeugt vielmehr von ihnen: *„Auch die Dämonen glauben und zittern*[1]*."* Hat aber der Mensch erst seine Ebenbildlichkeit Gottes verleugnet und verloren und sich wie Kain, Nimrod, Belsazer und viele andere bis in unser Zeitalter hinein immer wieder nur auf sich selbst eingestellt und sich berauscht an dem Wein, den man trank, und an dem Geist, in dem man lebte, *dann ist der Mensch sich letzthin nur noch sein eigener Gott und wird zum Dämon seines Nächsten.* Der Antichrist als letzte und höchste Verkörperung des Bösen und der Gottesfeindschaft wird daher nie ein Teufel, ein gefallener Engel sein, es wird der Mensch in seinem vollendeten Haß wider Gott sein.

Der Mensch kann aber auch — und das ist die andere Seite — erlöst werden wie kein gefallener Engel. Was nie von einem der Engel in der zukünftigen Vollendung wird gesagt werden können, das wird gesagt werden von dem erlösten Menschen in Christo. An ihm wird sich der höchste Triumph der Barmherzigkeit Gottes offenbaren. Wir sprechen daher in Anbetung mit dem Apostel Paulus: *„O welch eine Tiefe des Reichtums, beides, der Weisheit und der Erkenntnis Gottes! Wie unergründlich sind seine Gerichte und unausforschlich seine Wege! Denn wer hat des Herrn Sinn erkannt, oder wer ist sein Ratgeber gewesen? Oder wer hat ihm etwas zuvor gegeben, daß es ihm wieder vergolten werde? Denn von ihm und*

[1] Jak. 2, 19.

durch ihn und zu ihm ist alles; ihm allein sei Ehre von Ewigkeit zu Ewigkeit![1]"

c) Gottes Gerichtsurteil an der Wand[2]

Belsazer lebte nicht nur *ohne Gott*, er handelte bereits *wider Gott*. Solch ein Zustand endete aber noch immer mit einem Gericht. Wer erst als Mensch in seinem Leben nicht nur irrt, vielmehr in frevelhafter Herausforderung gegen den Allerhöchsten kämpft, der erfährt eines Tages den ganzen Ernst der Wahrheit: *„Irret euch nicht, Gott läßt sich nicht spotten!"* Gott schrieb es auch mit unsichtbarer Hand an die getünchte Wand im festlich geschmückten Palaste Belsazers. *Gott weiß sein Gerichtsurteil sichtbar zu machen auch inmitten einer trunkenen und von Glanz und Pracht überstrahlten Welt. „Zur selben Stunde erschienen Finger einer Menschenhand, die schrieben gegenüber dem Leuchter auf dem Kalk der Wand des Königspalastes, und der König sah die gewölbte Hand, welche schrieb. Da veränderten sich die Züge des Königs, und seine Gedanken erschreckten ihn, und seine Hüftgelenke lösten sich, und seine Knie schlotterten."*

Wenn Gott erst redet, dann versagt der Rausch der Welt, dann erwacht der Mensch aus seinem Wahn, dann ändern sich dessen Angesicht und Stimmung. Die Finger der Hand, die da schrieben, waren offenbar nur vom König allein gesehen worden, während die Schrift als solche auch die ganze festliche Gesellschaft sah. Nebukadnezars Gerichtserlebnisse und Glaubenszeugnis: *„Wer aber stolz einhergeht, den kann er demütigen"* hatten Belsazer und der ganzen babylonischen Hofgesellschaft nichts gesagt. Da erwählte Gott diesen Weg, um sein Urteil in ihr zum Gericht ausgereiftes Leben zu schreiben. So groß die Welt in ihrem Rausch, in ihrer Selbstverherrlichung und in ihrer Selbstvergötterung auch immer war, sie vermochte nie der Gerichtssprache Gottes Grenzen zu ziehen. Eines Tages schreibt eine Gotteshand mit Flammenschrift in ihr Leben und in ihren Frevel das göttliche *„Mene, Mene, Tekel, Upharsin"*. Gott war noch nie am Ende, wenn der Mensch sich auch in seiner vollendeten Macht und in seinem vollendeten Widerspruch gegen

---

[1] Röm. 11, 33.
[2] Kap. 5, 5—7.

ihn zeigte. Auch vermochte die Welt sich nie dauernd dem göttlichen Gericht zu entziehen, sie trägt es in sich und mit sich. Ihre Flucht vermehrt nur ihr Gericht.

Auch die hinter uns liegenden Gerichtsjahre des entsetzlichen ersten Weltkrieges und der nachfolgenden Erschütterungen und Revolutionen waren nichts anderes als das sichtbare Gottesurteil über die Völker Europas. Als Europa berauscht war von sich selbst: von seinem Wissen auch ohne Gottes Erleuchtung, von seinem Aufstieg auch ohne Gottes Hilfe, von seiner Sicherheit auch ohne Gottes Langmut, von seinem Glück auch ohne Gottes Heil, von seiner Zukunft auch ohne Gottes Segen und Ewigkeit — da schrieben Gottes Finger auch in die Regierung, in die Politik, in die Wirtschaftsbetriebe und in das gesamte Kulturleben der Völker Europas sein Mene, Mene, Tekel, Upharsin hinein. Werden Europas Völker diese Sprache verstanden haben? *Wenn nicht — Gott kann auch zum zweiten Mal reden!* Davon reden die erschütternden Ereignisse, Verheerungen und Katastrophen des zweiten Weltkrieges.

Von Belsazer lesen wir: *„Da veränderten sich seine Züge, und seine Gedanken erschreckten ihn, und seine Hüftgelenke lösten sich, und seine Knie schlotterten."* Das ist der Mensch in seiner eigenen Größe und in seiner Weltmacht! Sobald er sich dem Unfaßbaren, Unveränderten, Höheren, Ewigen gegenübergestellt sieht, dann verliert er seine Selbstbeherrschung, dann bricht sein Rausch zusammen, dann bebt er bis in die tiefsten Falten seines Wesens. *„Ungestüm befahl der König, die Wahrsager, Chaldäer und Sterndeuter hereinzubringen."* Ein Ausweg konnte dem König damit aber nicht gegeben, eine Rettung nicht gebracht werden. Denn die Zuflucht, die er nahm, war nicht die, welche ihn zum Leben führen konnte. Sprechen erst Gottes Gerichte, dann reicht des Menschen Wissen, reichen des Menschen Hände nicht mehr aus, um aus diesen Gerichten herauszuretten. *Glaubte der Mensch in seiner Macht und in seinem Rausch auch niemals, seine Ohnmacht und seine Abhängigkeit gegenüber Gott eingestehen zu müssen, im Gericht erlebt er sie entweder zu seinem Heil wie ein Nebukadnezar, oder zu seinem Untergang wie ein Belsazer.*

II. Belsazers Untergang

„Und du, sein Sohn, Belsazer, hast dein Herz nicht gedemütigt, obwohl du all dieses wußtest; sondern über den Herrn des Himmels hast du dich erhoben, und die Gefäße seines Hauses hat man vor dich gebracht, und du mit deinen Großen, deinen Gemahlinnen und deinen Nebenfrauen hast Wein aus ihnen getrunken, und die Götter aus Silber und Gold, Erz, Eisen, Holz und Stein, welche nicht sehen und nicht hören und keinen Verstand haben, hast du gelobt; den Gott aber, in dessen Hand dein Odem ist und alle deine Wege, hast du nicht verherrlicht."
Dan. 5, 22—28

a) Der vergessene Gottesprophet[1]

Es liegt für den heiligen Überrest in der Regel ein unberechenbarer Segen von Gott darin, wenn er von der Welt in ihrem Wohlergehen und in ihrer Stärke vergessen wird. Wir können uns Daniel oder aber seine Freunde Sadrach, Mesach und Abed-Nego trotz ihrer Stellung als erste Verwalter der Landschaft Babel nicht denken als Teilnehmer an dem sündlichen Festmahl, das Belsazer mit seinen Großen beging. Bei ihrer zarten inneren Einstellung Gott und dessen Offenbarung gegenüber müssen sie vielfach unendlich unter dem Geist und der Sitte des babylonischen Hoflebens gelitten haben. *Sie dienten, und zwar mit der ganzen Hingabe ihrer Seele, immer aber nur insoweit, als ihr Dienst sie nicht in Konflikt brachte mit der Offenbarung, die sie als Höchstes in ihrer Seele trugen.* Sobald ihnen etwas zugemutet wurde, was völlig gegen ihre tiefste Überzeugung und Erkenntnis war, dann antworteten sie mit dem heiligen Nein des Glaubens.

Vielleicht hatte diese Treue und Gewissenhaftigkeit im Lauf der Jahre dazu geführt, daß Daniel und dessen Glaubensgenossen eine gewisse Sonderstellung trotz ihres hohen Berufes am Hofe einnehmen durften. *Die Welt vermißte sie nicht mehr, sobald und sooft sie feierte.* Sie kam bei ihren Festgelagen und in ihrem Sündenleben sehr gut aus auch ohne den heiligen Überrest. Dessen Gegenwart brachte keine Hebung ihrer festlichen Stimmung, war keine Stärkung und Vermehrung ihrer Lebensfreuden. Man duldete

[1] Kap. 5, 10—16.

zwar diese jüdischen Fremdlinge am babylonischen Hofe, aber nur als religiöse Sonderlinge, *die zwar tüchtig im Dienst, untauglich aber für die öffentlichen Festlichkeiten und Schaustellungen der Hofgesellschaft waren.*

Es gab zwar viele, die Daniel und dessen Freunde um ihrer Stellung willen beneideten. Deren Einfluß war offenbar aber doch nicht stark genug gewesen, um sie endgültig vom Hofe zu verdrängen. Sie blieben die Geduldeten, auch selbst in den Tagen der Regierung Belsazers. Gott aber stand letzthin auch hinter der Stellung Daniels und seiner Freunde am babylonischen Hofe. Er hatte daselbst heiligen Priester- und Prophetendienst für sie. Die Welt ist Gott auch in ihrem Sündenleben nicht gleichgültig. Sie bleibt ihm das große Objekt seiner rettenden Liebe. In Geduld wartet er auf jenen Augenblick, wo er zu ihrem Gewissen reden und ihr in ihrer Not mit seinem Licht und seinem Heil dienen kann.

So mußte auch diesmal wieder die Not der Welt den Dienst des heiligen Überrestes rufen. Es ist zwar nicht leicht für ihn, so lange mit seinem höchsten Dienste zu warten, bis er von der Welt — durch deren Not gezwungen — gerufen wird. Ihre Notzeiten sind aber die einzigen Momente, wo die Welt fähig ist, ihr Ohr einer anderen Sprache, als sie spricht, und einem anderen Geiste, als in dem sie lebt, zu öffnen. Nicht in den Zeiten ihrer Macht und ihres Glanzes hat sie ein Ohr, um zu hören, was auch ihr von dem Geist der Offenbarung gesagt werden soll.

So fügte Gott es denn auch auf diesem großen Festgelage, daß nicht nur Belsazer mit seinen Frauen und Nebenfrauen, sondern auch die tausend Geladenen unerwartet einen Daniel mit seiner Botschaft hören mußten. Der König hatte zwar mit gewaltiger Stimme befohlen, daß die Wahrsager, Weisen und Sterndeuter kommen und die Flammenschrift an der Wand lesen und deuten sollten. *„Sie vermochten aber nicht die Schrift zu lesen, noch die Deutung dem König kundzutun."*

Dieses Unvermögen der Weisen Babels steigerte noch mehr die Angst und die innere Fassungslosigkeit des Königs und der feiernden Gesellschaft. Denn *„da ward der König Belsazer sehr erschreckt, und die Farbe wechselte an ihm, und seine Großen waren bestürzt"*.

Haben es doch gelegentlich Freunde Gottes in ihren Drangsalszeiten erlebt, daß Verbrecher und Banden bei ihren Raubzügen und bei ihren Plünderungen von solch einer inneren Furcht beherrscht wurden, daß sie bei jedem kleinsten Geräusch vor Angst zusammenfuhren. *Nichts bringt den Menschen in solch eine innere Angst und in solch eine qualvolle Unruhe wie ein beladenes Gewissen und die falsche und unaufrichtige Stellung zum Nächsten.*

Auch Belsazer war fassungslos, als Gott das Urteil über sein Leben schrieb. Da schrie er, und sein ganzes Wesen bebte wie ein Kain, der das Mal des Verbrechers in seinem Gewissen trug. In dieser Not wurde die Königin=Mutter gerufen. Einige nehmen an, daß es jene medische Königstochter gewesen sei, der zuliebe Nebukadnezar die schwebenden Gärten angelegt hatte. Auch sie hatte als Witwe und vielleicht auch aus tieferen Gründen nicht am Festgelage teilgenommen. Ihr ganzes Auftreten und ihre Sprache verrät, daß die großen Gerichtserlebnisse Nebukadnezars und deren tiefste Sprache auch für sie nicht vergeblich gewesen waren.

Als die Königin=Mutter den geschmückten und festlich erleuchteten Saal betrat und die Angst der Seele aus dem Angesicht der ganzen Gesellschaft las, sprach sie: *„O König, lebe ewig! Deine Gedanken mögen dich nicht erschrecken, und dein Aussehen möge sich nicht verändern! Es ist ein Mann in deinem Königreich, in dem der Geist der heiligen Götter wohnt und in den Tagen deines Vaters Erleuchtung und Verstand und Weisheit wie Götterweisheit gefunden wurde, und den dein Vater, der König Nebukadnezar, zum Obersten der Schriftkundigen, Wahrsager, Chaldäer und Sterndeuter bestellte, ja dein Vater, o König, entsprechend dem, daß ein überragender Geist und Wissen und Verständnis im Auslegen von Träumen und im Aufzeigen von Rätseln und im Auflösen von Knoten bei Daniel gefunden wurde, dem der König den Namen Beltsazar gab. Daniel möge nun gerufen werden, der wird dir die Deutung kundtun*[1].*"* Durch diese wunderbare Fügung wurde Daniel wieder am Hofe sichtbar. Er mußte finden, *daß Gott auch für Belsazer und dessen Hofgesellschaft noch eine letzte Buß= und Gnadenbotschaft hatte.*

[1] Kap. 5, 13—28.

b) Die erschütternde Bußpredigt

Als Daniel vor den König trat, teilte ihm Belsazer mit, daß er von ihm gehört habe, daß der Geist Gottes in ihm sei und daß er Erleuchtung und Verstand, außerordentliches Wissen und große Begabung im Deuten von Zeichen und Träumen besäße. Die Weisen Babels hätten dem König nicht die Schrift lesen und nicht ihre Bedeutung geben können, er wolle ihn daher mit Purpur kleiden, mit einer goldenen Kette schmücken und ihn zum Dritten im ganzen Königreich erheben, falls er ihm die Schrift lesen und auch deuten würde. Dieses höchste Versprechen, das Belsazer in seiner königlichen Macht zu geben vermochte, verriet ebenfalls die ungeheure Angst, von der sich der König innerlich ergriffen sah.

Als der König ausgeredet hatte, sah sich Daniel zu der nun folgenden Bußpredigt genötigt. Wenn man diese im Zusammenhang liest, dann gewinnt man den Eindruck, *daß so nur jemand reden kann, der sich seiner ganzen, vollen Verantwortung vor Gott, jedoch auch vor Menschen bewußt ist. „Deine Geschenke kannst du für dich behalten, und deine Gaben gib einem andern!"* antwortete Daniel im tiefen Bewußtsein seiner göttlichen Sendung dem König. *Botschaften von Gott sind nicht käuflich, und der heilige Ernst göttlicher Gerichtsankündigungen kann nicht durch Geschenke gemildert werden.* Das waren in der Geschichte noch immer falsche Propheten, die wie Bileam vom Moabiterfürsten Balak gedungen werden konnten, damit sie um Geldes willen die göttlichen Wahrheiten und Wirklichkeiten zugunsten des Königs oder ihres Volkes deuteten.

„Die Schrift aber will ich dem König lesen und die Deutung ihm kundtun", antwortete Daniel dem König weiter. *Denn Prophetenaufträge sind nicht abhängig von der Gunst oder Ungunst der Mächtigen auf Erden, sie fragen allein nach dem Gott der Offenbarung, der hinter ihrem Auftrag steht.* Belsazer! Prophetendienste werden nicht bestimmt von dem, was du mir gibst oder du mir vorenthältst. Meine Prophetenvollmacht ward mir nicht von deiner Macht und deiner Gunst. Sie wurde mir aus einer weit höheren Quelle. Von dieser kommend stehe ich vor dir. Wohl hast

du mich rufen lassen, aber *„o König, Gott der Allerhöchste"* hat dir etwas zu sagen, wie er deinem Vater etwas zu sagen hatte. Er hat deinem *„Vater Nebukadnezar Königtum und Größe, Herrlichkeit und Majestät verliehen. Und vor der Größe, die er ihm gab, zitterten alle Völker, Stämme und Zungen, und sie fürchteten sich vor ihm; wen er wollte, den konnte er töten, und wen er wollte, konnte er am Leben lassen, und wen er wollte, konnte er erhöhen, und wen er wollte, konnte er erniedrigen. Als er aber in seinem Herzen sich erhob und in seinem Geist sich gar großem Übermut hingab, da wurde er von seinem königlichen Thron herabgestürzt, und seine Herrlichkeit nahm man von ihm weg, und von den Menschen wurde er weggetrieben, und sein Herz ward den Tieren gleichgemacht, er wohnte bei den Wildeseln, und man fütterte ihn mit Gras wie einen Ochsen, und sein Leib ward vom Tau des Himmels benetzt — bis er erkannte, daß Gott, der Allerhöchste, Herr ist über das Königtum der Menschen und, wen er will, dazu erhebt*[1]*."*

Mit dieser Schilderung erinnert Daniel den König noch einmal an die große und glanzvolle Zeit der Regentschaft seines Vaters. Anstatt daß Nebukadnezar sich durch die Güte, die ihm von Gott geworden war, hatte zur Buße und zur Beugung vor dem Allmächtigen leiten lassen, hatte sich sein Herz und sein Geist verstiegen bis zur Vermessenheit. *Gottes Gaben waren von ihm in Fluch verwandelt worden.* Das führte ihn in ein furchtbares Gericht. Das Gericht fand aber seine Grenze: *„... bis er erkannte."* Mit der Erkenntnis Gottes, des Allerhöchsten, und der Beugung vor dem Allmächtigen kehrte auch die Genesung des Königs wieder.

Daß Daniel diese Einzelheiten aus dem Leben Nebukadnezars erzählte, darin lag das Evangelium, das Gott auch mit dieser Gerichtsverkündigung noch für Belsazer verband. Auch er sollte noch eine letzte Frist der Gnade empfangen, um sich zu entscheiden, ob er den Weg seines Vaters gehen und ebenfalls erkennen wolle, *„daß Gott, der Allerhöchste, Herr über das Königtum der Menschen ist und den Menschen darüber bestellt, der ihm gefällt"*, oder ob er in seiner bisherigen Gesinnung verharren wolle. Die

[1] Kap. 5, 18—21.

Offenbarung stellte damit den König noch einmal vor eine letzte Entscheidung.

Nach dieser so ernsten und heiligen Darstellung der Vergangenheit wird der Gottesprophet in seiner Botschaft ungemein direkt und persönlich. *„Du aber, sein Sohn Belsazer, hast dein Herz nicht gedemütigt, obwohl du das alles wußtest, sondern über den Herrn des Himmels hast du dich erhoben, und die Gefäße seines Hauses hat man vor dich gebracht, und du mit deinen Großen, deinen Frauen und deinen Nebenfrauen hast Wein aus ihnen getrunken, und die Götter aus Silber und Gold, Erz, Eisen, Holz, Stein, welche weder sehen noch hören noch verstehen können, hast du gelobt; den Gott aber, in dessen Hand dein Odem ist und alle deine Wege, hast du nicht verherrlicht."*

Ja, Gottes Knechte können sehr direkt und persönlich werden, sobald es Gottes Sendung und Auftrag verlangen: „Du aber ..., obwohl du das alles wußtest." Je mehr Licht der Vergangenheit in unser Leben fallen kann, desto größer wird auch die persönliche Verantwortung, die damit für uns verbunden ist, und desto erschütternder wird bei der Ablehnung des Lichts das Gericht, das man sich bereitet. Hat man das in seiner ganzen Tiefe erfaßt, dann zittert man innerlich auch im Blick auf unsere Gegenwart. Was haben die europäischen Staaten, was haben ihre Völker und Regierungen, was haben ihre Kirchen und Kulturbestrebungen nicht alles auch in den jüngsten zehn, zwanzig und mehr Jahren erlebt! Wie wurde die Ohnmacht des Menschen, wie wurde die Grenze seines Wissens und seiner Vernunft, wie wurde die Unfähigkeit seiner Politik und seiner Diplomatie, wie wurde die Hohlheit seiner Bildung und Kultur während der Gerichtszeit in so erschütternder Weise offenbar!

„Du aber hast dein Herz nicht gedemütigt, obwohl du alles wußtest, vielmehr hast du dich über den Herrn des Himmels erhoben." Muß das nicht auch heute Gottes Prophet so manchen Schichten der europäischen Völker, so manchen Diplomaten in den gegenwärtigen Regierungen, so manchen Kirchen in ihren öffentlichen Diensten, so manchen Bestrebungen im Kultur- und Wirtschaftsleben zurufen? Soll unsere Gegenwart mit ihrer Ruhm- und

Genußsucht, mit ihrem Selbstvertrauen und ihrem Größenwahn nichts gelernt haben aus der Vergangenheit? Soll sie in ihrer Stellung und Gesinnung wirklich einem Belsazer gleichen, für den Gott durch die Gerichtstage vergeblich geredet hatte? Sollen in den letzten Jahren die Kirchen umsonst durch mancherlei und schwerste Gottesgerichte gegangen sein und uns nichts für eine Neuorientierung und Besinnung im Blick auf unsere gegenwärtige Berufung und unseren prophetischen und priesterlichen Dienst zu sagen haben? Ist nicht die eingetretene Ruhe der Gegenwart nach all den durchlebten Gerichtsstürmen der letzten Jahrzehnte ein seltenes Geschenk der Gnade zur Neuorientierung im tiefsten und weitesten Sinne des Wortes?

Oder sind wir in Europa trotz all unserer Kirchen, Kapellen, Vereine und religiösen Gesellschaften wieder wirklich so arm, daß uns niemand die Sprache, die Gottes Finger über das ganze Abendland geschrieben haben, deuten kann?

„Den Gott aber, in dessen Hand dein Odem ist und alle deine Wege, hast du nicht verherrlicht" mußte Daniel dem König ins Gewissen rufen. Man braucht nur Europas Parlamente zu hören, seine Tagespresse zu lesen, seine Volksfeste zu sehen, seine parteipolitischen Demonstrationen an sich vorüberziehen zu lassen, dann liest man überall das so schwere Daniel-Wort: *„Den Gott aber, in dessen Hand dein Odem ist und alle deine Wege, hast du nicht verherrlicht."* Wird diese Erscheinung erst zum Dauerzustand und zum Unterbau der Zukunft, dann muß folgen, was Daniel weiter dem König kündete: *Mene, mene, tekel, upharsin, d. h. gezählt, gezählt, gewogen — und Teilende.*

„Die drei geheimnisvollen Worte haben nicht nur eine geschichtliche Bedeutung für jenen unglückseligen König Belsazer von Babel. Sie haben auch eine letzte allgemeine Geltung und Bedeutung. Sie bezeichnen und beschreiben das Gottesgericht an jeder Weltmonarchie, sobald diese zum Gericht reif geworden ist. Ja, man kann sagen: diese drei Worte bezeichnen und beschreiben ganz genau die unabänderlich geltende göttliche Gerichtsordnung über alle Völker und alle einzelnen Menschen, die beharrlich Gottes

Gnade verachten. Diese Gerichtsordnung hat nämlich stets drei ganz bestimmte Stufen oder Akte[1]."

Der ganze Spruch besteht aus eigentümlichen Formwörtern der aramäischen Sprache. „In peres und upharsin, von peras, teilen, liegt eine Anspielung auf paras, Perser." Der erste Gerichtsakt des Spruches wird nun eingeleitet mit dem wiederholten „mene, mene", d. h. gezählt, oder auch „vollendet", „zu Ende gebracht". *Belsazers Leben und Gesinnung waren bereits unendlich mehr als nur ein menschliches Irren in Schuld und Frevel, sie waren zu einem bewußt gepflegten Zustand geworden.* Das Nichtwissen war zu einem Nichtwollen ausgereift. Belsazer wollte sich nicht vor der Gerichtssprache Gottes im Leben seines Vaters beugen. Er hatte sich bewußt anders, d. h. wider die Sprache Gottes eingestellt, und zwar trotz all der Segnungen, Ehren und Gnadenerweisungen, die die Vorsehung Gottes auch in sein Leben hineingelegt hatte.

Durch das Wort „tekel", d. h. gewogen und „zu leicht erfunden", wurde der zweite Gerichtsakt bezeichnet. *In Gottes Urteil gelten nur jene Werte, die aus dem Geist der Gottesanbetung und aus dem Geist der Liebe zum Nächsten herausgeboren sind.* Handlungen, die jedoch aus den Inspirationen des Machtbewußtseins, der Selbsterlösung und der Menschenvergötterung flossen, so sehr sie auch nach außen den Schein eines innerlichen Wertes zu wahren suchten, sind auf der Waage der Ewigkeit stets zu leicht erfunden worden. Belsazer hatte jedoch aus diesen Quellen seine Kraft für seine Handlungen geschöpft und sein Leben aufgebaut. Alles, was vor den Augen seiner Untertanen seine Macht, seinen Glanz, seinen Ruhm dokumentierte und veranschaulichte, war im Licht der Ewigkeit nur ein Offenbarwerden der menschlichen Scheinherrlichkeit, der inneren Hohlheit und der moralischen Fäulnis gewesen, in der er gelebt hatte. *Nicht feuerbeständige, vielmehr gerichtsreife Werte hatte Belsazers Leben als Frucht gezeitigt.*

Der dritte Gerichtsakt wird durch das Wort „peres" oder „pharsin" näher bezeichnet, und bedeutet „zerteilet", dem Daniel die Deutung gab: *„Dein Königreich wird zerteilt und den Medern und Persern gegeben werden." Das war noch immer das Gericht*

[1] B. Keller, a. a. O. S. 108.

der Geschichte, daß diese eines Tages den als unbrauchbar ausstieß, der sich dauernd gegen die Menschheit versündigte. Nicht nur Belsazer, auch Fürsten und Reiche nach ihm sind je und je zerteilt und an andere abgegeben worden, sobald sie mit ihrer Sendung bewußt Gott und Menschen gegenüber frevelten.

Wir bemerkten bereits, daß die ganze Gerichtsszene mit Belsazer und seinem trunkenen Hoflager im Festsaal zu Babel nicht nur eine örtliche und für damals geltende Bedeutung hatte. In dem Ganzen haben wir ein konkretes Vorspiel von jenen schweren Gerichten, die dem Wesen nach der einzelne und die Welt im Laufe der Geschichte erlebten und erleben werden. Der letzte Akt wird das Weltgericht sein, für das die gesamte Geschichte mehr und mehr ausreift, und an dem das wahre Wesen und geschaffene Lebenswerk sowohl jedes einzelnen Menschen als auch der Völker „nach göttlichem Ewigkeitsgewicht gewogen" werden wird. Wie unendlich viel sowohl im Leben der Völker und Staaten, als auch im Leben der einzelnen und der Kirchen wird sich dann zu leicht erweisen und jenen Gerichten entgegengehen, die uns ebenfalls von der göttlichen Offenbarung enthüllt worden sind! *Ein Leben und eine Welt, die ausreiften ohne Gott und ohne dessen Erlösung, enden auch in einer Welt ohne Gott und ohne Erlösung — und das ist Hölle, das ist Feuer des Gerichts!*

c) Der plötzliche Untergang[1]

„Da bekleidete man auf Befehl des Belsazer den Daniel mit Purpur und tat eine goldene Kette um seinen Hals und verkündete von ihm, daß er als der Dritte im Reich herrschen sollte. In derselben Nacht wurde Belsazer, der König der Chaldäer, umgebracht." Man kann die Knechte Gottes ehren und doch für Gott und dessen Offenbarung verschlossen bleiben. In den großen Entscheidungsstunden des Menschen und der Geschichte handelt es sich jedoch nicht darum, Propheten zu schmücken und Dienste zu belohnen, hier gilt es den ganzen Ernst der gedolmetschten Offenbarung zu erfassen. Gott hat nicht geredet, um seine Propheten groß zu machen; er redet, um die Welt vor dem Gericht zu retten. Belsazer fühlte zwar die ganze

[1] Kap. 5, 29—6, 1.

Wucht der Wahrheit, die in der Gerichtsoffenbarung für ihn lag. Er hielt sein königliches Versprechen und kleidete Daniel in Purpur, legte ihm die Ehrenkette um den Hals und ließ allen Gewaltigen seiner Weltmonarchie verkündigen, daß Daniel der Dritte im ganzen Königreich sei.

Diese Ehrung des Gottesknechtes rettete Belsazer aber nicht. Er fand offenbar keinen Raum zur Buße und Beugung. Die Zeit seiner Gnadenfrist war zwar kurz, sie war aber genügend, um sich selbst über sein bisheriges Leben zu richten und sich vor der Gerichtsoffenbarung Gottes zu beugen ... Gottes Gnade wäre mächtig genug gewesen, auch ihn zu retten. So mächtig sich die Sünde in seinem Leben auch erwiesen hatte, die Gnade in ihrer rettenden Kraft hätte sich als noch weit mächtiger erwiesen. Belsazer empfing aber auch die letzte Gnade vergeblich. Er endete in der kommenden Nacht durch Meuchelmord. *Gottes Stimme schwieg, aber die Gerichte der Geschichte redeten, und die Menschheit war in ihrer Entwicklung um eine neue, große Tragik reicher geworden.*

F. Daniels letzte Bewährung im Dienst und die Frucht seiner Leiden

I. Die reichen Dienstjahre Daniels

„Und Darius, der Meder, erhielt das Königreich im Alter von zweiundsechzig Jahren.“ Dan. 6, 1

a) Der schnelle Niedergang Babels

Wir verstehen jetzt tiefer jenes bedeutsame Schlußwort des ersten Kapitels: *„Und Daniel blieb bis in das erste Jahr des Königs Kores, d. h. Cyrus.“* Der Prophet sah in seinem reichen Leben den ganzen Ernst der göttlichen Wahrheit: *„Die Welt vergeht mit ihrer Lust; wer aber den Willen Gottes tut, der bleibt in Ewigkeit.“* Babels Weltmacht hatte er noch während seiner Jugendjahre entstehen sehen und den ganzen Schrecken des Zusammenbruchs der Davidstadt Jerusalem und der Verschleppung der Edelsten des Volkes ins

Exil miterlebt. Vor seinen Augen hatte sich der ganze Glanz und die weltumspannende Macht Babels im Laufe der Jahrzehnte entfaltet und den Gipfel ihrer Herrlichkeit erstiegen. Der Prophet erlebte aber auch den schnellen Niedergang Babels. Er mußte sehen, daß die Welt sich in ihrem Leben ohne Gott trotz ihres Wissens und ihrer Macht niemals dauernd eine Zukunft zu schaffen vermag. Ihre Geschichte ist gleich den wild ringenden Mächten, die sich nur insoweit behaupten können, als sie sich gegen andere zu schützen vermögen. *Durch Blut und Tränen aufgebaut, versinkt sie auch wieder in Blut und Tränen.*

Belsazer, Nebukadnezars Sohn und Thronerbe, herrschte nur einige wenige Jahre. Er wurde vom Gemahl seiner eigenen Schwester, von Neriglissar, in derselben Nacht ermordet, als das frevelhafte Festgelage zu Babel mit den tausend Gewaltigen des Königs stattfand. In seinen Augen bedeutete die schlechte Regierung Belsazers eine schwere Gefahr für den ferneren glanzvollen Bestand der babylonischen Weltmonarchie. Von diesem Motiv ließ er sich leiten in seiner meuchelmörderischen Tat. Einige nehmen an, daß sich Neriglissar nach der Gerichtsverkündigung Daniels sogar als der gerechte Vollstrecker des göttlichen Urteils über Belsazer gefühlt und daher die entstandene Verwirrung am Hofe ausgenutzt habe, seine geplante ruch- und treulose Tat zu vollziehen. *So hüllt die Welt auch ihre dunkelsten Taten in das Gewand höherer Gerechtigkeit und gibt ihren unheiligen Motiven den Schein edelster und wohlwollendster Gesinnung.*

Nach dem vollzogenen Königsmord riß Belsazers Schwager die Krone an sich und bestieg den glanzvollen Thron seines Schwiegervaters, um die Zukunft Babels zu retten. Aber schon nach drei Jahren starb er, und sein unmündiger Sohn Laborosoarchod wurde Thronerbe. Auch er saß nur etwa neun Monate auf dem Thron der Weltmonarchie seines einst so mächtigen Großvaters. Verdorben durch die herrschende Hofluft und völlig unerfahren in der Regentschaft, erregte er die Unzufriedenheit der ihm nahestehenden hohen Würdenträger. Da kam es zu einer Verschwörung gegen den jugendlichen Herrscher. Ein Babylonier Naboned beseitigte den Knaben durch Meuchelmord und sah sich alsdann von seinen Freunden auf den Thron Nebukadnezars erhoben. „So folgte in der durch Wohlleben und Genußsucht entnervten und entarteten Welthauptstadt Mord auf Mord, Verwirrung auf Verwirrung und das Riesenreich, das Nebukadnezar mit fester Hand gegründet hatte, geriet in Verfall[1]."

Für die wahren und auf Erlösung wartenden Söhne Israels kamen all diese Ereignisse nicht unerwartet. In ihren Augen erfüllten sich in diesen neuen weltpolitischen Ereignissen nur die Prophetenworte, die auch Babels schmählichen Untergang vorausgesagt hatten. Sie wußten, sobald das babylonische Weltreich erst seinen Dienst als Rute für jene Völker, die fürs Gericht reif waren, getan hat, dann wird auch diese gewaltige Weltmacht vom König aller Könige verworfen werden[2]. In höchster Spannung blickten daher die Frommen Israels auf die weitere Entwicklung der Dinge innerhalb des babylonischen Weltreiches und schauten aus, ob nicht endlich der Tag ihrer Erlösung nahe.

Diese kam mit dem in der Bibel genannten Perserkönig Kores. Er war der Sohn Cyrus I. und gehörte dem Geschlecht der Achämeniden an, die im Osten von Babylonien das kleine Fürstentum Antschen besaßen. Durch ihn wollte der Herr das Wort des Propheten erfüllen: *„Also spricht der Herr zu Kores, seinem Gesalbten, welchen ich bei seiner rechten Hand ergriffen habe, daß ich Völker vor ihm niederwerfe und die Lenden der Könige entgürte, daß die Türen vor seinem Angesicht aufgetan und die Tore nicht sollen geschlossen bleiben: Ich will vor dir herziehen und das Bergige ebnen; ich will eherne Türen zerbrechen und eiserne Riegel zerschlagen, und will dir verborgene Schätze geben und verheimlichte Reichtümer, daß du erkennst, daß ich, Jahve, dich bei deinem Namen gerufen habe, der Gott Israels. Um Jakobs, meines Knechtes, und Israels, meines Auserwählten willen, habe ich dich bei deinem Namen gerufen, habe dir einen Würdenamen gegeben, ehe du mich kanntest. Ich bin Jahve und keiner sonst, außer mir ist kein Gott. Ich habe dich gegürtet, ehe du mich gekannt hast, damit vom Aufgang der Sonne bis zu ihrem Niedergang erkannt*

---

1 G. Stockmann, a. a. O. S. 85.
2 Jes. 14, 1, 7; Ps. 137, 8 ff.

werde, daß gar keiner sei außer mir; ich bin Jahve und keiner sonst[1]."

Diesem jungen und mutigen Cyrus gelang es, die persischen Volksstämme zu einer einheitlichen Macht unter seiner Führung zusammenzufassen und durch sie ein neues Weltreich, das medisch-persische, zu begründen. Zunächst schlug er im Jahre 550 v. Chr. den Mederkönig Astyagas und etwa vier Jahre später den Lyderkönig Krösus. Nun baute er im Laufe von fünf Jahren die gewonnene Macht mehr und mehr aus und befestigte sie und wagte dann im Frühling des Jahres 529, auch Babel anzugreifen. Da zeigte sich, auf wie wackligen Füßen bereits das einst so berühmte Weltreich Nebukadnezars stand. Babel fiel unter Cyrus' Führung ohne Kampf, wahrscheinlich durch Verrat, in die Hände der Meder und Perser. Der besiegte König Naboned wurde gefangengenommen und in die Verbannung geschickt. Man nimmt nun an, daß während dieser militärischen Operationen der im Buch Daniel genannte König Darius den Oberbefehl über die medischen Truppen hatte. Aus der Hand des persischen Großkönigs Cyrus empfing er dann in seinem zweiundsechzigsten Lebensjahr die Königswürde über die eroberten Provinzen Babels.

„So endete die babylonische (semitische) Weltherrschaft, um der medopersischen (indogermanischen) Platz zu machen. Die ‚große Stadt' Babel wurde zwar nicht plötzlich[2] zerstört, aber als sie nicht mehr die Hauptstadt eines Weltreiches war, nahmen ihre Bedeutung für den Weltverkehr, ihr Reichtum und ihre Einwohnerzahl allmählich ab. Die Kanäle, die Nebukadnezar einst gegraben hatte, versumpften[3] und versandeten, die Straßen der Stadt wurden menschenleer, und ihre herrlichen Tempel und Paläste zerfielen. Um die Zeit, als der König des Himmelreiches geboren wurde, war sie ‚größtenteils verödet' (Strabo), und schließlich wurde die ‚herrliche Pracht der Chaldäer[4]' zu einem Trümmerhaufen, so daß Schakale

[1] Jes. 45, 1—6.

[2] Die Weissagung der plötzlichen Vernichtung Babels (Jer. 51, 8) weist über die Zeit des Cyrus weit hinaus und wird sich erst an dem endzeitlichen Babel erfüllen (Offb. 18, 10. 17).

[3] Jes. 14, 23.

[4] Jes. 13, 19.

in ihren Palästen heulten und Eulen in ihren Häusern wohnten. Wo einst Belsazers tausend Gäste geschwelgt und ihre Götzen gepriesen hatten, wurde es so öde, einsam und totenstill, daß auch die Araber daselbst keine Zelte aufschlugen, noch die Hirten bauten[1]. Gottes Mühlen mahlen langsam, mahlen aber trefflich fein. Was in Langmut er versäumet, holt durch Schärf' er wieder ein[2]."

b) Die Regierungsreform des Darius[3]

In die Regierung dieses Mederkönigs Darius fielen die Ereignisse, die uns nun im sechsten Kapitel des Propheten Daniel berichtet werden. Cyrus, den sein Volk mit dem Ehrennamen „Vater" nannte, und von dem die alte Geschichte keine Grausamkeiten zu berichten weiß, hatte bei all seinen kühnen Eroberungen größte „Milde und Selbstbeherrschung" den besiegten Völkern gegenüber walten lassen. Auch Babel war in seinem äußeren Bestand erhalten worden, und die hohen Staatsbeamten waren in ihren bisherigen Ämtern verblieben. Das einzige, was zunächst geschehen war, war die Tatsache, daß die Weltherrschaft Babels in die Hand des Großkönigs Cyrus von Persien übergegangen war. Selbst das Königreich Babel ließ Cyrus in seinem alten Bestand. Darius genoß daher, wenn auch unter der Oberhoheit Persiens und in der Abhängigkeit von Cyrus, die volle Königswürde und die damit verbundenen Rechte.

In dieser seiner königlichen Stellung und Vollmacht unternahm Darius eine Reform der obersten Verwaltungen. Er teilte das ganze Reich in hundertundzwanzig Regierungsbezirke und besetzte jedes Verwaltungsgebiet mit einem Satrapen oder Gouverneur. Jedoch diese hundertundzwanzig Satrapen unterstellte er einem höchsten Rat, der aus drei Personen bestand, damit sie diesem regelmäßig Rechnung über ihre Verwaltung ablegen sollten.

Zu diesem höchsten Rat gehörte auch Daniel. Er war wohl bereits ein Achtzigjähriger, als ihm diese hohe Würde von Darius übertragen wurde. So zurückgezogen er mit seinen Glaubensge-

---

[1] Jes. 13, 20—22.

[2] G. Stockmann, a. a. O. S. 86 und 87. In dem genannten Werk finden jene Forscher, die sich auch mit den rein geschichtlichen Fragen jener Zeit eingehender befassen, eine sehr sachliche und übersichtliche Darstellung.

[3] Kap. 6, 2—4.

nossen auch vielfach gelebt hatte, sein vieljähriger und bewährter Dienst in den höchsten Stellungen war nicht unbekannt geblieben. Auch Darius erkannte offenbar sehr bald den hohen Wert dieses bewährten, hohen Staatsbeamten am einstigen babylonischen Hofe, in dem er kein Falsch entdeckte. Er fand in ihm jene unbestechliche Ehrlichkeit und unbedingte Zuverlässigkeit, die unter den morgenländischen Beamten so selten zu finden war.

Als Darius erst auf Grund näherer Bekanntschaft ein unbedingtes Vertrauen zu Daniel gewonnen hatte, entschloß er sich, ihn zum Großwesir über die ganze Beamtenschaft des Reiches zu erheben. Denn er sah, *„welch ein überragender Geist"* in dem Propheten war.

c) Die Ränke der Feinde Daniels[1]

Als die Absicht des Königs bekannt wurde, Daniel über das ganze Reich zu setzen, *„da suchten die Fürsten und Satrapen eine Verschuldung in den Regierungsgeschäften an Daniel zu finden; aber eine Schuld oder irgend etwas Nachteiliges konnten sie nicht finden, weil er treu und irgendeine Nachlässigkeit und etwas Schlechtes an ihm nicht zu finden war". Wenn die Welt den heiligen Überrest ehrt, schafft sie unbewußt ihm einen neuen Versuchungs- und Prüfungsboden.* Für Daniel wäre die neue schwere Prüfung und der damit verbundene dunkle Leidensweg vielleicht nie gekommen, wenn der König ihm nicht ein so unbedingtes Vertrauen entgegengebracht hätte. Dadurch sahen sich nicht nur die anderen höchsten Beamten in ihrer Würde zurückgesetzt, sie wußten sich hinfort in ihren eigenen Handlungen auch durch das unbestechliche Auge eines hochbegabten und gewissenhaften Staatsbeamten kontrolliert. Dienten doch im Morgenlande die Verwaltungen und deren Einnahmen in der Regel in erster Linie zur Bereicherung der Verwaltungsbeamten. Bestechungen, Komplotte, Schiebungen waren an der Tagesordnung. Sie geschahen in der Regel mit Wissen und Einverständnis der höchsten Beamten.

Offenbar fürchtete man nun in den hohen Beamtenkreisen das Ende dieser herrschenden Korruptionen. Denn man wußte, daß

[1] Kap. 6, 5.

Daniel *„ganz treu"* sei und daß *„irgendeine Nachlässigkeit oder irgendein Vergehen bei ihm nicht zu finden sei"*. Solch ein Gewissen erschien der hohen Beamtenschaft jedoch unerträglich, und daher suchte sie *„eine Ursache"* wider Daniel zu finden.

Diese Erlebnisse des Propheten Daniel sind in der Geschichte von dem Volk Gottes je und je nacherlebt worden. Sobald die Welt den Raum und den Einfluß der wahren Kirche Christi größer werden ließ, die Rechte des heiligen Überrestes stärkte, eine größere und verantwortungsvollere Aufgabe in dessen Leben legte, schuf sie damit den in ihrem Gewissen an Gott Gebundenen auch immer einen neuen Prüfungsboden. Alsbald sahen sie sich Angriffen von seiten der Welt ausgesetzt. An Gott gebundene Persönlichkeiten sind nicht nur treu in ihrem Kämmerlein. Sie bewähren sich nicht nur, wenn sie im Gebet mit Gott allein sind. *Am Regierungstisch und in der Beamtenstube sind sie ebenso treu wie vor ihrem Gott.* Auch da, wo es sich um geschäftliche Zahlen und um die Angelegenheiten eines weltlichen Königs und eines vergänglichen Staates handelt, suchen sie ein unbeflecktes Gewissen und reine Hände zu wahren. Sie wissen sich in ihrem Dienst nicht nur Menschen, sie wissen sich Gott gegenüber verantwortlich.

Es war damals etwas überaus Großes, daß einem Daniel hier selbst von seinen Feinden das Zeugnis werden mußte: *„Sie konnten keine Ursache, noch irgend etwas Schlechtes bei ihm finden."* Feinde haben in der Regel sehr scharfe Augen. Fangen sie erst aus unedlen Motiven heraus an nachzuprüfen, dann lassen sie nichts durchgehen. Selbst das, was nur den Schein eines Unrechts trägt, wird von ihnen bereits als ein Unrecht gewertet und verwendet. So scharf man aber auch alle Handlungen Daniels nachprüfte, man mußte feststellen: wir werden nichts Anklagbares bei ihm finden.

So bewußt sich der heilige Überrest auch stets als ein Fremdling in der Welt fühlt, er ist nie staatsfeindlich und regierungsuntreu. Obwohl Daniel und seine Glaubensgenossen auch unter der damaligen Weltherrschaft litten, so viel Schmach und Leiden sie auch über ihre eigenen Volksgenossen kommen sahen, sie nutzten jedoch niemals eingetretene Wirren und Zustände aus, um sich persönliche Vorteile auf Kosten des Ganzen zu verschaffen. War es doch Daniel trotz seiner hohen Stellung nicht einmal gelungen, den König Jojakim aus dem Kerker Babels zu befreien, solange Nebukadnezar lebte. Wie leicht wäre es dem Propheten in jenen Zeiten gewesen, als Nebukadnezar sich in seiner schweren Krankheit wie ein Wahnsinniger betrug, eine Verschwörung anzuzetteln und die Regierung in die eigene Hand zu nehmen! Wie fern hatten ihm offenbar aber solche Gedanken gelegen! *Mag die Welt auch noch so reif sein für ihr Gericht, sie erlebt ihr Gericht nie von seiten des heiligen Überrestes.* Dieser hat eine höhere Mission von Gott empfangen, als Weltreiche zu stürzen, Revolutionen zu segnen, Kirchen einzureißen, Völker zu knechten, Klassenhaß zu schüren oder Parteileidenschaften zu pflegen und die Fahnen staatsfeindlicher Träger zu weihen. Seine Botschaft ist weltweit, wie das Reich Gottes weltweit ist. Sein Dienst ist heilend und verbindend, erlösend und befreiend, segnend und aufrichtend, wie der Dienst des Reiches Gottes es je und je war und ist und bleiben wird.

Der heilige Überrest sucht daher auch der Stadt Babel Bestes, die ihn in ihrer Macht gefangen hält. Er ist bereit zu jedem Dienst, soweit er nicht seinem Gewissen widerspricht. Als jemand einem der führenden Männer des geistlichen Lebens in Rußland angesichts so mancher Miß- und Übelstände die Frage vorlegte: „Wann wird es in Rußland endlich anders werden?", da antwortete er in aller Ruhe: „Wenn wir Minister sein werden." Das sagte der Betreffende nicht im Selbstbewußtsein. Er sagte es im Blick auf die Gewissenhaftigkeit und das Pflichtgefühl, in dem Menschen, die vor Gott zu stehen suchen, auch ihren weltlichen Beruf erfüllen. In diesem Geist hatte offenbar auch Daniel seinen hohen Dienst erfüllt, in den er sich innerhalb der damaligen Weltmacht durch Gottes Fügung gestellt sah.

d) Das verhängnisvolle Edikt des Königs[1]

„Da sprachen die Männer: Wir werden an diesem Daniel keine Ursache finden, außer in seinem Gottesdienst." Hier lag für die Augen der Welt ein Anlaß im Leben Daniels. Auf diesem Gebiete achteten Daniel und seine Glaubensgenossen auch das Gebot des

[1] Kap. 6, 6 ff.

Königs nicht. Man wußte, *in ihrem Verhältnis zu Gott handeln diese Männer völlig unabhängig von jedem Königswillen und jeder Staatsreligion.* Für sie gibt es in dieser Frage keine höhere Autorität als die, die sie in Gott und in dessen Offenbarung gefunden haben. *„Die achten nicht auf das königliche Gebot, dienen deinen Göttern nicht und beten das goldene Bild nicht an, das du aufgerichtet hast"*, sprachen einst die Verkläger der Freunde Daniels zum König Nebukadnezar.

Diese „Einseitigkeit" Daniels und seiner Mitverbündeten war auch den Verschwörern bekannt. In ihr sahen sie die einzige Grundlage für ihr dunkles Spiel. *Auf diesem Gebiet glaubten sie einen Konflikt zwischen dem König und Daniel heraufbeschwören zu können, der in jedem Fall einen tragischen Ausgang für den Propheten nehmen müsse.* Nach der damals herrschenden Anschauung, besonders auch der Meder und Perser, verkörperte sich in dem jeweiligen Herrscher des Landes die höhere Gottheit. Die Könige genossen daher göttliche Verehrung. Auch Alexander der Große übernahm später diesen Wahn und schrieb seinen Untertanen sogar vor, ihn göttlich zu verehren. Diese Anschauung, die auch von den Nachfolgern Alexanders und den römischen Cäsaren übernommen wurde, brachte auch die erste Christenheit mit der Staatsregierung in unnennbare Konflikte und führte zu den allerblutigsten Verfolgungen; wurden doch am persischen Hofe die Herrschenden geradezu mit Gott angeredet. Daß solch eine Königsverehrung aber im schärfsten Gegensatz zur Glaubenserkenntnis Daniels stehe, das wußten die Feinde des Propheten.

So begaben sie sich zu Darius und bestürmten den König mit folgenden Worten: *„König Darius, lebe ewig! Alle Fürsten des Königreichs, die Landpfleger und Satrapen, die Gesetzgeber und Statthalter sind bei ihrer Beratung (zu dem Schluß) gekommen, es solle ein königlicher Erlaß ergehen und ein strenges Verbot gegeben werden (des Inhalts): Jeder, der innerhalb von dreißig Tagen irgendeine Bitte an irgendeinen Gott oder Menschen richtet außer an dich, o König, der soll in den Löwenzwinger geworfen werden. Nun wohl, o König, laß das Verbot ergehen und unterschreibe das Edikt, damit es unabänderlich sei wie das unwiderrufliche Gesetz* *der Meder und Perser! Daraufhin unterzeichnete der König Darius das Edikt und Verbot."*

Der König selber ahnte nicht, welch einen dunklen Leidensweg er mit seinem Erlaß dem treuesten Diener seines Staates bereitete. Unter dem Schein, daß es sich lediglich um eine Befestigung des Ansehens seines Thrones und seiner Herrschaft handle, war ihm das Edikt von den Fürsten und Satrapen vorgelegt worden. Auf diesem Wege sollte es den unterworfenen Landschaften und Völkern des ehemaligen babylonischen Weltreiches noch stärker zum Bewußtsein kommen, daß die göttliche Herrscherwürde auf Darius übergegangen sei. Man kleidete also den gemeinsten Verrat in den Schein einer höchst wichtigen Staatsaktion. Man heuchelte tiefe Ergebenheit an den Staat, um die eigene Skrupellosigkeit in seinem Dienst am Staat zu verbergen und zu einem dauernden Zustand zu erheben.

Wir stehen auch hier wieder vor der in der Geschichte ewig wiederkehrenden Frage: Wer wird siegen? *Die in den Schein des Patriotismus und des Staatswohls gehüllte Korruption und Verlogenheit, die ihre Skrupellosigkeit zur öffentlichen Dienstmoral verewigen will, oder die ehrliche Treue und Ergebenheit derer, die auch in ihrem staatlichen Dienste Gott mehr gehorchen als den Menschen?*

II. Daniels neuer Lebensweg

„Sowie nun Daniel erfuhr, daß das Schriftstück unterzeichnet war, ging er heim — er hatte aber die Fenster in seinem Obergemach offen gegen Jerusalem zu —, und dreimal am Tage warf er sich auf seine Knie und betete und pries seinen Gott, wie er es auch vordem getan hatte." Dan. 6, 11. 12

a) Die offenen Fenster gen Jerusalem

Das vom König Darius unterschriebene und mit seinem Siegelring beglaubigte Edikt hatte rein religiöse Bedeutung. Es handelte sich darin allein um den Verkehr des einzelnen mit der höchsten Landesgottheit und war nach medopersischem Recht unwiderruflich. Als Verkörperung dieser Gottheit auf Erden war der König in seinen

Willensäußerungen unfehlbar. Daher hatte auch die Botschaft des Edikts, daß niemand innerhalb von dreißig Tagen irgendeine Bitte an irgendeinen Gott oder an irgendeinen Menschen richten solle, außer an den König allein, solch eine bindende Kraft.

Jedoch der heilige Überrest kann nicht dreißig Tage ohne Gebet sein, nicht ohne den Umgang mit dem lebendigen Gott als seinem Vater leben. Dazu ist das Leben viel zu reich, als daß er im Lauf von dreißig Tagen dem Vater im Himmel nichts zu sagen oder nichts von ihm zu erbitten hätte. Der Religion der Welt war solch eine Umstellung nicht schwer. Sie trägt ja nicht das ganze Sein des Menschen, ist nicht die verborgene Quelle seiner Kraft und Handlungen, sie wird vielmehr vom Menschen gepflegt und getragen. Religionen lassen sich in ihrer äußerlichen Pflege daher auch von Gott auf Menschen umstellen, so daß der einzelne anstatt mit Gott mit dem Menschen das Heiligste und Tiefste bespricht, was seine Seele bewegt.

Daß jedoch dem Daniel eine Umstellung in seinem Verkehr mit der Gottheit unmöglich sei, das wußten auch dessen Feinde. Diesen war es ja nicht um die Pflege der Religion zu tun. Sie wollten den treuen Knecht des Höchsten und den gewissenhaften Diener des Königs in einen Konflikt bringen, der für ihn unbedingt mit dem Löwengraben enden mußte. Das allein würde ihrem Leben und Dienst jene neue Basis schaffen, auf der sie ihr ferneres Glück und Wohlergehen aufbauen könnten. Wir schauen da aufs neue hinein in die dunkle Tiefe einer Welt, die den lebendigen Verkehr mit Gott nicht kennt, und die ihre Zukunft und ihr Glück allein durch eine dunkle Politik und durch geheimen Betrug aufzubauen sucht. Sie ahnt jedoch nicht, daß sie sich letzthin durch solch einen Aufbau immer wieder selbst jenen Löwengraben bereitet, in dem sie ihr Gericht findet.

Das ist in der Weltgeschichte und in der großen Weltpolitik kaum je anders gewesen. Es wird aber trotz aller Katastrophen und Gerichte der Vergangenheit wenig gesehen. Man kehrt immer aufs neue zu verwandten Mitteln zurück, um sich sein Glück und seine Zukunft zu schaffen. *Das muß die Kirche Christi, insoweit sie zum heiligen Überrest in der Geschichte gehört, je und je in entschei-*

dende Konflikte mit der Entwicklung und dem Aufbau der Welt bringen. Sie kann nicht auf Kommando hin beten, nicht auf Kommando hin den Verkehr mit Gott einstellen. Sich von der Quelle lösen, aus der ihr ganzes Sein und die Kraft ihres Dienstes und das Licht ihrer Erkenntnis fließen, das ist für sie Untergang. Sie ist nur insoweit Kirche, als ihr Leben sich durch den Umgang mit Gott getragen sieht und ihr Dienst durch das Licht der Ewigkeit bestimmt wird.

So wurde auch dem Daniel durch das Edikt des Königs Darius ein neuer, schwerer Prüfungsboden bereitet. Die Welt kennt in dieser Hinsicht keine Rücksicht auf das Alter eines Achtzigjährigen. Was wird aus dem an Gott gebundenen Greise angesichts des unabänderlichen Verbots des Königs werden? Wird er sich in seinem Verkehr mit Gott bewähren? Wird sein Glaube nicht gealtert, sein Gebetsumgang mit Gott nicht schwach geworden sein? Wird er es nicht vorziehen, dreißig Tage zu schweigen, um so den Rest seiner Tage aus allen Konflikten des Lebens zu retten?

Wenn Daniels Umgang mit Gott nur Religion gewesen wäre, wäre sie mit den fortschreitenden Jahren des Propheten mitgealtert und mit dem Versagen seiner körperlichen Kräfte mit schwach geworden. *Der Umgang mit Gott ist aber ein Leben, das mit dem Fortschritt der Lebensjahre nicht altert und nicht schwach wird.* Er ist unabhängig von des Menschen physischer Gesundheit oder Krankheit, von dessen Wohlergehen oder Leiden. Er ist der Ausdruck jenes unvergänglichen Lebens, das aus der Ewigkeit im Menschen in die Zeitlichkeit und Vergänglichkeit durchgebrochen ist. *Dies Leben altert nicht,* obgleich die Glieder schwach geworden sind, stirbt nicht, obgleich der Leib im Tode zusammenbricht, fürchtet sich nicht, auch wenn die Welt ihm einen Löwengraben schafft.

Von diesem Leben sah sich auch Daniel getragen. Sobald er erfuhr, *„daß das Schriftstück unterschrieben wäre, ging er hinaus in sein Haus — er hatte aber in seinem Obergemach offene Fenster gen Jerusalem —, und dreimal fiel er des Tages auf die Knie nieder, betete und dankte vor seinem Gott, ganz wie er vordem getan hatte".*

Das war Daniels Antwort, es konnte nur seine einzige Antwort sein. Sie gehört mit zum Schönsten, das uns aus dem langen und bewährten Leben des Propheten berichtet wird. Es läßt uns jene verborgene Quelle sehen, aus der sich sein langes geweihtes und bewährtes Leben nährte. Es mag wohl bereits manchem aufgefallen sein, daß die Schrift bei ihrer so objektiven Art doch auf das Leben dieses Propheten keinen Schatten fallen läßt. Rein blieb sein jugendliches Alter, treu war er im Dienst am babylonischen Hofe, mit göttlicher Offenbarung diente er seiner Umgebung und löste ihr jene Fragen, die sonst kein Weiser jener Zeit enträtseln konnte. Er bewährte sich in den schwersten Kämpfen und Proben, in die ihn sein Leben und sein Dienst führten.

Selbst in seinem hohen Alter war sein Leben so harmonisch, abgeklärt und voll tiefer Ruhe, daß er nichts Außergewöhnliches tat, als er von dem Schriftstück erfuhr, das von dem König unterschrieben worden war. Dreimal fiel er des Tages auf seine Knie nieder, betete und dankte vor seinem Gott, ganz wie er vordem zu tun pflegte. Wir hätten wohl geglaubt, daß er sich angesichts der großen Probe, die für ihn kam, in besonderer Weise in die Stille hätte zurückziehen müssen, um sich für den schweren Kampf vorzubereiten, der vor ihm lag. Er jedoch tat es nicht, und zwar, weil er nichts vorzubereiten hatte. Seine Seele und sein Leben standen in ungetrübter Harmonie mit Gott. Er bedurfte keiner neuen innerlichen Einstellung, als er sich einer neuen, schweren Glaubensprobe gegenübergestellt sah. Seine Gemeinschaft mit Gott und seine innere Ruhe wurden auch durch die Kunde nicht erschüttert, daß das für ihn so schwere Edikt vom Könige Darius unterschrieben worden sei.

Man fragt sich da: woher floß ein so abgeklärtes, bewährtes Leben? Woher kam dem Daniel eine solche Sabbatstille mitten in den größten Stürmen und Kämpfen seines Lebens? Er war doch Fleisch von unserem Fleisch, hatte Dienst, wie auch wir ihn zu tun haben, bewegte sich doch in einer geistigen Atmosphäre, die sich vielfach wie eine Last auf seine reine Seele legen mußte. Unser Wort gibt uns die Antwort: Sein Leben floß aus dem Umgang mit Gott. Sein Glaube wurde genährt durch die Gemeinschaft mit Gott. Solch ein Glaube jedoch altert nicht. Wer in Gott seine Stärke gefunden, geht von Kraft zu Kraft. Die ihre Lebenswurzeln oben haben, werden hier unten grünen wie ein Palmbaum. Noch im Alter tragen sie Frucht, sind saftig und frisch und legen durch ihr Leben und Dienen Zeugnis ab, wie treu Gott ist.

Diese Treue Gottes wirkt sich aus in einem gottgeweihten Leben. Auch Daniel war treu. Er hatte seine Treue nicht nur Gott gegenüber, auch im Dienste seines Königs und im Kreise der Hof=beamten hatte er sie bewiesen. Sonst war kein Unrecht an ihm außer seinem Verhältnis zu Gott — hatten seine Feinde feststellen müssen, als sie sein Leben nachkontrollierten. *Der babylonische Boden hatte Daniels Leben und Dienen nicht babylonisch gemacht.* Obgleich in der Welt, war er doch nicht von der Welt gewesen. Göttliches Leben, ewige Kräfte, heilige Grundsätze spiegelten sich auch in seinem weltlichen Dienen wider. Es war in den so über=aus reichen Dienstjahren seines Lebens gewiß genug Gelegenheit gewesen, das göttliche Wesen zu verleugnen und sein Leben und Gewissen nach den Grundsätzen seiner skrupellosen Umgebung zu bilden. Er hatte sich aber nicht verunreinigt, hatte sich auch in seinem weltlichen Beruf als Knecht Gottes bewährt.

Bleibt aber unser Verhältnis zu Gott rein, dann verunreinigt uns auch der Dienst in der Welt nicht. Er wird aus dem Umgang mit Gott heraus getan. Gerade im Dienst in der Welt macht Gott alsdann das Leben seines heiligen Überrestes vielfach so unendlich reich an Segen, an Kraft, an Einfluß, an Hingabe, an Beweisen der Treue und der Liebe, wie er es auf einem anderen Boden nie er=leben konnte. Nie wäre Daniels Leben auf israelitischem Boden so reich an Segnungen, an Vollmachten, an Einflüssen, an Offen=barungen und an Durchhilfen Gottes geworden, wie es auf babylo=nischem Boden wurde. Gott nimmt daher auch seinen Überrest nicht aus der Welt, er sendet ihn vielmehr in die Welt. Er weiß, daß die einzelnen Glieder hier ausreifen werden zu Charakteren des Glaubens, die kein Sturm mehr entwurzeln kann. Hier werden sie zu jenen Überwindern, die wie Paulus mit einem Siegespreis ihren Glaubenskampf und ihren Lebensdienst vollenden werden.

Der Jude blieb Jude auch auf babylonischem Boden, so reich und einflußreich auch die Stellungen hier waren, die die Welt für ihn hatte. Auch als Diener des Herrschers der Weltmonarchie hatte Daniel nie seine Heimat vergessen, nie das Erbe verleugnet, das Gott seinen Vätern anvertraut hatte, nie den Tempel verloren, wo Gottes Altäre standen. Daher hatte er sich in seinem Hause am babylonischen Hofe „offene Fenster gen Jerusalem" geschaffen. Sie mußten davon Zeugnis ablegen, daß hier ein Fremdling wohne, der im Laufe der Jahrzehnte auf babylonischem Boden nicht zu Hause geworden sei. *Denn Daniel blieb ein Fremdling.* Wie sehr, das erfahren wir besonders, wenn wir ihn im neunten Kapitel mit Gott reden hören. Joseph wollte einst nicht in Ägypten begraben werden, obgleich er die goldene Kette Pharaos trug und den größten Ruhm und Segen auf ägyptischem Boden gefunden hatte. Sein hoffender Glaube rechnete zuversichtlich mit der Rückkehr seiner Brüder in das Erbe seiner Väter.

Wer wirklich von oben geboren ist, kann auch als Glied der gegenwärtigen Kirche nie mehr hier unten heimisch werden. Eine Gemeinde, die aus Gott geboren ist, findet ihr eigentliches Erbe und ihre letzte Zukunft nicht mehr in der Welt. So reich ihr Dienst, so gesegnet ihr Einfluß, so groß ihr Segen in der Welt auch immer gewesen sein mögen, sie sehnt sich mit Paulus und den Propheten nach der Königsherrschaft Gottes, nach dem Erscheinen des Menschensohnes in Herrlichkeit und Kraft. *Solange nicht diese ihre letzte und tiefste Sehnsucht gestillt ist, bleibt sie ein Fremdling auf Erden, eine Prophetin im Sklavenmantel, eine Beterin, die auch auf weltlichem Boden nicht ihre offenen Fenster gen Jerusalem schließt.*

Geht doch die ganze Erziehung der Kirche Christi durch den Heiligen Geist allein auf das, was Gottes ist. Sie fühlt ganz instinktiv, daß Heil, Seligkeit, Zukunft nur da für sie liegen können, wo Gottes Wille geschieht. In einer Weltordnung aber, die in ihrer kainitischen Gesinnung immer wieder fertig zu werden sucht auch ohne Gott, geschieht der Wille Gottes nicht. Da schöpft man seine Inspirationen nicht aus dem Heiligtum, da nährt man sich vielmehr von den Stimmungen des eigenen Geistes und läßt sich leiten durch das, was von unten kommt. Darum trug solch eine Weltordnung in ihren dunklen Zeiten den Charakter des Tieres, so sehr sie gelegentlich auch das Antlitz des Menschensohnes annahm.

Wer aber erwacht ist zur Ebenbildlichkeit Gottes, wer durch den Heiligen Geist dahin erzogen wird, daß er gleichgestaltet werde dem Bilde des Erstgeborenen unter vielen Brüdern, der wird gelöst vom Tiercharakter und gewinnt Lammesnatur. Das heißt, durch solche Umgestaltung gewinnt der Mensch etwas von der wahren Gesinnung Jesu, von dem Geist der Apostel und Propheten, von dem Charakter einer höheren und ewigen Welt. Die Glieder Christi bleiben daher weltfremd auf Erden, weil sie nur zu Hause sein können, wo Christus ist. Es gibt nichts, was diese Kluft zwischen Kirche und Welt innerlich überbrücken könnte. *Entweder sind ihre Glieder oben zu Hause und Fremdlinge hier auf Erden, oder sie sind heimisch in der Welt und werden Fremdlinge droben sein.*

b) Die Verlegenheit des Königs[1]

Darius konnte nicht ahnen, in welche Konflikte und Schwierigkeiten er sich selbst mit jenem Edikt bringen würde. Er wußte nicht, daß seine Botschaft einer Welt innerhalb seines Reiches begegnen würde, die sich auch vor dem Gesetz der Meder und Perser nicht beugen könne, sobald sich dieses Gesetz gegen das Heiligste eines an Gott gebundenen Menschen richte. Denn einige Tage nach dem Erlaß traten die obersten Beamten vor den König und sprachen: *„Hast du nicht ein Verbot unterzeichnet, daß jedermann, der innerhalb dreißig Tagen etwas von irgendeinem Gott oder Menschen erbittet, außer von dir, o König, in den Löwenzwinger geworfen werden soll? Der König hob an und sprach: Das steht fest nach dem unwiderruflichen Gesetz der Meder und Perser! Da hoben sie an und sprachen vor dem König: Daniel, einer aus den Angehörigen der Gefangenschaft Judas, hat auf dich, o König, und auf das Gebot, das du unterzeichnet hast, nicht geachtet, sondern dreimal am Tage verrichtet er sein Gebet."*

Jetzt erkannte der König, in welch eine Schwierigkeit seine Verordnung ihn selbst versetzte. Daß sie ihm den Mann rauben würde, dem sein ganzes Vertrauen galt, das hatte er nicht ahnen können. Er hatte offenbar die verborgene Quelle nie erkannt, aus der Daniel in seinem Leben seine Treue und Kraft schöpfte. *Wie*

[1] Kap. 6.

oft sind der Welt nur die Wirkungen, nicht aber auch die verborgenen Kraftquellen bekannt, durch die sich Gottes Propheten genährt wissen!

Als daher der König die schwere Anklage gegen Daniel vernahm, *„war es ihm sehr zuwider, und er sann darüber nach, wie er den Daniel retten könnte, und gab sich Mühe bis zum Sonnenuntergang, ihn zu befreien"*. Dies gelang dem König aber nicht. *Das ist vielfach die Tragik im Leben der Welt, daß sie sich selbst Gesetze schafft und auferlegt, von denen sie sich nicht mehr ohne schwere Enttäuschung oder sogar ohne eine Katastrophe zu befreien vermag.* Obwohl sie die Schöpferin ihrer Gesetze und Verordnungen ist, wird sie doch zur Sklavin derselben und seufzt unter deren Härte und Lasten. Darius gab zwar vor, der Herr eines Weltreiches zu sein, konnte jedoch um seiner Gesetze und der alten Traditionen willen nicht seinen unschuldigen Freund und Minister vom Löwengraben erretten. *Das ist der Monarch in den Ketten seiner eigenen Verordnungen, der Mensch in der Verwicklung seiner eigenen Schöpfung, die Welt im Verhängnis ihres eigenen Aufbaus!*

Als die Hofbeamten und Satrapen die Bemühungen des Königs sahen, bestürmten sie ihn und sprachen: *„Gedenke, o König, daß nach dem Gesetz der Meder und Perser jedes Verbot und Gebot, das der König hat ergehen lassen, unwiderruflich ist!"* Ja, welche Opfer hat die Welt nicht um ihrer guten Tradition willen gebracht! Um das Leben und den Dienst Daniels als redendes Gewissen loszuwerden, betonte die verschworene Beamtenschaft die Heiligkeit des Gesetzes.

Es waren aber nicht letzthin nur Edikt und Beamtenschaft, die den König ohnmächtig in seinen Entschlüssen machten. Auch hinter diesen Vorgängen stand wiederum Gott. Nicht als ob Gott die Beamten zu einer Verschwörung und zur Anzettlung des schweren Konfliktes inspiriert hätte. Gott überwachte aber alle Anschläge der Feinde und schob sie so, daß sie dem, der Gott liebte, zum Guten mitwirken mußten. *Das ist das große Lachen Gottes über alle feindlichen Machenschaften der Welt gegen seinen heiligen Überrest, daß er in seinem unerforschlichen Rat und in seinem souveränen Walten den Fluch in Segen, den Untergang in neues*

Leben verwandelt. Auch im täglichen Weltgeschehen erweist er sich als der Herr aller Dinge. Er zieht alle Widersprüche und Einzelheiten des Lebens so in sein verborgenes Walten, daß der heilige Überrest je und je mit Joseph bekennen muß: *„Ihr gedachtet es böse zu machen; Gott aber gedachte es gut zu machen."*

III. Daniels Dienst durch Leiden

„Da gab der König den Befehl, und man brachte den Daniel und warf ihn in die Löwengrube." Dan. 6, 17

a) Darius' ungewollter Befehl

Als Darius erkannte, daß er Daniel nicht von seiner Verurteilung retten könne, erteilte er den ihm so schweren Befehl, *„daß man den Daniel herbringe und in den Löwenzwinger werfe. Der König hob an und sprach zu Daniel: Dein Gott, dem du mit solcher Ausdauer dienest, der möge dich retten."* Gott vermag den Gang geschichtlicher Ereignisse so zu fügen, wenn er den heiligen Überrest in seinem Dienst und in seiner Glaubenshaltung vor aller Welt durch eine Rettung zu rechtfertigen sucht, daß die Welt diese Rettung später nie sich und ihrer Kraft zuzuschreiben vermag. Auch Darius mußte sich zuvor völlig in seinem königlichen Können ausgeben, bevor Gott eingreifen und seine Herrlichkeit an seinem Knecht offenbaren konnte. Und wie oft gestaltete sich später die kritische Lage der Kirche Jesu Christi oder auch ihrer einzelnen Glieder so, daß menschliche Hilfe sie nicht mehr retten konnte! Jedoch so bis aufs äußerste seine Knechte der Welt preiszugeben, ohne sie wirklich in der Welt umkommen zu lassen — das vermag nur Gott allein. Er kann es zulassen, daß die Welt die Glut noch siebenmal steigert — dennoch wird diese Sadrach, Mesach und Abed-Nego nicht verzehren, wenn er es nicht will. *Denn Gott verspätete sich nie.* „Wenn die Stunden sich gefunden, bricht die Hilf' mit Macht herein."

Auch dem König war nur noch die eine Hoffnung geblieben, daß der Gott, dem Daniel ohne Unterlaß diente, seinen treuen Knecht retten würde. Damit jedoch niemand von seinen Beamten, deren ganzes Vorgehen in dieser Angelegenheit der König bereits durchschaute, Mutwillen an Daniel verübte, versiegelte er den Stein, der den Löwenzwinger schloß, nicht nur mit seinem eigenen Siegel, sondern auch mit dem Siegel seiner Gewaltigen. Gott schloß einst die Arche, die einen Noah und dessen Familie durch eine kommende Gerichtsflut hindurchtragen sollte. Gott schloß, wenn auch durch den Siegelring des Königs und seiner Gewaltigen, den Löwenzwinger, daß nicht unbefugte Hände das Leben dessen betasten durften, den er hütete wie seinen Augapfel. *Denn für Daniel war in dieser kritischen Stunde der Geschichte der Mensch außer dem Löwenzwinger eine weit größere Gefahr als die Bestie in dem Löwenzwinger.*

Der achtzigjährige Greis ging in den Löwenzwinger. Selbst der König hatte ihn nicht zu retten vermocht. Warum bewahrte der Herr ihn nicht vor dieser schweren Prüfung? Brauchte Daniel sie etwa noch für seine Bewährung? Gott wäre es ja ein Geringes gewesen, den Weg und den Dienst seines alten Knechtes so zu gestalten, daß es in jeder Hinsicht licht gewesen wäre an seinem Lebensabend. Hatte er es doch seinerzeit auch so wunderbar gefügt, daß Daniel nicht dabei sein mußte, als Sadrach, Mesach und Abed=Nego ihre Feuerprobe erlebten.

So unverständlich es zunächst je und je in der Geschichte auch war: *sobald der Herr seinen heiligen Überrest den Weg des Lammes führen wollte, damit er auf diesem Boden zu einem Zeugnis für die Welt würde, wie er es auf keinem anderen Boden werden konnte, vermochte auch ein Darius trotz aller seiner königlichen Machtbefugnisse nicht, den Propheten Gottes zu retten.* Wie oft gab Gott in der Geschichte die Auserwähltesten seines Reiches, wie er in der Fülle der Zeiten seinen Sohn gab, in die Hände der Feinde, weil er wußte, daß deren Leiden und deren Tod der Welt eine weit größere Botschaft bringen würde, als deren noch so hingegebenes Leben und noch so treuer Dienst es vermocht hätten. *Gott gehen seine Heiligen nicht verloren! Auch dann nicht, wenn er sie im Löwengraben untergehen, auf dem Scheiterhaufen verbrennen, am Kreuze und in Folterkammern sterben läßt!*

So ließ Gott es zu, daß auch Daniel trotz seiner Treue und Hingabe in seinem bewährten Leben als Greis noch in den Löwen=

zwinger gehen mußte. Er wußte, daß dieser Weg für seinen Knecht nicht ein Verlust, vielmehr nur ein neuer, reicher Gewinn sein würde. Mag die Welt in solch einem Weg auch immer nur Verderben und Untergang sehen, Gott hat Mittel genug, ihn mit Freude und Wonne zu schmücken. *„Mein Gott hat seinen Engel gesandt und der Löwen Rachen verschlossen, daß sie mir kein Leid getan"*, antwortete am nächsten Morgen Daniel seinem tief besorgten König. Das Leben Daniels war durch dieses neue Erleben Gottes nur noch unendlich reicher geworden. Er durfte so sichtbar die Erfüllung jenes Prophetenwortes über Israel erfahren: *„Denn siehe, ich lasse das Haus Israel durch alle Völker sichten, wie man mit einem Siebe sichtet; und es soll kein Körnlein auf die Erde fallen[1]." Denn das Leben und Ergehen des heiligen Überrestes untersteht nicht dem Spiel des Zufalls, sondern der göttlichen Leitung, nicht der Laune der Welt, sondern dem Zweck göttlicher Sendung.*

Der König hatte die ganze Nacht nicht geschlafen. Schon beim Anbruch der Morgenröte begab er sich zum Löwenzwinger und rief mit kläglicher Stimme: *„Daniel, Daniel, Diener des lebendigen Gottes, hat dich auch dein Gott, dem du mit (solcher) Ausdauer dienst, von den Löwen zu retten vermocht?"* Offenbar war die Unruhe des Königs in seinem Gemach während der Nacht viel größer gewesen als die seines Knechtes im Löwenzwinger. *Es gibt keine größere Unruhe und keine tiefere Qual als die des leidenden Gewissens.* Wenn das leidet, weil es vergewaltigt worden ist, und anklagt, weil man dawider sündigte, so wird sein Reden zu einem Feuer, das brennt wie die Hölle, das brennt und brennt und nicht verlischt. Der Tod durch den Strick kam Judas offenbar wie eine Erlösung vor im Vergleich zu der Qual, die nach dem Verrat in seiner Seele brannte. Auch Darius wußte, daß er ein schmähliches Unrecht an Daniel getan hatte, wenn er auch durch den Betrug seiner Hofbeamten und Satrapen dazu verführt worden war. Selbstanklage, Sorge und Hoffnung hatten daher die ganze Nacht seine Seele bewegt.

Nachdem Daniel dem König geantwortet hatte, daß Gott eingegriffen und einen Engel zu seiner Bewahrung gesandt habe, *„da*

[1] Amos 9, 9.

wurde der König sehr froh und befahl, den Daniel aus dem Zwinger heraufzuziehen. Als man aber den Daniel aus dem Zwinger heraufgebracht hatte, fand sich keine Verletzung an ihm, der seinem Gott vertraut hatte." So hatte Gott sich selbst und seinen Knecht gerechtfertigt. *Diese Rechtfertigung sollte dem König zum Evangelium, den Verschwörern jedoch zum Gericht werden.* Angesichts dieses wunderbaren Erlebnisses war es Darius zur Gewißheit geworden, daß der Gott Daniels allein wirklich der lebendige Gott sei. Die Wirklichkeit Gottes wurde ihm jetzt so lebendig, wie sie ihm durch das alleinige Zeugnis und durch das Leben Daniels nie geworden war. *Gott vermag zu siegen auch durch die Leiden und den Tod seiner Heiligen.*

Wenn aber die Heiligen zu einem Zeugnis für die Welt erleben, was sie erleben, wenn sie Wege gehen können, wo andere untergehen, wenn sie Leiden mit Freuden ertragen, unter denen andere zusammenbrechen, wenn sie Segen ernten, wo sich andere von Fluch und Gericht umgeben sehen — so ist das nicht das Geheimnis ihres eigenen Lebens. Es ist auch nicht die Kraft ihrer starken Persönlichkeit, *das Geheimnis ist Gott.* Gott ist in ihrem Leben: er wirkt in ihnen Vertrauen, wo andere verzagen; er macht sie stark, wo andere unterliegen; er läßt sie warten, wo andere verzweifeln; er rettet sie, wo andere unter dem Geschehen der Ereignisse und im Wirrwarr der Geschichte rettungslos untergehen. *„Er hat seinen Engel gesandt und der Löwen Rachen verschlossen, daß sie mir kein Leid zufügten." So wird Gott sichtbar auch vor den Augen der Welt im Leben und Leiden derer, die wohl in der Welt, nicht aber von der Welt sind.*

Wie ganz anders erging es den Verschwörern, als sie nun vom König in denselben Löwenzwinger geworfen wurden! Sie fanden in ihm keinen schützenden Engel, es empfingen sie hungrige Bestien, durch die sie zerrissen wurden. *Jeder Frevel schafft sich jenen Frevel, an dem er zugrunde geht; jede Ungerechtigkeit gräbt sich ihr eigenes Grab; jede durch Lug und Trug aufgebaute Geschichte schafft sich ihre eigene Katastrophe.*

b) Des Königs wunderbarer Lobpreis Gottes[1]

Innerlich überwältigt von den Erlebnissen mit Daniel und unter dem tiefen Eindruck der Wirklichkeit des lebendigen Gottes stehend, erließ Darius nun ein großes Manifest an alle Völker seiner Monarchie. *„Euer Friede möge sich mehren! Von mir geht ein Befehl aus, daß man im ganzen Herrschaftsgebiet meines Königreiches vor dem Gott Daniels zittere und sich fürchte, der ein lebendiger Gott ist und ewig besteht und dessen Königtum nicht zugrunde geht, und dessen Herrschaft bis zu Ende dauert, der rettet und entreißt und am Himmel und auf Erden Zeichen und Wunder tut, der den Daniel aus der Gewalt der Löwen gerettet hat."*

Das war die köstliche Frucht, die Daniel durch seine Leiden in der Welt bewirkte. Sie bedeutete für Darius und seine Zeit unendlich mehr, als es uns erscheinen mag. Von ihr hing Israels fernere Zukunft ab. *Daniel hatte nicht nur für sich, er hatte für sein ganzes Volk gelitten und den Weg geebnet, daß die Stunde der Befreiung für die Schmachtenden und Weinenden an den Bächen Chebars nahen konnte.*

Wäre Daniel umgekommen, oder hätte er sich in jenem Umgang mit Gott nicht bewährt, der zu diesem Leiden führte, die Feinde Daniels hätten gesiegt. Unter deren Einfluß wäre die nächste Zukunft der Herrschaft Darius' unter eine Israel feindliche Haltung gekommen. Menschlich gesprochen hätte bei solch einer politischen Entwicklung auch der persische Großkönig Cyrus nicht daran denken können, die gefangenen Juden in ihre Heimat zu entlassen, damit sie die Stadtmauer Jerusalems wiederherstellen und den Tempel Gottes wiederaufbauen konnten.

Da jedoch Daniel sein Leben Gott zur Verfügung stellte, damit es ihm als ein Gefäß der Barmherzigkeit und der Offenbarung diene, so konnte Gott auf ganz natürlichem Wege in den Gang der politischen Ereignisse eingreifen. Die Feinde Israels offenbarten ihre Blöße, verloren das Vertrauen des Königs, wurden bestraft um ihrer List und ihres Betruges willen, und *„Daniel ging es fortan gut unter der Königsherrschaft des Darius und unter derjenigen*

[1] Kap. 6, 26—29.

des Kores, des Persers". Wir gehen wohl in der Annahme nicht fehl, daß all diese Ereignisse jene hochpolitische Basis mit vorbereiten halfen, daß bald darnach der merkwürdige und hochherzige Erlaß des Cyrus herausgegeben wurde, der den Gefangenen aus Juda die Heimkehr aus dem Land der Knechtschaft in das Land der Väter gestattete. *War durch die Schuld der Führenden innerhalb des jüdischen Volkes einst das ganze Land samt dem heiligen Überrest unter die Herrschaft Babels und der Welt gekommen, durch die Bewährung und durch den Dienst des heiligen Überrestes erlangte nun das ganze Volk seine Freiheit und seine Heimat wieder.*

So waltet Gott im großen Weltgeschehen. Nach dem Bericht eines in den Ruinen von Merka gefundenen Tonziegels nahm Cyrus nach dem Tode des Darius auch über Babel die Königswürde für sich selbst in Anspruch. Das brachte Daniel offenbar auch in nähere Fühlung und Bekanntschaft mit dem persischen Großkönig. Diesem blieb jedenfalls nicht verborgen, wie Gott Daniel all seinen Feinden gegenüber als seinen Knecht gerechtfertigt hatte. Ob nun durch Daniels direkten Einfluß, ob veranlaßt durch die Weissagung des Propheten Jesaja, die nach Josephus Cyrus gelesen haben soll — die Schrift berichtet uns, daß in demselben Jahre Cyrus in seinem ganzen Weltreich durch Herolde folgendes Manifest verkündigen ließ: *„So spricht Kores (Cyrus), der König von Persien: Jahve, der Gott des Himmels, hat mir alle Königreiche der Erde gegeben, und er hat mir befohlen, ihm ein Haus zu bauen zu Jerusalem, das in Juda ist. Wer nun unter euch irgend zu seinem Volke gehört, mit dem sei sein Gott, und der ziehe hinauf gen Jerusalem, das in Juda ist, und baue das Haus Jahves, des Gottes Israels! Er ist der Gott zu Jerusalem. Und wer noch übrig ist an allen Orten, da er als Fremdling weilt, dem sollen die Leute seines Ortes helfen mit Silber und Gold und Habe und Vieh nebst freiwilligen Gaben für das Haus Gottes zu Jerusalem[1]."*

Mit diesem königlichen Manifest, das für alle unter Nebukadnezar nach Babel entführten Juden von so unendlicher Tragweite für deren Zukunft war, erfüllte Cyrus jedoch nur, was der Herr durch seinen Knecht Jesaja dem Volk hatte sagen lassen: *„Ich habe*

[1] Esra 1, 2—4.

ihn (Kores) erweckt in Gerechtigkeit und will all seine Wege ebnen. Er wird meine Stadt bauen und meine Gefangenen loslassen; und solches weder um Geld noch um Gaben, spricht der Herr der Heerscharen[1]*."*

Das ist unser Gott in seiner souveränen Weltregierung. All sein Tun hat Zweck und Ziel. Er webt die Ereignisse der Weltgeschichte mit hinein in das Kommen seiner Gottesherrschaft. Wohlergehen und Gerichte der Völker, Mächtegruppierungen und Auftreten von Königen, Katastrophen der Weltmonarchien und Leiden der Gerechten — alles muß zu seiner Stunde, ob in direktem oder indirektem Sinne, Gottes Knecht sein und mitwirken, daß er sichtbar werde und sich seine Königsherrschaft offenbare. Von Gottes Majestät und Gegenwart überwältigt, wurde selbst ein Darius Prophet und sang ein für allemal in die Geschichte der kommenden Zeitalter die Nationalhymne des Gottesreiches hinein: *„Er ist der lebendige Gott, welcher ewig bleibt, und sein Königreich ist unvergänglich, und seine Herrschaft hat kein Ende."*

Mag der Ton dieses Psalms auch noch so oft übertönt werden von dem, was die einzelnen Völker in der Begeisterung ihrer Schöpfungen, im Glanz ihrer Macht, in der Bewunderung ihres Fortschritts und in der Hochspannung ihrer Erwartungen als das Höchste und Letzte des Lebens und der Zukunft zu besingen haben, der heilige Überrest weiß und stellt sich in seinen Psalmen darauf ein, daß die Stunde kommt, wo das Lied Moses und des Lammes für immer wird gesungen werden: *„Groß und wunderbar sind deine Werke, o Herr, Gott, Allmächtiger! Gerecht und wahrhaftig sind deine Wege, du König der Völker! Wer wollte sich nicht fürchten, o Herr, und deinen Namen verherrlichen? Denn du allein bist heilig, alle Völker werden kommen und vor dir anbeten, denn deine Gerichte sind offenbar geworden*[2]*."*

---

[1] Jes. 45, 13.
[2] Offb. 15, 3. 4.

II. Daniel, der Staatsmann als Prophet

A. Die Weltstaaten im Lichte prophetischer Offenbarung

I. Die Weltstaaten in Daniels erstem Traumgesicht

„Im ersten Jahre Belsazers, des Königs von Babel, schaute Daniel auf seinem Lager einen Traum mit Gesichten seines Hauptes. Alsdann schrieb Daniel den Traum nieder, den Hauptinhalt gab er an." Dan. 7, 1

a) Daniels erstes Traumgesicht

Daniel war Staatsmann und Prophet. Das war sein Geheimnis. Nie wäre er der große Staatsmann in der ersten Weltmonarchie geworden, wenn er nicht *Prophet* gewesen wäre. Nie wäre er aber auch der klare schauende Prophet gewesen, wenn er nicht der *Staatsmann* einer der größten Weltmächte geworden wäre. Von welch einer entscheidenden Bedeutung sein Staatsdienst in dem babylonischen Weltreich war, haben wir in dem ersten Teil des Buches des Propheten gesehen. Wir sahen, sein unbestechlicher Staatsdienst floß aus seinem Gebundensein an Gott. Gottes Offenbarung gab ihm die Klarheit der Erkenntnis, die Schärfe des Urteils und die Zielsicherheit seines Handelns. Von Gott aus vollzog sich sein Dienst am Hofe von drei Großkönigen und auf dem Boden der babylonischen Weltherrschaft. Er erwies sich hier mit seinem Leben und seinem Dienst als ein Durchbruch der Gottesherrschaft inmitten des wechselvollsten Weltgeschehens.

Wie stark Daniel Prophet war, das soll uns der zweite Teil des Buches zeigen. Er hatte nicht nur seiner Zeit, er hatte auch der weit größeren Zukunft Bleibendes zu geben. Über seine Staats- und Weltdeutung ist bisher keine Staatsphilosophie, noch irgendeine Geschichtsdeutung hinausgekommen. Niemals ist dem Wesen des Machtgedankens, der Staatsgewalt und der Weltentwicklung so auf den Grund gesehen worden, wie wir es in den Offenbarungsvisionen eines Propheten Daniel sehen.

Als Staatsmann allein hätte auch Daniel nie so urteilen und die Geschichtsentwicklung so sehen können, wie es in seinen

Gesichten niedergelegt ist. Eins der schärfsten Urteile der jüngsten Zeit über das Wesen der Staaten haben wir in Nietzsches „Zarathustra". *Aber welch ein Unterschied zwischen Nietzsches philosophischem Wort und Daniels prophetischer Schau!* Wahrlich, in Daniels Visionen spricht mehr als die spekulative Philosophie eines großen Staatsmannes und das reflektierende Urteil eines großen Geschichtskenners. *Es spricht der Prophet auf Grund göttlicher Erleuchtung.*

Daniel war aber auch nicht nur Prophet. Gerade ihm als erfahrenem Staatsmann, vor dem sich das Leben einer Weltmonarchie abspielte, konnte die Offenbarung über das Wesen und die Entwicklung der Welt Dinge anvertrauen, wie sie in dieser Klarheit kaum von einem anderen Propheten geschaut werden konnte. *Auch die Offenbarung sucht sich für ihren Dienst in der Geschichte die geeignetsten Persönlichkeiten.* Durch deren Geist und Wort will sie der Menschheit am klarsten das kundtun, was sie an göttlichem Licht zu enthüllen hat. Um Israel zu erretten, wurde sie einst Fleisch im Leben eines Mose. Um die neutestamentliche Gemeinde zu gründen, erwählte sie den Dienst eines Apostels Paulus. Um das Wesen der Weltstaaten und deren Entwicklung zu deuten, sprach sie durch einen der größten Staatsmänner der antiken Geschichte.

So wurde jede Gottesoffenbarung Fleisch und redete durch das Wort der Propheten von Gegenwart und Zukunft, von Gericht und Gnade, von Weltstaat und Gottesreich. Wem aber feststeht, daß der jeweilige Prophet niemals Schöpfer der Offenbarung, sondern nur deren Empfänger und Träger war, der weiß, daß ihm von Gott auch Dinge anvertraut werden konnten, die weit über seinen zeitgeschichtlichen Gesichtskreis hinausgingen. Auch die Zukunft in ihren großen Umrissen wurde licht, sobald die göttliche Offenbarung ihr Urteil auf sie fallen lassen konnte.

Wahre Prophetenschau war mithin stets unendlich mehr als menschliche Wahrsagerei. Zur Wahrsagerei war auch jede religiöse Scharlatanerie fähig. Sooft auch zukünftige Dinge Inhalt der Prophetie waren, *war sie Geistesschau der Zukunft auf Grund göttlicher Erleuchtung.* Daher waren die großen Gottespropheten auch nie ohne Hoffnung. Das Kommende kündend, halfen sie ihren Zeitgenossen über die Leiden und Gerichte der Gegenwart hinweg und hießen die Heimgesuchten auf das Heil der Zukunft warten. So wirkte sich das Verheißene längst vor der Erfüllung als Trost und Erwartung, als Kraft und Glaubenszuversicht in denen aus, die oft durch die größten Gerichtswehen der Geschichte zu gehen hatten.

Auch Gott hat mithin ein wesentliches Interesse am Vorhersagen. Er weiß, daß seine Weissagung über die zukünftigen Zeitalter sich als Trost und als Deutung der menschlichen Geschichtsentwicklung erweisen wird. Mit ihrem Licht wird sie zur klareren Erfassung der einzelnen Heilsoffenbarungen dienen. Er hatte zwar nicht zu jeder Zeit einen Staatsmann wie Daniel, der zu gleicher Zeit auch Prophet war, und durch den er das Geheimnis der Weltreiche innerhalb der menschlichen Geschichte zu deuten vermochte. Zwar hat es auch später noch in der Geschichte Staatsmänner gegeben, die in ihrer Art nicht weniger groß als Daniel waren. Sie waren aber nicht Propheten. So groß und klar ihr staatsmännisches Urteil vielfach auch war, wie selten erkannten sie aber das letzte Geheimnis ihrer Weltmonarchien, und zwar mit jenen entsetzlichen Endkatastrophen, denen sie entgegentrieben! Beweist doch selten klar gerade Lütgerts letztes Buch „Das Ende des Idealismus im Zeitalter Bismarcks", wie verhängnisvoll es für die Zukunft geworden ist, *daß ein so großer Staatsmann wie Bismarck nur Staatsmann, nicht aber auch Prophet war.* Wie vieles in dem katastrophalen Geschehen der letzten Jahrzehnte läßt sich erst verstehen aus dem großen Versagen und den schweren Sünden der Vergangenheit, die der letzten Weltkatastrophe vorangegangen sind!

Auch nicht zu jeder Zeit hatte Gott für seine Kirche einen Saulus von Tarsus, den er zur rechten Stunde zum Apostel der Gemeinde berufen konnte. So groß manches ist, das Gott im Mittelalter durch die einzelnen Reformatoren geben konnte, ein Christusevangelium, wie Paulus es für alle Zeitalter gegeben hat, konnten sie nicht geben. *Gott hat zwar kein Interesse daran, nur einmal zu sprechen und dann für immer sich zurückzuziehen.* Sein ganzes

Sehnen geht auf Offenbarung, d. h. auf Selbstmitteilung durch Geist und Wort, um Gemeinschaft zu pflegen mit denen, die er in einen bewußten Glaubensumgang mit sich hineinziehen kann. Niemals konnte er aber zu allen reden wie einst zu den Aposteln und Propheten. Man würde ihn nicht verstehen, wie jene ihn verstanden haben, daher der Welt niemals das an Offenbarung geben können, was jene gegeben haben. Daher ließ er durch sie manches weissagen, was von späteren niemals geweissagt werden konnte. *Es verliert mithin keine Weissagung an ihrem Wert und ihrer Glaubwürdigkeit, wenn zwischen ihr und ihrer Erfüllung auch ein Zeitraum von Jahrhunderten oder Jahrtausenden liegt.*

Von der kritischen Forschung ist der Prophet Daniel aus mancherlei Gründen sogar als eine literarische „Fälschung" bezeichnet worden. Besonders auf Grund sprachlicher Eigentümlichkeiten, die sich im Buch Daniel finden, wie z. B. die westaramäische Mundart, persische Lehnworte, griechische Ausdrücke, und daß die babylonischen Wahrsager als Chaldäer bezeichnet werden. Man nimmt an, daß das Buch des Propheten nicht von ihm selbst verfaßt, sondern erst nach etwa zwei Jahrhunderten durch einen frommen Israeliten entstanden sei. Ohne uns in die Entstehungsfragen des Buches verlieren zu wollen, soll hier doch kurz folgendes zur Klärung gesagt werden.

Uns ist der Prophet mit seinen Erlebnissen am babylonischen Hof, wie sie uns in Kapitel 1—6 mitgeteilt werden, und mit seinen prophetischen Gesichten, wie sie uns in den Kapiteln 7—12 des Buches erhalten sind, *eine geschichtliche Persönlichkeit.* Daß das ganze Prophetenbuch in der vorliegenden Form nicht von Daniel selbst geschrieben worden ist, geht ja sowohl aus dem ersten als auch zweiten Teil des Buches hervor. So wird z. B. in dem geschichtlichen Teil von Daniel durchweg in der dritten Person gesprochen. Mithin ist über Daniels Erlebnisse auf Grund mündlicher oder schriftlicher Überlieferung von jemandem geschrieben worden, dem sie bereits zur Vergangenheit gehörten.

Mag es richtig sein, daß der Verfasser erst etwa um 300 v. Chr. das Buch in seiner gegenwärtigen Form verfaßte, *die Quellen, aus denen er jedoch das Gesamtbild Daniels schuf, sind geschichtlich.*

Sodann ist es dem Verfasser nicht um ein lückenloses Geschichtsbuch zu tun. Er gibt aus dem Prophetenleben nur einzelne in sich geschlossene Begebenheiten wieder, durch die ganz besonders das verborgene Walten Gottes selbst in dem dunkelsten Weltgeschehen hervorgehoben werden soll.

b) Die Weltmächte und ihr geheimnisvolles Entstehen

„Nachts schaute ich in meinem Traumgesicht und siehe: Die vier Winde des Himmels brachen los auf das große Meer. Und siehe: Dem Meer entstiegen vier gewaltig große Tiere, ein jedes ganz verschieden von den anderen." Hier haben wir die Biogenesis (Lebensanfänge) aller Weltmonarchien. Gott zeichnet sie durch eine kurze Analogie mit den Naturgesetzen innerhalb seiner Schöpfung. Wozu wir ganze Seiten und Bände brauchen, leuchtet blitzartig vor unserer Seele auf, wenn Gott das Wesen der Dinge beschreibt.

Ihm sind auch die Weltmonarchien Geistesschöpfungen, nicht aber Schöpfungen seines Odems, sondern die Frucht der natürlichen Geisteskräfte des menschlichen Geschöpfes. Wo Gottes Ruach (Odem) wehen und sprechen kann, da entsteht selbst aus dem Chaos *ein Schöpfungswerk,* das mit einem Schöpfungssabbat endet. Wo sein Odem belebt, da wird *ein Mensch* sichtbar, der ein Bild und Gleichnis seines Schöpfers ist und sich als ein Herr der Schöpfung und ihres Lebens und ihrer Kräfte erweist. Wo sein Geist wirkt, da entsteht *ein Reich,* das nicht von dieser Welt ist und das mit seinem Leben unter der Herrschaft Gottes steht.

Anders die Weltmonarchien der gefallenen Menschheit. In ihnen als einem zeitlichen Geschichtsbild verkörpern sich die Geistesideen (die vier Winde) und Energien des Geschöpfes. Denn „Winde" sind mächtige Zeitströmungen, welche die Völkerwelt erregen. Diese Zeitströmungen sind aber inspiriert durch ganz bestimmte *Geistesideen.* Auch sie verfügen über vernichtende und schöpferische Kräfte. Sie sind fähig, ruhende Völker zu revolutionieren und zu zersetzen und auf den Ruinen untergegangener Kulturgebilde ein Neues zu schaffen, das ihrem eigenen Wesen entspricht und ihnen als Organismus ihres Willens und ihrer Ziele dient.

Es ist nicht nur die Hölle der Dämonen, es ist auch die der Geistesideen und Geisteskräfte, ohne Leiblichkeit zu sein. Wie einsam fühlen sich z. B. Menschen mit Ideen, mögen sie auch noch so verrückt sein, wenn sie diese nicht weitergeben können! Jeder Geist mit seinen Kräften, auch der unseligste, sucht in einer ihm entsprechenden Welt zur Geburt zu gelangen, um sich in ihr betätigen zu können. Gelingt es ihm, in manchen Menschen Träger seiner Ideen zu finden, dann baut er sich aus ihnen seine Welt. Denn das Spiel der Ideen sind Menschen und letzthin Völker. Idealismus, Materialismus, Marxismus, Monismus, Kommunismus, alle sonstigen Ismen waren zunächst Ideen, die in den Menschen ihren geschichtlichen Träger fanden. Mit welch einer Naturgewalt sie eines Tages über Völker wehen und daselbst einen alles beherrschenden Fanatismus erwecken können, das hat uns doch die Geschichte Europas im letzten Jahrhundert gezeigt.

Jede Weltmonarchie wurde bei ihrem Entstehen von einer besonderen Idee beseelt. Sie sah sich von deren Kraft getragen und von deren Erfüllung beglückt. Wie oft sahen antigöttliche Weltanschauungen ihre Kraft und ihr Heil in der völligen Loslösung des Menschen von Gott, in der Aufhebung aller bisherigen Gesellschaftsordnungen, in dem Freiwerden des Lebens von den natürlichen Schöpfungsordnungen Gottes! So haben letzthin alle europäischen und amerikanischen Staaten ihre ganz besonderen Staats-, Kultur- und Wirtschaftsideen, durch welche sie sich bisher inspirieren ließen. Wie oft werden herrschende politische Ideen dem Volk als das einzige aufbauende Evangelium selbst von Kathedern und Kanzeln herab gedolmetscht! Auch unser Deutschland stand vor dem ersten Weltkrieg nicht ohne jeden Grund im Verruf des einseitigen Machtgedankens, eines philosophischen Idealismus, eines blutleeren Kulturprotestantismus und eines alles beherrschenden Materialismus. Kann man sich doch nicht des Gedankens erwehren, *daß bis heute von vielen manches, das sich in unserm Aufbau als unser Unheil erwiesen hat, nur insoweit verurteilt wird, als wir es durch den Krieg für immer verloren haben.* Anstatt uns im Blick auf die Zukunft zum Heile unseres Volkes neu zu orientieren, weinen wir dem nach, was durch eine Weltkatastrophe uns genommen worden ist. *Wer aber Gerichtetem nachweint, steht in der Gefahr, sich und sein Volk in neue, weit schwerere Gerichte zu führen.*

Dasselbe gilt auch von den anderen Staaten, die ihrem Wesen nach ebenfalls von besonderen Ideen beseelt und getragen sind. Ideen, vielfach von solcher Wucht und inspirierender Gewalt, daß sie ganze Völker zu fanatisieren, fortzureißen und zum rücksichtslosesten Kampf gegen alle anderen aufzupeitschen vermögen, wenn sie nicht durch höhere Vernunft in ihren Auswirkungen gebändigt werden.

Das sind die Winde des Himmels, die je und je losbrechen aus dem großen Völkermeer. Ihre Geistesschöpfungen sind die Völker mit ihrem nationalen Weltimperialismus. Je fanatischer dieser von einem Volk den andern Völkern gegenüber vertreten wird, desto näher liegt der Kampf und damit in der Regel die Katastrophe. *Denn alles Leben, das durch Kampf groß wurde, endete wiederum im Kampf.* Es ist Gottes Gerechtigkeit innerhalb der Weltgeschichte, *daß eines Tages jedes Tier wiederum durch das Tier seine Todeswunde erhält.*

Obgleich dieses Mene-mene-tekel über jedes Zeitalter und jedes Volk der Geschichte von höchster Hand unauslöschbar geschrieben stand, baute sich doch immer wieder jede Weltmacht durch die Machtmittel des Kampfes auf. Wie oft wurde in der Geschichte eines Volkes das bittere Wort wahr: „Humanität ohne Divinität führt zur Bestialität“!

So sieht die Biogenesis aller Weltmonarchien nach göttlichem Urteil aus. Welch eine Staatsform die Völker auch ihrem Leben und ihrem Kulturaufbau gaben, es war nicht der Geist Gottes, der über das ruhende Völkermeer wehte, es war die Idee, die Geistesmacht des Menschen. „Solange nur eine Zeitströmung in einer bestimmten Richtung die Völkerwelt beherrscht, folgen die von ihr erregten Wellen in ruhigem, rhythmischem Gleichmaß aufeinander, ohne eine wesentliche Änderung in den Weltverhältnissen hervorzurufen. Prallen aber von verschiedenen Seiten kommende, einander entgegengesetzte politische Strömungen und Bestrebungen aufeinander, so entsteht ein Kampf der gegeneinanderstürmenden Wogen, aus dem schließlich ein siegendes Reich als weltbeherrschende

Macht hervorgeht. So war es je und je eine Folge weltbewegender politischer Stürme, daß sich Weltreiche aus dem Gewoge des Völkermeeres erhoben[1]."

In den Weltmonarchien — alten und neuen — steht mithin nicht Gott, es steht hier der Mensch als schöpferisches Subjekt, und er bewundert sich, wie Nebukadnezar, in dem Werk seines Geistes, in dem Reichtum seiner Mittel, in der maßlosen Entfaltung seiner Kräfte. Je größer in der Geschichte seine Schöpfung wurde, desto ausgesprochener wurde sie ihm zum Götzen, dem alles Leben zum Opfer gebracht werden mußte. Verliert der Mensch erst Gott, dann hat die Menschheit nur noch Götzen, ganz gleichgültig, wie diese dann heißen mögen. Deren Anbetung aber entmenscht den Menschen und macht ihn zum Sklaven seiner eigenen Schöpfung. Es bleibt das Verhängnis des Menschen in seiner Existenz und in seinem Schaffen, daß er in absoluter Unabhängigkeit nicht leben kann. In seiner Ebenbildlichkeit Gottes ist er für die Abhängigkeit von Gott als seinem Schöpfer geschaffen. Verleugnet er diese, in der allein sein wahres Leben liegen kann, dann macht er sich abhängig von dem, was er durch seinen eigenen Geist schuf. *Diese Abhängigkeit vom Geschaffenen wird ihm aber eines Tages zum Gericht.*

II. Die Weltreiche und ihr geheimnisvolles Wesen

„Es hob Daniel an und sprach: Ich schaute in meinem Gesicht während der Nacht, und siehe, die vier Winde des Himmels regten das große Meer auf, und vier große Tiere stiegen aus dem Meer empor, eines vom anderen verschieden." Dan. 7, 2. 3

Alles Leben verrät in seiner Gesinnung und Geistesrichtung seinen verborgenen Ursprung. Mit welch leidenschaftlichem Enthusiasmus und freudigen Erwartungen neu entstehende Weltmonarchien auch immer begrüßt wurden, ihre Entwicklung zeigte sehr bald den inneren Tiercharakter, von dem sie sich beherrscht sahen. *Was aus Leidenschaften und Machtbestrebungen geboren wurde, konnte sich in seiner Entwicklung und in seinem Fortbestand nur durch verwandte Machtmittel erhalten.* Und je lauter der Wider=

[1] Stockmann a. a. O. S. 102.

spruch und je allgemeiner die Unzufriedenheit der Völker wurden, desto skrupelloser mußten die Mittel werden, durch die allein sich jede Weltmonarchie zu behaupten vermochte.

Am stärksten kam aber stets das Raubtierartige zum Vorschein in der Stellung der einzelnen Weltmonarchien zueinander. *Da wurden in der Geschichte noch immer die menschliche und göttliche Ethik ersetzt durch die niedrigsten Machtmittel der Gewalt.* Heilig galt nur noch, was zum eigenen Ruhm, zur Entfaltung der Macht, zur Sicherung des Gewinns führte. Politische Lügen wurden als Politik, Verrat am Nächsten als vaterländische Gesinnung, Fälschungen der Geschichte als nationale Erziehung, Beraubung des Feindes als berechtigter Gewinn bezeichnet. Was die Staaten durch Gesetz an den eigenen Untertanen aufs schwerste bestraften, das taten sie mit kriegerischem Recht, sobald es sich um ihre besiegten Gegner handelte. Und wie das Raubtier ein moralisches Recht zum Rauben zu haben glaubt, wenn es hungert, so fand bisher noch jede Weltmacht einen angeblich berechtigten Vorwand den anderen gegenüber, um sie im Kampf anzugreifen. Welch einen Aufwand von Verteidigungsmitteln müssen die Weltstaaten aufbringen, um sich voreinander zu schützen! Gibt es doch zunächst nur wenige Staaten, die durch ihre ausgesprochene Neutralität bekunden, daß ihnen der Friede mit dem Nächsten höher steht als der skrupellose Gewinn vom Besitz des Nächsten.

Daniel war alles andere als ein Feind des Staates. Er war es auch nicht als Prophet Gottes. Er konnte einer babylonischen Weltmacht mit derselben Hingabe dienen, mit der er seinem eigenen Volke gedient hätte. *Denn nicht der Staatsgedanke an sich ist Sünde, obgleich jede Weltmonarchie aus Sünde und Schuld geboren wird.* Diese Hingabe trübte ihm aber nicht den Blick für den Wesenscharakter der jeweiligen Weltmonarchien. Er sah sie nicht als Patriot im Lichte nationaler Begeisterung, er sah sie als Prophet im Lichte göttlicher Offenbarung.

a) Das Bild des babylonischen Weltreiches

„Das erste Tier glich einem Löwen und hatte Flügel wie ein Adler. Ich betrachtete es, bis ihm seine Flügel ausgerissen wurden.

Darnach wurde es vom Boden aufgerichtet und (sah sich) wie ein Mensch auf Füße gestellt, und ihm ward eines Menschen Herz verliehen[1]." Das ist Nebukadnezar und die erste Weltmonarchie in göttlicher Beleuchtung. Sein naturhafter Charakter, sein Gericht und seine Erlösung — alles ist in großen Umrissen angedeutet in dem Bilde eines *geflügelten Löwen.*

Diese Gestalt war jener Zeit nichts Fremdes. Sie war ihr das Symbol der größten monarchischen und staatlichen Gewalt und der höchsten Idee des Geistes, von denen der Staat beseelt war. *Löwenstärke und Adlerflug: beide vereinigt, machten das Ideal der babylonischen Weltmacht aus.* Beides war Geschichte geworden mit dem Auftreten Nebukadnezars und seiner zweiundvierzigjährigen glanzvollen Regierung. Mit einer die ganze alte Welt in Schrecken versetzenden Gewalt war Nebukadnezar aufgetreten. Er hatte Ninive in den Staub gelegt, Pharao Nechos Machtstellung zerschlagen und selbst Jerusalem, die unantastbare Gottesstadt, sich unterworfen. Sein Auftreten war so kühn, sein Handeln so zielsicher, seine Regierung so das gewöhnliche Höhenmaß damaliger Herrscher übersteigend gewesen, daß sich in ihm tatsächlich Löwenstärke und Adlerflug verkörperten. *Das war sein naturhafter Charakter.*

Es war aber nicht das ganze Geschichtsbild Nebukadnezars. Es fehlte ihm nicht *das Gericht.* Nebukadnezar sah sich gerade da gerichtet, wo seine Stärke und seine Überlegenheit lagen. Seinen Adlerschwingen wurden die Schwungfedern ausgerauft. Hinfort fehlten der babylonischen Macht die schnelle Entschlußkraft und der höhere Geistesflug. Ja, als Nebukadnezar sich in seiner ungewöhnlichen Machtstellung und in seinen schöpferischen Ideen bis zur Selbstvergötterung verstieg, da verfiel er in eine geistige Umnachtung. Er benahm sich wie ein Tier und fühlte sich heimisch unter den Tieren des Feldes. Das war Gericht. Es war aber ein Gericht, das ihm zum Leben gereichte.

Daher fehlt auch nicht *die Erlösung* im Gesamtbild der Geschichte Nebukadnezars. *Aus dem Tier wird ein Mensch, und im Menschen schlägt ein Herz, das seinen Raubtiercharakter verloren hat.* Hinfort sang Nebukadnezar nicht mehr das Lied von seinem eigenen Tun,

[1] Kap. 7, 4.

er pries das Walten des Königs aller Könige mit dem Psalm: *„Nun lobe und erhebe und verherrliche ich, Nebukadnezar, den König des Himmels; denn all sein Tun ist richtig, und seine Wege sind gerecht; wer aber stolz einhergeht, den kann er demütigen."*

Diese Erlösung war nicht Nebukadnezars Tat. Sie war die Frucht von Gottes Eingreifen in sein Leben. In ihr fand er, was ihm weder seine Machtstellung noch seine Geistesschärfe noch sein hoher Ideenflug hatten geben können. Für uns ist es zwar ein Geheimnis, *daß der Mensch erst auf Grund seines Falles erlöst werden kann.* Erst muß er da sein Gericht erleben, wo seine Stärke liegt, damit aus dem Tier ein Mensch werde. Daher schrickt Gott weder bei dem einzelnen noch in der Geschichte der Völker vor solchen Gerichten zurück. Er sucht in seiner Barmherzigkeit durch Gericht zu erreichen, was ohne Gericht nicht erreicht werden konnte. Aus dem Tierbild wird ein Menschensohn, der das Bild seines Schöpfers trägt und einen Psalm vom Tun des Höchsten singt.

Es ist mithin eine selten kühne Prophetenschau von einer kommenden Erlösung der Völkerwelt, welche die göttliche Offenbarung mit dem Geschichtsbild Nebukadnezars verbindet. Weist doch das Bild mit seinem Erlösungszug weit über die Gestalt und das Einzelerlebnis Nebukadnezars hinaus auf jene kommende Heilszeit der Offenbarung: *„Groß und wunderbar sind deine Werke, Herr Gott, du Allgewaltiger! Gerecht und wahr sind deine Wege, du Völkerkönig! Wer sollte dich nicht fürchten, Herr, nicht deinen Namen preisen? Denn du allein bist heilig! Alle Völker werden kommen und vor dir anbeten; denn dein gerechtes Walten hat sich offenbart*[1]." Solche Heilserwartungen auf Grund bestimmter Einzelerlebnisse innerhalb der Geschichte vermag nur ein Glaube in sich zu tragen, zu dem zuvor die Offenbarung auf Grund einer prophetischen Schau hat sprechen können. Denn ist es nicht eine selten starke Verheißung in der großen Tragik der Menschheitsgeschichte, daß die Offenbarung mit dem ersten Weltherrscher und dessen Weltmonarchie die große Erlösungskunde verbindet: *Aus dem Raubtier soll ein Mensch werden, und zwar durch eine rettende Gottestat!?*

---

[1] Offb. 14, 3 f.

b) Das Bild des medopersischen Weltreiches

„Und siehe, ein anderes, ein zweites Tier erschien, das glich einem Bären; es war nur auf einer Seite aufgerichtet und hatte drei Rippen in seinem Rachen zwischen den Zähnen. Und ihm wurde gesagt: ‚Auf, friß viel Fleisch!'“ Es wechseln zwar in der Geschichte die Regierungen und Staaten, ihr innerstes Bild aber bleibt dasselbe. Auch das von dem edlen Cyrus gegründete medopersische Weltreich trug Tiercharakter. Es war wie das erste Weltreich aus demselben Ursprung, aus dem bewegten Völkermeer hervorgegangen. Zwar trug es nach außen nicht die so stark imponierende, majestätische Gestalt eines Löwen, es war in seiner geschichtlichen Erscheinung mehr die plumpe, in seinen Bewegungen täppische Art eines Bären. In beiden lebte aber dieselbe Raubtierseele: der antike Machthunger, die politische Skrupellosigkeit, die tierische Unersättlichkeit. Denn der Bär hielt zwischen seinen Zähnen drei Rippen. Es genügte ihm aber das geraubte Leben nicht. In seinem Wesen liegt, „viel Fleisch zu fressen“, d. h. weite Ländergebiete zu verschlingen.

In diesem Bilde erscheint die Weltmacht *Medopersien.* Kliefoth macht zu dem Bilde die treffende Bemerkung: „Der medopersische Bär hat als solcher zwei Seiten; die eine, die medische Seite, befindet sich nach den zur Errichtung des Weltreiches gemachten Anstrengungen in ruhendem Zustande, aber die andere, die persische Seite, erhebt sich und wird so nicht allein höher als die erste, sondern auch zu neuem Raub gerüstet.“ Es lag in der Eigenart der medopersischen Weltmonarchie, daß sie trotz ihrer Einheitlichkeit doch zwei grundverschiedene Mächte umschloß: eine mehr träge und ruhende, die medische, und eine wilde, raublustige, die persische. Mit den zwei genannten Tiergestalten sind die Formen der Weltmonarchien aber noch nicht erschöpft.

c) Der Typus des mazedonischen Weltreiches

„Nach diesem schaute ich und sah ein anderes Tier, das glich einem Panther und hatte vier Vogelflügel auf seinem Rücken. Zu-

dem hatte das Tier vier Köpfe, und ihm wurde Gewalt verliehen." Treffender konnte kaum das von Alexander d. Gr. gegründete mazedonische Weltreich symbolisch geschildert werden. Es war zwar nicht so stark wie das babylonische und medopersische. Es übertraf jene aber weit in seinen sprunghaften, blitzschnellen Bewegungen. Alexanders d. Gr. pantherartigen Eroberungen konnte sich kein Land entziehen. Von vier Schwingen sah er sich und mit sich Mazedonien in seinem Siegeszug in alle vier Himmelsrichtungen getragen. In der kurzen Zeitspanne von dreizehn Jahren unterwarf er seiner Macht gewaltige Gebiete Europas, Asiens und Afrikas und vereinigte die unterworfenen Länder zu einer neuen Weltmonarchie.

Sie trug aber von Anfang an einen vierfachen Zwiespalt in sich. Das Tier hatte vier Köpfe, *es war mithin geteilt in seinen Entschlüssen und Handlungen.* Ihm fehlte „die Einheitlichkeit des Willens und der Führung", was sich gleich nach dem Tode Alexanders d. Gr. in seinen Nachfolgern zeigte. Die nachfolgenden Diadochenreiche waren nur eine Bestätigung dieser seltsamen Panthergestalt mit seinen vier Köpfen.

Trotzdem wurde *von Gott* dem Tier Gewalt verliehen. Ein Geheimnis! Wir werden es vielleicht nie ganz zu fassen vermögen, warum Gott je und je einzelnen Völkern vorübergehend eine fast weltbeherrschende Macht verlieh. Vielleicht waren sie trotz ihres Tiercharakters doch das einzige Mittel in Gottes Hand, um die Völker vor einer letzten zersetzenden Anarchie zu bewahren. *Gott ist auch der rein natürliche Fortbestand der Völker ein Gegenstand seiner Barmherzigkeit und Sorge.* Sie sollen nicht in ihren Sünden zugrunde gehen, sondern durch Zucht und Ordnung sich erhalten und einem Zeitalter entgegengeführt werden, in dem sich die Herrschaft Gottes auch für sie offenbaren kann.

Dies Ziel erreicht Gott in der großen Geschichte zunächst nur durch die staatliche Gewalt. Um Raubritterzeiten zu überwinden, läßt er ein stärkeres Reich sich erheben, das Macht genug hat, eines Tages all die sich bekämpfenden Gewalten zur Ruhe zu bringen und höheren Zielen unterzuordnen. Nach Zeiten wilder Anarchien und zersetzender Revolutionen läßt er Regierungen mit despotischer Gewalt auftreten, damit die Völker nicht im Kampf einer wider den andern aufgerieben werden. Warum Gott bald diesem, bald jenem Staat eine besondere Vormachtstellung gibt, bleibt für uns zunächst ein Rätsel. Denn ihrem innersten Wesen nach stehen sie alle unter demselben Urteil. In keinem Staate verkörperte sich bisher die ersehnte Gottesherrschaft. Alle trugen bisher weit mehr das Antlitz des Tieres als das des Menschensohnes.

d) Das vierte Tier

„Nach diesem schaute ich in den Nachtgesichten, und siehe, ein viertes Tier: furchtbar, schrecklich und sehr stark, das hatte große, eiserne Zähne. Es fraß und zermalmte und zertrat das übrige mit seinen Füßen. Auch war es verschieden von allen Tieren vor ihm und hatte zehn Hörner. Während ich die Hörner betrachtete, siehe, ein anderes, kleines Horn stieg zwischen ihnen auf, vor welchem drei von den ersten Hörnern ausgerissen wurden. Und siehe, dasselbige Horn hatte Augen wie Menschenaugen und ein Maul, das hochmütige Dinge redete[1].“

Die vierte Tiergestalt ist namenlos, weil kein Analogon im Tierreich gefunden werden kann. Seine Wesenszüge sind so schrecklich, seine Raubart von solcher Härte, seine Zerstörungswut so grenzenlos, daß es nicht seinesgleichen hat. Und doch war es dem Propheten das Symbol des nächstfolgenden, des vierten Weltreiches. *Dies war das römische.* Es lag noch in fernerer Zukunft. „Der Seher wußte dieses schreckliche Raubtier mit keinem andern zu vergleichen und gab ihm keinen Namen, weil Rom zu Daniels Zeiten noch in keine Berührung mit Israel gekommen war und noch außerhalb des Gesichtskreises der alttestamentlichen Prophetie lag, wogegen das griechische Volk damals schon[2] in Beziehung zum Volk Israel getreten war“ (Keil)[3].

Die rein naturhafte, innergesetzliche Entwicklung geht nicht

[1] Kap. 7, 7—9.
[2] Joel 4, 6.
[3] Stockmann. a. a. O. S. 106. Anm. daselbst: „Das Rabbinat zählte ohne Schwankungen die Griechen als das dritte und Rom als das vierte Tier.“ — Schlatter: Das Alte Testament in der johanneischen Apokalypse. C. Bertelsmann, Gütersloh 1912, Seite 90.

vom Tier zum Menschen hin. Kommt in ihnen, wie auch im letzten Weltkriege, das Raubtierartige zum Durchbruch, dann sind sie um so furchtbarer, je höher ihre Intelligenz, ihre Kultur und ihre Machtmittel sind. Nie ist ein Völkerringen mit solch grenzenloser Härte, mit solch einer geistigen Überlegenheit und so rücksichtslos gegen alles Bestehende geführt worden wie das jüngste. Es bleibt daher unerklärlich, wie wenig zunächst die Völker über sich selbst und ihr Antlitz erschrocken sind. Aber ihre Staatsphilosophie macht sie blind. Noch gefallen sie sich in dem Ruhm ihres Tiercharakters. Die Botschaft der Offenbarung von der Herrschaft des Menschensohnes ist ihnen fremd geblieben.

Auch Rom als Weltmonarchie besaß ebensowenig menschliche Züge wie die vorangegangenen. Zwar unterschied Rom sich in seinem abendländischen Gepräge stark von dem morgenländischen der vorangegangenen östlichen Weltstaaten. Es übertraf sie aber durch seine eiserne Härte, mit der es die Länder bezwang, und mit seiner brutalen Gewalt, mit der es die Völker zu Boden trat. Sein kultureller Fortschritt ermöglichte es Rom, seine vorhandenen Machtmittel um so wirksamer gegen alle schwächeren Völker zu verwenden.

Nach dem Gesicht des Propheten trägt diese vierte Tiergestalt zehn Hörner. Sie sind nach den Worten des Engels, der später dem Propheten die Gesichte deutet, zehn Könige oder auch Weltmächte, die aus der römischen Weltmonarchie hervorgehen und die Völker der Erde beherrschen werden. Obgleich zehn an der Zahl, sind sie doch keine Schwächung der eigentlichen Weltmacht. Sie sind ja alle letzthin die Geistesschöpfung ein und desselben Hauptes. Alle zehn Großmächte sehen sich in ihrer Grundrichtung, in ihren Gewaltmitteln und in ihren Weltplänen von ein und demselben Geiste inspiriert. Es ist aber nicht der Geist des Menschensohnes, durch den sie ihre geheimnisvolle Kraft empfangen. Es ist auch nicht schlechthin der Geist des Antichristus. Es ist der naturhafte Menschengeist, der sich durch den Geist Gottes nicht bestimmen läßt. In jeder Großmacht verkörperte sich die höchste Schöpfung des menschlichen Geistes ohne Gott, damit aber nur indirekt und vielfach mehr unbewußt wider Gott.

Daher hatten die zehn Hörner Raum in ihrer Mitte für das allmächtige Werden einer *elften Geistesschöpfung. „Siehe, ein anderes, kleines Horn stieg zwischen ihnen auf."* Diese Geistesschöpfung ist offenbar *das Reich des Antichristus,* wie es uns in den neutestamentlichen Schriften beschrieben wird[1]. Es gelangt jedoch erst zur Herrschaft, nachdem es den Widerstand von drei Mächten gebrochen hat. Nach der Johannesapokalypse wird es das *„Tier aus dem Abgrund"* sein. *„Und die zehn Hörner, die du gesehen hast, sind zehn Könige (oder auch Reiche), die noch keine Königsherrschaft empfangen haben; aber Vollmacht wie Könige auf eine Stunde empfangen sie mit dem Tier. Diese haben einmütigen Sinn und stellen ihre Macht und Gewalt dem Tier zur Verfügung. Diese werden mit dem Lamme kämpfen, das Lamm aber wird sie überwinden; denn es ist der Herr der Herren und der König der Könige, und seine Kampfgenossen sind Berufene und Auserwählte und Getreue[2]."*

Für dieses Horn oder diese antichristliche Geistesschöpfung werden *das menschliche Auge* und *der lästernde Mund* zwei sehr wesentliche Merkmale sein. Es wird nicht urteilen nach seelischer Stimmung, sondern nach rein sachlicher Beobachtung. Es wird die Geschichte, die Kultur, die Religionen, die Menschheistbestrebungen sehen, wie sie in ihrem tiefsten Wesen sind. Sein Hohn wird sich alsdann über alles ergießen, weil so vieles nur einen falschen Schein, eine glänzende Außenseite hatte.

Es war in der Geschichte stets ein wesentlicher Zug des Antichristus, das Lügenhafte der Vergangenheit zu sehen und zu verspotten. Ihm wird aber stets die schöpferische Kraft fehlen, im Völkerleben die Lüge durch die Wahrheit, den Schein durch die Wirklichkeit zu ersetzen. *Zeiten des Antichristus waren immer Zeiten vernichtender Kritik, nicht aber Zeiten schöpferischen Aufbaus der Zukunft.* Was aus dem Abgrund emporsteigt, führte noch immer seine Geistesschöpfungen in den Abgrund. Alles Leben endet letzthin dauernd mit seinen Schöpfungen wieder bei seinem Ursprung.

---

[1] 2. Thess. 2, 3 „Mensch der Sünde" genannt. 1. Joh. 2, 18 „Antichristus" oder „Gegenchristus".

[2] Offb. 17, 12—14.

Je tiefer aber die Lüge erkannt und je offener die Ungerechtigkeit ausgesprochen wird, desto mehr imponiert der Mund, der sie auszusprechen wagt. Daher vermögen Volksredner, so fraglich und zweifelhaft ihre Vergangenheit auch gewesen, so unzuverlässig ihre Spekulationen auch sind, die Massen fortzureißen und für sich Stimmung zu machen. Dem Antichristen und verwandten Geistesrichtungen genügen nicht Kanzel und Katheder. Sie erwählen für ihre Propaganda die Straße. *In der Geschichte trug aber letzthin alles einen sehr zweifelhaften Charakter, was durch die Inspiration der Straße geboren wurde.* So weisen zweifellos die Züge und Eigenarten des letzten Tierbildes auf die Lebensäußerungen des Antichristus der Endzeit hin.

III. Die Weltmacht vor dem Weltgericht

„Ich schaute solches, bis daß Thronsessel aufgestellt wurden und der Alte der Tage sich setzte. Sein Gewand war weiß wie Schnee und sein Haupthaar wie reine Wolle. Sein Thron waren Feuerflammen und dessen Räder loderndes Feuer. Ein Feuerstrom ergoß sich und ging von ihm aus. Tausendmal tausend dienten ihm, und viele Millionen standen vor ihm."
Dan. 7, 9 f.

a) Die Weltmacht vor dem Weltgericht

Daniel sah nicht nur die Geschichtsentwicklung bis zur lästernden Vermessenheit des letzten Horns, er sah auch das darnach Folgende. Die Geschichte schließt nicht mit den Lästerungen des Widerchristus und dessen gigantischen Geistesschöpfungen. *Je vermessener die Sprache der Welt, desto näher steht sie ihrem Gericht.* Daher konnte Jesus im Blick auf die letzten Gerichtswehen der Weltgeschichte zu seiner kleinen Jüngergemeinde sagen: *„Sobald dieses anfängt zu geschehen, so richtet euch auf und erhebt eure Häupter, dieweil sich eure Erlösung naht*[1]*!"* Nicht der Antichrist, Gott wird das letzte Wort in der Geschichte behalten.

Zunächst sah Daniel den thronenden Weltenrichter. *Gott kann nicht in seiner majestätischen Gestalt, er kann nur in seinen hei-*

[1] Luk. 21, 28.

ligen Wirkungen gesehen werden. Alle Theophanien, die uns in der Heiligen Schrift als Erlebnis der einzelnen Gottesknechte geschildert werden, stehen unter dem Offenbarungswort an Mose, als dieser in feierlicher Stunde den Herrn bat: *„Laß mich doch deine Herrlichkeit sehen!"* Die göttliche Antwort lautete: *„Mein Angesicht kannst du nicht schauen; denn ein Mensch, der mich schaut, bleibt nicht am Leben*[1]*."*

Trotzdem spricht die Schrift doch von solch einem vertrauten Umgang mit Gott, der ein Reden *„von Angesicht zu Angesicht"* genannt werden kann. Gottes Freunde, wie ein Abraham, ein Mose und andere, sahen sich zu solch einem Umgang begnadet. Aber auch bei ihnen bedeutete das „Reden von Angesicht zu Angesicht" ebenfalls nicht ein unmittelbares Anschauen der Geistpersönlichkeit Gottes. Der Ausdruck besagt nur, in welch einem direkten und unmittelbaren Umgang diese Freunde mit Gott standen. *Sie sahen nicht Gott, sie erlebten nur Gott in seinen unmittelbaren Wirkungen.*

Die Schöpfung mit ihrem Leben, ihren Kräften und Formen hat wohl Bilder und Gleichnisse für Gottes mannigfaltige Wirkungen, nicht aber für Gott selbst. Es gibt kein Bild und Gleichnis in der ganzen Gottesschöpfung, das Gott symbolisch fassen oder begrifflich voll offenbaren könnte. *Gott ist unendlich größer als jedes Symbol und jedes Wort.* Es gehört aber zum Hinabsteigen Gottes in unser menschliches Erkennungs- und Wahrnehmungsvermögen, wenn der Mensch ihn in seiner Majestät, Heiligkeit und Gewalt in solchen Vorstellungen erleben darf, wie auch Daniel in seinen Traumgesichten. *Jede auch von ihm erlebte Theophanie war nichts anderes als die vom Menschen wahrgenommene Knechtsgestalt, in die sich Gott zwecks seiner Offenbarung hüllte.*

Gott ist unwandelbar. Wenn uns nun im biblischen Kanon von so manchen, stark voneinander abweichenden Theophanien erzählt wird, so ist es nicht Gott, der sich gewandelt hat. Nur die Kundgebungen des Göttlichen wandelten sich, und zwar in jenen Vorstellungen und Sinnbildern, in denen das Göttliche in seiner Offenbarung und Wirkung vom Menschen auf seinen jeweiligen Stand-

[1] 2. Mose 33, 18 ff.

punkt erlebt werden konnte. *Denn nie bedeutete eine erlebte Gottesoffenbarung ein Hinaufsteigen des Menschen zu Gott, es war immer ein Hinabsteigen Gottes zum Menschen.* Sie sieht den Menschen in jener Knechtsgestalt, in der er sich befindet, und knüpft an jene Vorstellungen an, in denen sich der wahrnehmende und aufhorchende Geist des Menschen bewegt. Erst wenn das innere Aufhorchen der Seele begonnen hat, kann die Offenbarung von Erleuchtung zu Erleuchtung, von Klarheit zu Klarheit führen. Dann beginnt das Leben zu einer dauernden Antwort auf den Ruf Gottes zu werden, bis der Herr eines Tages von *„Angesicht zu Angesicht"*, d. h. auch ohne Sinnbild zu uns reden kann.

Daher befriedigen uns auch keine Beschreibungen der erlebten Theophanien. So Großes sie auch von Gott auszusagen suchen, es ist doch nicht das wahre Bild Gottes, das sie uns zu geben vermögen. So sah auch Daniel nicht, *was Gott seinem ganzen Wesen nach ist, sondern wie er sich im Gericht offenbaren wird.* Begriffe wie *„der Alte"*, *„das Gewand"*, *„Haare"*, *„Thronsessel"*, *„flammensprühende Räder"* und andere des Traumgesichts sind nur symbolische Gleichnisse für Gottes ewige Majestät, für die Allgegenwart seiner Richtergewalt, für die Heiligkeit seiner unerschütterlichen Weltregierung. Alles will dem Menschen nur die Wahrheit künden, *daß Gott groß genug ist, auch mit der letzten Geschichtsentwicklung und deren frevelhaften Lästerungen fertig zu werden.* Seine Mittel reichen aus, entweder auch das Widergöttlichste zu erlösen oder es für immer zu vernichten.

Das zeigt uns die vom Propheten geschaute *Gerichtsverhandlung. „Die Gerichtsversammlung ließ sich nieder, und es wurden Bücher aufgeschlagen. Ich sah unverwandt hin wegen der lauten, hochmütigen Reden, die das Horn führte. Ich schaute hin, bis das Tier getötet und sein Leichnam vernichtet, d. h. zum Verbrennen ins Feuer geworfen wurde. Auch den übrigen Tieren wurde die Gewalt genommen und ihnen ihre Lebensdauer auf Jahr und Tag bestimmt[1]."*

So menschlich hier das Bild vom göttlichen Gerichtshof ist, es spricht darin doch der gewaltige Ernst der Endkatastrophe, der die

[1] Kap. 7, 10b—12.

Geschichtsentwicklung mit ihren Weltmonarchien entgegenstellt. *Gott beherrscht sowohl die Völker als auch die Zeitalter der Geschichte.* In der Geschichte mögen Dokumente gefälscht, Archive versiegelt, Taten verleugnet und Völker belogen worden sein. Vor Gott und der oberen Welt schreibt der Mensch und schreiben die Völker ihre unaustilgbare Geschichte. Seit der Entdeckung des Radios wissen wir, daß kein Laut, kein Seufzer, kein Angstgeschrei, kein Fluch, keine Lästerung in der unendlichen Sphärenwelt verlorengeht. Die unbegrenzten Luft- und Ätherschwingungen sind die untrüglichen Bücher, in die wir unsere Taten schreiben. Sie werden uns unerbittlich zur Rechenschaft fordern. In ihnen werden wir erscheinen, wie wir sind: ohne politische Schminke, ohne gesellschaftliche Lüge, ohne übertünchte Religion. *Dort fällt die Maske: es beginnt die Wirklichkeit.*

Sie wird furchtbar ernst sein. Wenn Gott anfängt, durch Gericht zu enthüllen, was die Geschichte und ihre Völker an Widergöttlichem geredet, großgezogen und als Kulturschöpfungen verkörpert haben, *dann retten ein großes Maul und eine starke Faust nicht mehr.* Mit diesen Machtmitteln konnte der Mensch sich dem Menschen gegenüber durchsetzen und behaupten, nicht aber dem Gerichtshof Gottes gegenüber. Vor ihm bricht auch das Stärkste und Frevelhafteste zusammen, auch der Antichrist mit seiner letzten Weltmonarchie. Ihn trifft am ersten die Vernichtung durch Gericht. *Denn wo die Auflehnung am stärksten, da ist das Gericht am entscheidendsten und am umfassendsten.*

Eine Vorahnung davon, wie heiß das Feuer sein kann, in welches sich das letzte Horn zu seiner Vernichtung geworfen sieht, haben wir in den Schrecken der beiden Weltkriege, in den Ängsten der Revolutionszeiten und in der Katastrophe der europäischen Wirtschaft gehabt. Auch diese Ereignisse weisen wieder prophetisch über sich selbst und die durchlebten Gerichte hinaus auf das Kommende. *Es kommt die Zeit, wo alle Reiche dieser Welt ihre tierische Rolle innerhalb der Weltgeschichte ausgespielt haben werden,* auch jene, die heute noch weltbeherrschend sind. In ihrer tierischen Gesinnung haben sie alle ihre hohe Aufgabe verleugnet und die Macht mißbraucht, die ihnen von Gott zum Heil der Völker gegeben wurde. Wäre das nicht der Fall, dann wären sie ewig. Keiner Diplomatie eines Staates wird es gelingen, in ihrem Bestehen die von Gott festgesetzte *„Zeit und Stunde"* zu überdauern. Zeit und Stunde der Lebensdauer eines jeden Staates sind dadurch bedingt, inwieweit ein Staat seine ihm von Gott gewordene Aufgabe innerhalb der Völkerwelt erfüllt oder mißbraucht. *Es handelt sich da nicht um die Frage eines festgesetzten Zeitmaßes, sondern um die Frage nach der innerlichen Geistesverfassung.* Je mehr ein Staat in seiner Geistesrichtung Gott widerspricht, desto begrenzter ist seine *„Zeit und Stunde". Die größte Gottlosigkeit hatte in der Regel die kürzeste Lebensdauer.* Wahrlich, ein seltener Trost für das leidende Gottesreich innerhalb der Ungerechtigkeiten der einzelnen Zeitalter und deren Weltmonarchien innerhalb der Geschichte!

b) Die Königsherrschaft des Menschensohnes[1]

Auch das Gericht wird nicht das letzte der Geschichte sein. Auch das letzte Gericht ist nur eine zeitliche Wehe, nicht aber das Kind, das geboren wird. *„Ich schaute in den Nachtgesichten, und siehe, in den Wolken des Himmels kam einer, ähnlich einem Menschensohn, und gelangte zu dem Alten der Tage, und man brachte ihn vor denselben. Dem wurde nun Herrschaft und Herrlichkeit und Königtum gegeben, auf daß alle Völker, Nationen ihm dienten. Seine Herrschaft war eine ewige Herrschaft, welche nicht vergehen sollte, und sein Königtum solcher Art, daß es nicht zugrunde gerichtet werden sollte[1]."*

In göttlicher Beleuchtung ist der herrschende Mensch ohne Gott in seinem innersten Wesen entweder ein geflügelter Löwe, ein gefräßiger Bär oder eine unbeschreibliche Tiergestalt. Da alles, was der Mensch ohne Gott aus sich selbst herausbringt, tierischen Charakter trägt, so wird auch die von ihm gewonnene Macht tierisch verwaltet. Das ist die große Tragik der gefallenen Menschheit, daß sie nur eine Geschichte schafft, in der jede natürliche Gabe in einen Fluch verkehrt wird. Das letzte Königreich wird jedoch das des *„Menschensohnes"* sein. Wie sein König wird auch sein Reich nicht mehr das Bild einer Tiergestalt tragen. Es ist höheren Ursprungs.

---

[1] Kap. 7, 13. 14.

Es wird nicht aus der „Meerestiefe" entstehen, es kommt aus den Wolken des Himmels. *Von oben, nicht von unten her kommt das messianische Königreich der Zukunft und der Vollendung.*

Daß es sich in dieser prophetischen Gesamtschau beim letzten Reich nur um das messianische Königreich *Jesu Christi* handeln kann, steht der gläubigen Gemeinde auf Grund der Erwartungen Jesu und seiner Apostel außer Frage. Mit dem Anbruch der Herrschaft des messianischen Menschensohnes wird sich nur erfüllen, was von Ewigkeit her im Schöpferwillen Gottes lag[1]. Was Gott nicht ohne Gericht und Erlösung erreichen konnte, erreicht er weit herrlicher und vollkommener durch Gericht und Erlösung.

Zwar haben auch vor dem messianischen „Menschensohn" die Weltmonarchien auf ihren Thronen „Menschen" als Herrscher gehabt. *Es war aber der Mensch in seiner Abhängigkeit vom Geschöpf, vom Fleisch, von der Natur, und nicht der Mensch in seiner Abhängigkeit von Gott, von der Salbung, von der Offenbarung.* Auf den Thronen der Weltmonarchien herrschte stets der der Natur verfallene Mensch. Selbst geknechtet durch die Natur und deren Neigungen, Triebe, Kräfte und Genüsse, konnte er daher auch nie die Menschheit aus ihrer Natursklaverei zur Freiheit des Geistes und zur Herrschaft Gottes führen.

Das konnte erst Jesus als der Gesalbte des Vaters, der sich auf allen Gebieten des Lebens und angesichts aller Mächte der Welt als Herr aller Dinge erwies. *Sein messianisches Handeln in Vollmacht war ein Wirken aus dem Sein des Schöpfers heraus.* Nur von Gott aus gibt es eine Herrschaft, die größer ist als jedes Geschöpf in der Welt. Wer die Welt beherrschen und sie für ihre göttliche Bestimmung erlösen will, muß Träger der Herrschaft Gottes geworden sein. Das Reich der Erlösung und der Vollendung kann mithin nur eine Theokratie sein, d. h. eine Gottesherrschaft, die sich durch ihre messianischen Träger zum Heil der Völker auswirken kann[2]. Träger einer vollendeten Theokratie kann aber nur *der Sohn* sein, *Jesus* als der Eingeborene des Vaters, voller Gnade und Wahrheit. *Daher ist er der Erbe schlechthin, und wir werden*

[1] 1. Mose 1, 26.

[2] Vgl. Offb. 19, 4—6; 21, 22—26.

nur Miterben seiner Königsherrschaft über eine erlöste Gottesschöpfung sein. Um ihn als den „*Menschensohn*" bewegt sich daher sichtlich die ganze heilsgeschichtliche Entwicklung. „Auf ihn führt alles hin, und in ihm und durch ihn kommt alles zur Ruhe."

„*Aber dann wird das Königtum und die Herrschaft und die Erhabenheit über die Königreiche unter dem ganzen Himmel dem Volk der Heiligen des Höchsten gegeben werden. Dessen Königreich ist ein ewiges Königreich, und alle Herrschaften dienen und gehorchen ihm*[1]." Daniel sah in einer Gesamtschau die Entwicklung der Menschheitsgeschichte mit ihrem Gericht in einem Gesicht. Wahrlich eine Offenbarung, die zu ertragen ein Mensch nicht fähig ist. Daher erhält der Prophet eine Interpretierung der Gesamtschau, durch welche er zum Propheten der größten Zukunftserwartungen der kommenden Jahrtausende wurde.

Auch wir warten in Sehnsucht auf diese kommende Gottesherrschaft durch den Menschensohn und dessen Erlöste. Nicht nur das für Christus erwachte Israel, auch wir als Erlöste aus den Nationen werden geistesverwandt mit dem Haupt die ersehnte Gottesherrschaft teilen dürfen. Haben wir mit Christo priesterlich gelitten, werden wir auch königlich mit ihm herrschen[2]. Es wird auch das neue Lied *der mittriumphierenden Gemeinde* sein, das anbetend dem Lamme in dem großen Sabbatjahrtausend der Weltgeschichte dargebracht werden wird: „*Du bist erwürgt und hast uns Gott erkauft mit deinem Blut aus allerlei Geschlechtern und Sprachen und Völkern und Völkerschaften, und hast uns unserm Gott zu Königen und Priestern gemacht, und wir werden königlich herrschen auf der Erde*[3]."

Kürzer ist die Weltgeschichte mit all ihrem Schrecken und ihrem Fortschritt nie beschrieben worden wie im Traumgesicht Daniels. Welche politische, religiöse, idealistische und kulturelle Schminke die Welt sich auch je angelegt hat, ihr tierisches Wesen konnte sie nie dauernd verbergen. Denn „im Weltleben, im Weltreich herrscht das tierische Prinzip. Das Tier blickt zur Erde und

---

[1] Kap. 7, 27.
[2] 2. Tim. 2, 12; 1. Kor. 6, 2.
[3] Offb. 5, 9 f.

erhebt sich nicht über das Irdische. Im Reich Gottes entfaltet sich das wahrhaft menschliche Prinzip. Der Mensch blickt zum Himmel. Er führt sein Leben in Gott und für Gott. *Humanität ohne Divinität führt zur Bestialität.* Kultur ohne Kultus wird zur Kulturbarbarei. Hört der Mensch wirklich auf, sich zu Gott zu erheben und in Gott zu leben, so wendet er notwendig seine Neigung und Teilnahme Gegenständen zu, die niedriger sind als er selbst, und damit entwürdigt er sich. Außer dem Menschenleben gibt es ja auf Erden nur Göttliches und Tierisches; wer sich also von Gott abwendet, der wendet sich zum — Tierischen. *Wahre menschliche Bildung ist stets Rückbildung ins Ebenbild Gottes oder* (was dasselbe ist) *Fortbildung in das Bild Jesu Christi.* Die Botschaft vom ‚Menschensohn' ist darum allein Trost, Kraft und Hoffnung für das menschliche Herz. Sein Evangelium ist unser Lebenselement. Und unser sehnsuchtsvollstes Gebet kann immerfort nur sein: ‚Komm, ja, komm, Herr Jesu! Amen'[1]."

B. Der alttestamentliche Antichristus

I. Daniels zweites Offenbarungsgesicht

„Im dritten Jahr unter dem Königtum Belsazers erschien mir, dem Daniel, ein Gesicht. Es (folgte) auf jenes, das mir am Anfang erschienen war. Da schaute ich im Gesicht, und ich befand mich, während ich schaute, in der Burg Susa, die in der Landschaft Elam liegt, und indem ich schaute, war ich am Flusse Ulai." Dan. 8, 1. 2

Es war etwas Gewaltiges, so dem Wesen und dem Verlauf der Weltmonarchien auf den Grund zu sehen, wie Daniel es im Lichte seines ersten Traumgesichts tun durfte. Darin lag jedoch nicht der eigentliche Zweck der ihm werdenden Offenbarung. *Wer nur das Wesen der Völker und das Geheimnis ihrer Geschichtskatastrophen erkennt, ohne darüber hinaus auch das Evangelium ihrer Erlösung zu finden, muß an seelischer Verzweiflung zugrunde gehen.* Ohne Hoffnung war es nie möglich, prophetisch, schöpferisch und erlösend zu wirken.

[1] B. Keller, a. a. O. S. 163.

Der eigentliche Zweck des Gesichts war mithin nicht, den Propheten noch einmal den Kampf und Sieg des griechischen Ziegenbocks über den persischen Widder in einer Fernschau sehen zu lassen. Was diese in ihrem Wesen und in ihren Zielen waren, war seinem Prophetenblick bereits im ersten Traumgesicht eröffnet worden.

a) Griechenland im Kampf wider Persien[1]

In diesem zweiten Gesicht sind es mithin nicht die Völkerwelt im allgemeinen oder deren Weltmonarchien im einzelnen, die dem Propheten gezeigt werden sollen. Er schaut nur zwei derselben, nämlich *Griechenlands Kampf gegen Persien.* Auf diesem geschichtlichen Hintergrund sieht er aber eine geistige Macht erstehen, die ihren Kampf nicht wider eine andere bestehende Weltmacht, sondern wider die Heiligen des Höchsten führen wird. *Es war des Propheten Fernschau über den griechisch-syrischen Antichristus, den Israel im Lauf seiner Geschichte nach der Rückkehr aus dem babylonischen Exil erleben würde.*

Auf dem Boden ungebrochener Macht und in Zeiten ungeschwächter Glanzentfaltung und machtpolitischer Paraden bereits den nahenden Untergang eines Volkes und seines Landes kommen zu sehen, vermag nur ein Auge, das sich durch Bestehendes nicht blenden läßt, das vielmehr für höhere Offenbarung[2] offen bleibt. Noch war die babylonische Weltmacht nicht zusammengebrochen, als Daniel bereits den großen Wendepunkt der Geschichte kommen sah. Belsazer, oder auch Evil-Merodach genannt, hatte das Erbe seines großen Vaters Nebukadnezar angetreten. Seine innerliche Stellung machte ihn jedoch unfähig, eine tragende und aufbauende Herrscherkraft in der Geschichte der Völker zu sein. Trunken von der ererbten Macht, ergeben den wilden Lastern der Zeit, blind für die ernsten Aufgaben der Geschichte, lästerte er den Allerhöchsten. Gott schrieb ihm aber mit unsichtbarer Hand sein *„Mene-mene-*

---

[1] Kap. 8, 3—12.

[2] Denn „diesmal war es nicht ein Traum, sondern ein wirkliches Gesicht, d. h. ein geistiges Schauen bei vollem wachen Bewußtsein — eine höhere Form der Offenbarung“ (B. Keller).

tekel" an die Wand, und Daniel als Prophet mußte es ihm dolmetschen.

Das Gericht über die babylonische Weltmacht erfolgte bald darnach. Zwar war ein erster Versuch des Königs *Astyages von Medien,* durch einen unternommenen Feldzug Babels Weltmachtstellung zu brechen, fehlgeschlagen. Dieser Fehlschlag bedeutete aber keine Aufhebung des angekündigten Gerichts. Im Jahre 558 v. Chr. betrat nämlich in Persien im Fürstentum Antschan ein Held den Thron, der der Begründer der persischen Weltmonarchie werden sollte. Dies war der junge Fürstensohn *Cyrus,* dessen Ahnen südwestlich von Babylonien im Lande *Elam* das kleine Fürstentum *Antschan* begründet hatten. Seinen kühnen Unternehmungen gelang es, Babels Weltmacht zu brechen, Medien und Lydien zu unterwerfen und das persische Weltreich so weit zu begründen, daß zwei Jahrhunderte lang durch dieses die Völker Vorderasiens beherrscht werden konnten. Erst durch die Siege *Alexanders d. Gr.* sah es sich später so erschüttert, daß es seine Vormachtstellung an das mazedonische Weltreich abtreten mußte.

So sah sich Daniel im Geist an die Wiege des persischen Weltreiches versetzt. *Es war geistige Fernschau auf Grund göttlicher Offenbarung.* Er sieht den jungen *Cyrus* in Elam seinen Siegeslauf beginnen. Elam war altes Geschichtsland, das jenseits des Tigris am Persischen Meerbusen lag. Schon in den Tagen Abrahams war es von Semiten bewohnt[1]. Elams alte Hauptstadt war *Susa,* die nach Art der Städte des Altertums durch eine befestigte Burg beherrscht war. Sie lag im Fürstentum Antschan am Flusse Eulaeus, der den Persern als heiliger Strom galt[2]. Später, in der nachpersischen Zeit, wurde Elam selbst nur Provinz, die aber nach der Hauptstadt den Namen Susiana erhielt. Denn mit dem Aufstieg Persiens zur Weltmacht wurde *Susa zu einer glänzenden Haupt-*

---

[1] 1. Mose 14, 1. Daß die Elamiten zu den semitischen Völkerstämmen zählten, wie dies in der Völkertafel 1. Mose 10, 21 f. angegeben wird, ist von Ethnologen lange bestritten worden. G. Stockmann macht jedoch darauf aufmerksam, daß die Angaben neuerdings durch die Ausgrabungen in Susa bestätigt worden sind.

[2] „Auf allen Reisen führten die Perserkönige einen Vorrat seines Wassers in silbernen Gefäßen mit sich" (B. Keller).

stadt erhoben und war besonders Winterresidenz der persischen Könige[1]. Sie war daher in der Zeit der Makkabäer weltbekannt. Der Zweck, daß sich Daniel im Geist an die Hofburg der zweiten Weltmonarchie versetzt sah, war jedoch weniger, Persiens Machtentfaltung zu sehen, sondern zu sehen, *wie auch die zweite Weltmonarchie in ihrem Tiercharakter durch ein stärkeres Tier seine Todeswunde erhalten würde.*

b) Daniel und die höhere Deutung[2]

Trotz seines Offenbarungscharakters blieb das Gesicht dem Propheten doch ein Geheimnis. *„Da geschah es, als ich, Daniel, das Gesicht schaute und nach Verständnis suchte, siehe, da stand jemand vor mir, der wie ein Mann aussah. Darnach hörte ich eine menschliche Stimme über den Fluß Ulai, welche rief und sprach: Gabriel, deute dem dort die Erscheinung!"*[3]

Es gehört zur inneren Größe wahrer Gottespropheten, daß sie sich in allen Fragen der Offenbarung ihrer menschlichen Ohnmacht und Grenze bewußt sind. Sie schämen sich nicht, so manches nicht zu wissen und so manches nicht deuten zu können. Auch einem Daniel mußte Gott mit einer außergewöhnlichen Vermittlung zu Hilfe kommen. Wer es war, der aus der Gegend zwischen den Ufern des Flusses Ulai her dem Engelfürsten Gabriel zurief, dem Propheten Daniel das Geschaute zu dolmetschen, wissen wir nicht[4]. Wir stehen auch hier, wie bei so mancher anderen geschichtlichen Seite der jeweiligen Offenbarung, vor Geheimnissen, die wir kaum restlos werden lösen können. Das Entscheidende ist aber auch hier, wie in allen verwandten Fragen, *nicht die Art und Form, wie die Offenbarung Fleisch wurde, um zu uns reden zu können, sondern was sie uns an Göttlichem und Ewigem zu sagen hat.*

Auf Daniel machten die Erscheinung des Engelfürsten und des-

---

[1] Neh. 1, 1; Esther 1, 1 f.

[2] Kap. 8, 12—22.

[3] Kap. 8, 16.

[4] In der Schrift werden uns die beiden Engelfürsten *Gabriel* (= Mann Gottes) und *Michael* (= wer ist wie Gott) mit Eigennamen genannt. Nach der Vorstellung des späteren Judentums gehörten sie mit zu den sieben Erzengeln, die an der Spitze der überirdischen Geisterwelt stehen sollen.

sen Worte einen so tiefen Eindruck, daß er auf sein Angesicht fiel. Erst in unmittelbarer Berührung mit dem Jenseitigen und Ewigen fühlt alles Irdische und Vergängliche den gewaltigen Abstand, der zwischen unserer Welt und der Welt Gottes besteht. Bis in die Johannes=Apokalypse hinein haben wir daher die wiederholte Mitteilung der Schrift, daß der Mensch in heiliger Furcht und Ergriffenheit erschrak, sooft er mit seinen physischen Organen die überirdische Welt in ihrer Erscheinung wahrzunehmen vermochte.

Gott will aber durch seine himmlische Welt und deren Dienst den Menschen nicht richten, er will ihn aufrichten, nicht verderben, sondern heiligen und ihn in sein Licht hineinziehen. So sah sich auch Daniel vom Engel Gottes angerührt und auf die Füße gestellt. Darnach sprach er zu ihm: *„Siehe, ich tue dir kund, was am Ende (der Zeit) des Zornes sein wird; denn (das Geschaute) geht auf die Endzeit.“*

Von hier aus gewinnen wir die Möglichkeit, das zweite Gesicht des Propheten in seinen einzelnen Deutungen zu verstehen. Wenn der Engel Gabriel hier darauf hinweist, daß es sich im Gesicht um *„die Endzeit“* und um den *„Endtermin“* des Zornes handelt, *so sind die Begriffe vom Ende nur relativ zu fassen.* In diesem *„Ende“* handelt es sich, wie aus dem ganzen Gesicht hervorgeht, nicht um das Ende der Geschichte, *es geht lediglich um das Ende der Zornzeit für das gerichtete jüdische Volk, also um das Ende der Verfolgungszeit des alttestamentlichen Gottesvolkes durch eine brutale Weltmacht.* Auch die schwersten Gerichte sollen ihre Grenze haben und für die Gebeugten und Wartenden eine neue Zeit des Heils und der Offenbarung einleiten.

Daniel hatte den Kampf zwischen dem persischen Widder und dem griechischen Ziegenbock gesehen. Zunächst hatte es den Anschein, als ob vor der Stoßkraft des Widders keine Völkermacht sich halten könne. Er wandte sich nach dem Norden, nach dem Westen und nach dem Süden, und *„niemand rettete sich aus seiner Gewalt“*. Sobald die Welt sich ihrer Übermacht bewußt wurde, erhob sie sich. Hinfort handelte sie nun nicht mehr nach den Gesetzen politischer Vernunft und gerechter Forderungen, sie glaubte regieren zu können allein auf Grund ihrer unberechenbaren Stim=

mungen. *„Und er tat nach seinem Gutdünken und wurde sehr groß."*

Darin lag aber noch immer das Gericht der bisherigen Weltmonarchien, daß sie auf der Höhe ihrer Macht politisch blind wurden. Eines Tages sahen sie sich daher von einer Seite angegriffen und besiegt, von der sie es nicht erwartet hatten. So sieht auch Daniel im Gesicht, wie vom Westen her Griechenland als Ziegenbock mit seinem mächtigen Horn in Windesschnelle den persischen Widder mit solch einer unwiderstehlichen Wucht angreift, daß dieser besiegt zusammenbricht und seine bisherige Stoßkraft, d. h. seine beiden Hörner, verliert.

Nach der Deutung Gabriels war das große Horn des Ziegenbocks niemand anderes als *„der erste Herrscher"* des griechischen Weltreiches, nämlich *Alexander d. Gr.*[1]. Er war eine der wenigen ganz großen Erscheinungen innerhalb der Geschichte. Als solche hatte er eine bestimmte politische Weltmission für seine Zeit und die Zukunft zu erfüllen. Von Natur äußerst begabt, genoß er unter dem berühmten Philosophen *Aristoteles* eine glänzende griechische Schulung. Diese befähigte ihn, später in die vielen unterworfenen Länder und Völker die griechische Sprache und Kultur hineinzutragen, „damit sich später durch sie das Lebenswasser des Christentums wie durch vorher gegrabene, weitverzweigte Kanäle dorthin ergießen könnte"[2].

Nach Gottes Fügung durfte Alexander bereits mit zweiundzwanzig Jahren den Thron im kleinen Mazedonien besteigen. Schon nach acht Jahren hatte er in rasch aufeinanderfolgenden Siegeszügen die Länder der ersten und der zweiten Weltmonarchie zu einer dritten, neuen vereinigt. Seine Erfolge am *Granikus*, bei *Issus*, bei *Gaugamela* und schließlich am *Hydaspes* führten zu einer völlig neuen Wendung der Geschichte. Im Jahre 331 v. Chr. vollendete er in einer entscheidenden Schlacht bei *Arbela* in der Nähe der Ruinen von Ninive sein gigantisches Eroberungswerk. Er zerbrach für immer dem persischen Widder die Hörner und zertrat ihn mit sei=

---

[1] Herrschte von 336—323 v. Chr. und war nach Nebukadnezar und Cyrus der dritte Weltherrscher.

[2] Nach G. Stockmann.

nen Füßen. Auch Palästina wurde im nächsten Jahr seinem Riesenreich einverleibt.

Mit der Schaffung einer völlig neuen Weltlage und der damit verbundenen Verschmelzung der abend- und morgenländischen Kultur war sein Lebenswerk zu Ende. Er starb bereits im 32. Lebensjahr, und zwar in Babel, das er zu seiner neuen Residenz erheben wollte. Berauscht von den ungeheuren Erfolgen, hatte er mit seinen Siegestruppen sogar den Indus überschritten und sich das indische Fünfstromland bis Hyphasis unterworfen. Hier versagten seine ermüdeten Truppen und zwangen ihn zur Rückkehr. Da ereilte ihn im Jahre 323 in Babylon der Tod.

Den unmittelbaren Verlauf der Geschichte nach Alexander d. Gr. beschreibt der Engel Gottes dem Daniel mit den Worten: *„Und was das betrifft, daß es (das Horn) zerbrochen wurde und vier an seine Stelle traten, (bedeutet), daß vier Könige aus seinem Volk auftreten werden, jedoch nicht (mehr) mit seiner Kraft*[1]*.“* Das hinterlassene Riesenerbe Alexanders d. Gr. glaubten seine Feldherren unter sich teilen zu sollen. Damit zerfiel das mazedonische Weltreich in die sogenannten *vier Diadochenreiche.* Im Norden wurden die Länder Thrazien und Bithynien von dem Feldherrn *Lysimachus* beherrscht. Mazedonien und Griechenland im Westen kamen unter die Herrschaft *Kassanders. Seleukus* suchte Syrien, Babylonien und die östlichen Länder bis nach Indien unter seinem Zepter zu vereinen. Palästina, das steinige Arabien und Ägypten fielen dem *Ptolemäus* zu.

Es ist ja der Fluch und der Segen der Geschichte, daß Gott alles Universale auf der Höhe seiner Macht wieder in eine Vielheit zusammenbrechen läßt, um die Vollendung des Bösen durch Einheit zu verhindern. Was eine Weltmonarchie, von einem Willen beherrscht, unbedingt vollenden würde, wird aufgehalten und zerbricht, wenn vier in ihrem gegenseitigen Widerspruch es vollenden wollen. Es war mithin Gottes Gnade innerhalb der Gerichte der Weltentwicklung, daß bisher keine Weltmonarchie sich auf der Höhe ihrer Macht erhalten konnte. Um die Zukunft der Geschichte retten zu können, muß Alexanders Weltreich in ein vierfaches

[1] Kap. 8, 22.

Diadochenreich zerfallen, *damit die einheitliche Entfaltung der Macht ohne Gott zum Segen der Völker aufgehalten werde.*

II. Antiochus IV. Epiphanes als Typus des Antichristus

> „Am Ende ihrer Königsherrschaft, wenn die Frevler das Maß (ihres Frevels) werden voll gemacht haben, wird ein König sich erheben, frechen Angesichts und ränkekundig, gewaltig wird seine Kraft sein, doch nicht in eigener Kraft — außerordentliches Verderben anzurichten; er hat Gelingen und vollführt es. Er verdirbt Mächtige und das Volk der Heiligen. Dank seines Verstandes wird er Gelingen haben, den Trug mit seiner Hand auszuführen. In seinem Herzen macht er sich groß und richtet unversehens viele zugrunde. Er erhebt sich über den Fürsten, aber ohne (Menschen-)Hand wird er zerbrechen."
>
> Dan. 8, 23—25

In Antiochus IV. Epiphanes[1] erfüllte sich diese Deutung. Er war das kleine Horn, das aus dem großen des syrischen Reiches hervorwuchs. Er gehörte mithin der griechisch-syrischen Dynastie des Diadochen Seleukus an. So klein sein Anfang auch war, durch seine erfolgreichen Eroberungen in Ägypten[2], in Babylonien und Armenien[3] stieg er dennoch zu großer Macht empor.

a) Antiochus IV. Epiphanes in seinem Frevel

Auf der Höhe seiner Macht stehend, richtete sein Frevel sich besonders gegen *das Volk der Heiligen,* das im Gesicht als *„Heere des Himmels"* von Daniel gesehen worden war, *und dessen heiliges Land.* Dieses wird die *„Pracht"*, d. h. „das Prachtland" genannt, da es unter den Ländern, mit denen es verbunden war, als *„Zierde der Länder"* galt. In seinem frevelhaften Übermut und in seiner grenzenlosen Erhebung dehnte Antiochus IV. Epiphanes seinen Kampf mit den Bewohnern des Prachtlandes oder dem *„Heer des Himmels"* auch gegen den *„Fürsten des Heeres"* aus. Denn der Kampf, den Antiochus IV. Epiphanes durch die Einführung griechischer Kultur und Religion in Palästina auch gegen das tägliche Opfer am Abend

---

[1] Regierte 175—164 v. Chr.

[2] 1. Makk. 1, 17—20; Dan. 11, 22.

[3] 1. Makk. 3, 31. 37; 6, 1—5.

und Morgen und gegen den Bestand des Tempels zu Jerusalem führte, *war Frevel gegen den Gott des Himmels,* den das jüdische Volk durch seinen Kultus verehrte und anbetete. In seinem Frevel verstieg er sich sogar so weit, daß er sich selbst „Gott" nennen ließ und von seinem Lieblingsgott, dem olympischen Zeus, den Beinamen *„der Siegreiche" annahm.* In diesem Sinne führte er den Kultus des olympischen Zeus für alle Völker seines Reiches ein. Denn nach dem Makkabäerbuch wird uns berichtet: *„Antiochus ließ ein Gebot ausgehen durch sein ganzes Königreich, daß alle Völker zugleich einerlei Gottesdienst halten sollten. Da verließen alle Völker ihre Gesetze und willigten in die Weise des Antiochus*[1]*."*

Wie weit sein frevelhafter Kampf gegen das Herz des jüdischen Tempel- und Gottesdienstes ging, ersehen wir aus seinen rücksichtslosen Handlungen. Er ließ die heiligen Tempelgeräte wegnehmen und hob die nach dem Gesetz festgelegte Ordnung der heiligen Feste und Opfer auf. Die Verehrung Jahves wurde bei Todesstrafe verboten. Im Tempel selbst richtete er am 15. Kislev des Jahres 168 den Greuel der Verwüstung auf, indem er durch die Einführung des heidnischen Götzendienstes das Heiligtum entweihte. Schließlich ließ er eine Heeresmacht gegen das Heiligtum und den Gottesdienst des jüdischen Volkes aufstellen.

Damit erreichte sein Frevel den Höhepunkt. Auch Nebukadnezar hatte in seiner Weltmonarchie bereits die Anbetung seines Standbildes, das er als ein Symbol seines Offenbarungstraumes in der Ebene Dura hatte errichten lassen, gefordert. Durch seine Fürsten falsch beraten, hatte auch Darius befohlen, daß man innerhalb dreißig Tagen von keinem andern Gott etwas erbeten solle als nur von ihm, dem König allein. *In Antiochus jedoch vollendete sich der Frevel wider Gott und wider das Volk der Heiligen zum rücksichtslosesten Kampf und zu brutalster Gewalttätigkeit.* Die Weltmonarchie in ihrer Reife und Vollendung kennt nur noch die Selbstanbetung. Sie erstrebt die Vergöttlichung ihrer Macht und ihrer Schöpfungen, daher ihr dämonischer Kampf gegen Gott und dessen Offenbarungsvolk.

Was Wunder, wenn nach solch einer empfangenen Offenbarung

[1] 1. Makk. 1, 43 f.

über den Leidensweg seines Volkes der Prophet krank wurde! Erst nach Verlauf mehrerer Tage gewann er die Kraft, *„den Dienst des Königs weiterzuführen"*. Nicht die Offenbarung an sich hatte den Propheten krank gemacht, es war die ungeheure Schwere ihres Inhalts. Die Wucht des Geschauten übertraf nicht selten das Maß der inneren Tragkraft auch der stärksten Gottespropheten. Eine Weltlast auf priesterlicher Seele zu tragen, dazu bedarf es mehr als eines menschlichen Maßes von physischer Kraft.

b) Antiochus IV. Epiphanes als Typus des Antichristus

Manches von dem Frevel des Antiochus war von dem jüdischen Volk selbst verschuldet worden. Seine heidnische Weltanschauung fand in vielen griechisch Gesinnten unter dem Volk „der Heiligen" einen starken Widerhall. Berichtet man uns doch, „in jenen Tagen traten ruchlose Leute auf, die überredeten viele, indem sie sagten: ‚Laßt uns gehen und einen Bund machen mit den Heiden um uns her; denn seit wir uns von ihnen abgesondert haben, hat uns viel Unheil betroffen.' Diese Rede wurde in ihren Augen gut befunden, und einige vom Volke erboten sich freiwillig und gingen zu dem Könige (Antiochus). Der gab ihnen die Erlaubnis, die Weise der Heiden einzuführen."

Der Verrat am Volke Gottes ging in der Geschichte in der Regel aus der eigenen Mitte aus. Noch hatte jeder Jüngerkreis seinen Judas. Eines Tages müssen alsdann die Unschuldigen mit das Gericht tragen, das die Schuldigen für alle heraufbeschworen haben. Drangsalszeiten aber, die für die Schuldigen Gericht bedeuten, werden für die Unschuldigen zu Läuterungs- und Erweckungszeiten. *Erst durch ihre Gerichte erwachte je und je auch die Kirche Gottes zum Bewußtsein ihrer ursprünglichen Berufung und ihrer prophetisch-apostolischen* Aufgabe.

Hat eine Rute in der Geschichte aber erst ihren Dienst getan, dann wird sie selbst verworfen. Sie hat keine Verheißung für eine dauernde Zukunft. Ihr Dienst in der Geschichte war immer begrenzt. Auch Antiochus IV. Epiphanes starb nach der Erfüllung seiner Aufgabe im Jahre 164 v. Chr. an einer grauenvollen Krankheit, die ihn auf seinem Rückzuge von der Landschaft Elymais überfiel. Er kam noch bis zu der persischen Bergstadt Tabä, wo er ohne Zutun eines Menschen ruhmlos dem Tode erlag. „Der Tod des grausamen Tyrannen brachte dem Volk Gottes die Befreiung von dem furchtbaren Druck, den es um seines Glaubens willen erduldet hatte."

Von jeher ist nun von der Exegese Antiochus IV. Epiphanes als der alttestamentliche Antichristus gedeutet worden. Sein mit dämonischem Fanatismus geführter Kampf gegen das jüdische Volk und dessen Gesetz und Kultus übertraf jedes Maß seelischer Leiden, die das Volk bisher unter fremder Weltmacht zu erdulden gehabt hatte. Während Herrscher wie Nebukadnezar der Babylonier, Cyrus der Perser, Darius der Meder nicht nur die Juden in ihrer Sonderstellung als berufenes Gottesvolk achteten, ihnen vielmehr auch Rechte einräumten, ihren Glauben ungehindert ausleben zu können, verübte Antiochus bewußten Frevel gegen alles, was dem jüdischen Volke heilig war.

In solch einer bewußten Verneinung Gottes, seines Gesalbten, seiner Offenbarung und seines Volkes liegt das Wesen des Antichristus. In Antiochus fand er einen bewußten und vollendeten Träger für die alttestamentliche Endzeit. Aber wie alle Teilerscheinungen innerhalb der Reichsgottesgeschichte, *so weist auch Antiochus prophetisch über sich selbst hinaus auf den Antichristus der Endzeit der Geschichte.* Er ist nur der Prototyp von dem Antichristus der Johannes-Apokalypse, dem die Geschichtsentwicklung unaufhaltsam entgegenreift.

Eine kritische, vielumstrittene Frage blieb bisher, inwieweit das kleine Horn in Dan. Kap. 8 identisch mit dem kleinen Horn in Dan. Kap. 7 ist. Die traditionelle Erklärung unterscheidet zwischen beiden und sieht im kleinen Horn des 8. Kapitels das Symbol des alttestamentlichen und in dem des 7. Kapitels das Symbol des endzeitlichen Antichristus. Und es ist nicht zu übersehen, daß das kleine Horn in Kap. 8 aus einem Horn des dritten Weltreiches, das kleine Horn in Kap. 7 dagegen aus dem vierten Weltreich hervorgehen soll. Die neuere Exegese, wie Goettsberger in seinem Kommentar zum Propheten Daniel, halten beide jedoch für ein und dieselbe antichristliche Größe, die allerdings zweifelsohne, wie bereits gesagt wurde, über sich hinaus auf den Antichristus der Endzeit hinweist.

C. Das Geheimnis der siebzig Jahrwochen

I. Die erbetene Offenbarung

„Im ersten Jahr unter Darius, dem Sohn des Xerxes, medischer Herkunft, der über das Königreich der Chaldäer König wurde — im ersten Jahr seiner Königsherrschaft suchte ich, Daniel, aus den Büchern Einsicht zu gewinnen in die Zahl der Jahre, daß man nämlich — so erging das Wort des Herrn an den Propheten Jeremia — (nur) siebzig Jahre voll werden lassen müsse, (während deren) Jerusalem in Trümmern (liegen werde). Da richtete ich mein Angesicht zu meinem Herrn, dem Gott, um (durch) Gebet und Flehen in Fasten und Sack und Asche (darnach) zu trachten." Dan. 9, 1—3

Der Gottesprophet durchlebt die ungeheuren Spannungen der Geschichte anders, als die Welt sie durchlebt. Er kennt keine Empörung gegen das Gericht, aber auch kein Ruhen im Gericht. Er ruht nur in Gott und in dessen Weltregierung. Sein Erleben ist daher so fließend, wie Gottes Walten im Weltgeschehen fließend ist. Er kennt Gerichte in der Welt nicht als ewigen Dauerzustand. Über dem jeweiligen Gerichtszustand steht ihm Gott in seiner alles beherrschenden Majestät und in seiner erlösenden Offenbarung und Schöpferkraft.

Wenn daher der Prophet in den Glanzzeiten der Geschichte nicht den Blick fürs Gericht und in den schwersten Gerichtskatastrophen nicht die Hoffnung für die Zukunft verliert, *so ist das nur von Gott und dessen Offenbarung aus zu verstehen.* Solch ein tiefes Verstehen für alles Gerichtsreife in der Gegenwart und solch ein zuversichtliches Warten auf das Erlösende in der Zukunft ist auch dem Propheten keine menschliche Selbstverständlichkeit. Geht sein Blick tiefer als das Urteil seiner Zeit, und reichen seine Erwartungen weiter als die Hoffnung der Gerichteten, so wurden sie ihm von Gott und dessen Offenbarung verliehen.

In welch seelische Konflikte auch der Prophet kommen kann,

und wie er innerlich ringt, bis ihm durch Erleuchtung eine höhere Antwort wird, das zeigt der ganze Verlauf von Daniels drittem Offenbarungsgesicht. Wie schon so viele nach ihm, kam auch Daniel einst im ersten Jahre der Regierung des Darius in schwersten Konflikt *zwischen prophetischer Verheißung und geschichtlicher Erfüllung.* Die weltgeschichtlichen Ereignisse ließen darauf schließen, daß eine neue große Zeitwende begonnen hätte. Es hatte jener Dynastiewechsel stattgefunden, den Daniel im fünften Kapitel so lebendig schildert. „Das bisherige Reich der Chaldäer, vertreten in Daniel durch Nebukadnezar und Belsazer, wurde durch das medopersische Reich abgelöst, dessen Träger nach Daniel Darius und Cyrus waren."

Babels Gericht wird aber Israels Erlösung und Wiederherstellung einleiten: in dieser Hoffnung lebten damals alle frommen Juden in ihrem babylonischen Exil. Diese Erwartung war geweckt und genährt worden durch das klare Prophetenwort eines Jeremia. Nun war aber Daniel bereits durch ein zweites Gesicht geoffenbart worden, daß die eigentliche Schicksalswende, nämlich die Befreiung und Rückkehr aus der babylonischen Gefangenschaft, noch *„viele Tage"* ausstehen werde[1]. Das schien jedoch den anderen Weissagungen über die Befreiung aus dem Exil, besonders auch denen des Propheten Jeremia, zu widersprechen.

In diesem Konflikt beschäftigte sich Daniel besonders mit jenen Abschnitten im Propheten Jeremia, die von der Dauer der babylonischen Gefangenschaft handelten. Zunächst hatte Jeremia gesagt: *„Dieses ganze Land (Juda) soll zur Wüstenei, zur Einöde werden, und diese Völker sollen dem König von Babel dienstbar sein siebzig Jahre lang. Es soll aber geschehen, sobald siebzig Jahre voll sind, will ich an dem König zu Babel und an jenem Volk, spricht Jahve, ihre Verschuldung heimsuchen und am Lande der Chaldäer, und will es für immer zur Einöde machen[2]."*

Außerdem hatte Jeremia noch ein zweites Mal über Israels Rückkehr aus dem Exil geschrieben, und zwar in einem Briefe. Die Veranlassung zum Schreiben des Briefes war folgende gewesen:

[1] Kap. 8, 26.
[2] Jer. 25, 11. 12.

Unter den bereits mit Jechonja, dem König von Juda, in die Gefangenschaft gewanderten Exulanten wühlten falsche Propheten. Sie erweckten trügerische Hoffnungen in der Seele der Verbannten. Auch in Jerusalem gärte es sehr stark, und es drohte in den Tagen Zedekias eine nationale Erhebung auszubrechen, um Nebukadnezars Joch und die nationale Schmach abzuwerfen. Davon erfuhr der Babylonierkönig und forderte durch eine Gesandtschaft Rechenschaft vom Könige Zedekia und den Bürgern Jerusalems.

Dieser Gesandtschaft gab Jeremia einen Brief an die Verbannten in Babel mit, in dem er zur äußerlichen Ruhe und zur innerlichen Geduld mahnte. *„Bauet Häuser und bewohnt sie, pflanzet Gärten und esset ihre Frucht! Nehmet Weiber und zeuget Kinder! Betet für das Wohl der Stadt, in die ich euch verbannt habe, da in ihrem Wohl euer Wohl liegt! Denn ich weiß, was für Gedanken ich über euch denke: Gedanken des Friedens und nicht des Unglücks, euch Zukunft und Hoffnung zu geben*[1]*."* Diesen Mahnworten hatte der Prophet jedoch noch folgende Verheißungsworte hinzugefügt: *„Denn so spricht Jahve: Erst wenn für Babel siebzig Jahre voll geworden sind, will ich euch heimsuchen und an euch ein gutes Werk erfüllen, euch an diesen Ort zurückzuführen*[2]*."*

Nach Daniels Berechnungen mußten sich diese siebzig Jahre der Knechtschaft bereits erfüllt haben. Jedenfalls hatte das erste Jahr des neuen Königs, nämlich des Darius, einen so tiefgreifenden politischen Umschwung gebracht, daß die Hoffnung ganz berechtigt zu sein schien, daß mit dem Zusammenbruch des chaldäischen, d. h. neubabylonischen Weltreiches die Erlösung aus der langen Gefangenschaft gekommen sei.

Die letzte Offenbarung, die dem Propheten in seinem zweiten Gesicht geworden war, hatte diese Hoffnung auf eine baldige Rückkehr aber tief erschüttert. Wie tief, das geht aus den Worten Daniels selbst hervor, wenn er nach dem empfangenen Gesicht sagt: *„Ich nun, Daniel, schwand dahin und wurde tagelang krank. Dann erhob ich mich und tat den königlichen Dienst. Über das*

---

[1] Nach Jer. 29, 4 ff.

[2] Kap. 29, 10.

Gesicht aber empfand ich lähmenden Schrecken, da ein Erklärer nicht da war[1]."

In dieser seelischen Verfassung forschte Daniel weiter in den Schriften des Jeremia, ohne daß seine Seele in dem Prophetenwort zur Ruhe kommen konnte. *Prophet und Geschichte schienen sich zu widersprechen.* Auch schien sein Offenbarungsgesicht das Weissagungswort Jeremias zu erschüttern. *Offenbarung stand wider Offenbarung.* Wie oft haben gerade die auf die Erfüllung des ersehnten und verheißenen Heils Wartenden innerhalb der Geschichte ähnliche Seelenkonflikte und Glaubensnöte durchlebt! Sie sind den Größten im Reiche Gottes nicht erspart geblieben. Aus diesen Nöten heraus ließ einst auch der Täufer von der Bergfeste Machärus aus, wo er gefangen saß, den Herrn fragen: *„Bist du der Kommende, oder sollen wir noch auf einen anderen warten?"*[2] Wie stark reden gerade auch die Thessalonicherbriefe von solchen Konflikten der auf die Enderlösung wartenden Urgemeinde! In jeder großen Zeitwende, die mit einem politischen Umschwung und mit tiefen Erschütterungen in der Geschichte verbunden war, durchlebten weiteste Kreise innerhalb der Kirche Christi ähnliche Konflikte. Und zwar nicht nur etwa jene Richtungen, die sich einseitig oder sogar schwärmerisch endgeschichtlich in ihrem Glauben und in ihren Erwartungen eingestellt hatten.

Die Not wird Daniel zum Gebet. Er findet keine Lösung der Konflikte, da sucht er sie bei Gott. Um die Zeit des Abendopfers kniet er in seinem Obergemach mit den offenen Fenstern gen Jerusalem und redet mit Gott, wie nur ganz große Persönlichkeiten in Zeiten schwerster Kämpfe mit Gott reden können. In solchen Augenblicken schweigt die Phrase, da redet die Seele. Sie redet nicht von der Schuld der anderen, nicht von der eigenen Schuld allein, *sie redet von der Schuld des Ganzen.*

Dieses Schuldbekenntnis bildete *den ersten Teil* seines Gebets. Es war der Grundton des Gebets. *„Wir haben gesündigt und Unrecht getan und gefrevelt und uns empört und sind von deinen Geboten und deinen Gerechtsamen abgewichen. Auch haben wir*

[1] Kap. 8, 27.
[2] Matth. 11, 3.

auf deine Diener, die Propheten, nicht gehört, welche in deinem Namen zu unseren Königen, unseren Fürsten und unseren Vätern und zum ganzen Volk des Landes redeten[1]*."*

Es ist charakteristisch für alle wahren Bußgebete, daß in ihnen der Mensch selbst die Quelle seines Unheils und Gerichtes ist. Nicht die heidnische Welt, nicht die Übermacht der politischen Verhältnisse, nicht der allgemeine Gang der Geschichte sind schuld, daß Israel in Babel geknechtet ist, sondern *„wir"*. Was liegt in solch einem *„Wir"*, wenn es der Mund einer vor Gott ringenden Priesterseele spricht! Der Unschuldigste fühlt sich da mitschuldig an der Schuld des Ganzen. *Da schweigt jeder pharisäische Subjektivismus, da fehlt die Anklage des Nächsten, da scheidet man nicht zwischen Kirche und Volk, da trägt man an der Schuld des Ganzen.* Und wenn je, ruft unsere Zeit nach solch einem Bekenntnis, ruft unser Volk nach solch einem Daniel, rufen unsere Kirchen nach solch einem Propheten im Kämmerlein!

Nicht weniger bezeichnend ist auch *der zweite Teil* seines Bußgebets. *„Der Herr übersah es nicht, das Unheil über uns zu bringen; denn der Herr, unser Gott, ist in allen Werken, die er tut, gerecht; wir haben ja auf seine Stimme nicht gehört*[2]*."* Den Bußfertigen machen die Gerichte nicht irre an Gott, sondern sie lassen ihn die Gerichte erst richtig verstehen. Er sucht nicht vom Standpunkt seiner Leiden und seiner Schmach aus Gott zu verstehen, sondern versteht von Gott aus seine Erschütterungen und Gerichte. Ihm ist das Gericht nicht weniger Erbarmen, als Zeiten gnädiger Heimsuchung ihm Erbarmen Gottes sind. *Gott ist gerecht auch in seinen Gerichten, wie er gerecht ist in seinem Erbarmen.* Beide fließen aus einer Quelle, erstreben dasselbe Ziel, künden zusammen die große Gottesbotschaft, daß Gott nicht den Tod des Sünders will, sondern daß er sich bekehre und lebe.

Zu dieser Erkenntnis gelangt jedoch nur der gebeugte Mensch. Er entdeckt in Gottes Wesen und Handeln eine Seite, die ihm eine völlig neue Grundlage für sein Leben und seine Zukunft gibt. Von dieser Seite spricht *der dritte Teil* des Gebets. *„Nun denn, höre,*

---

1 Kap. 9, 5. 6.
2 Kap. 9, 14.

unser Gott, auf das Gebet deines Dieners und auf sein Flehen und laß dein Angesicht leuchten über dein Heiligtum, das verwüstet ist — um meines Herrn willen! Neige, o Herr, dein Ohr und höre, öffne deine Augen und sieh die Verwüstungen, in denen wir uns befinden, und die Stadt, über welche dein Name genannt wird; denn nicht auf Grund unserer gerechten Taten legen wir unser Flehen vor dir nieder, sondern auf Grund deiner reichen Barmherzigkeit[1]*."*

Wenn Daniel in seinem Gebet um Gottes Eingreifen in die Schmach des zertretenen Heiligtums und in die Leiden seines geknechteten Volkes fleht, so geschieht es nicht mehr vom Standpunkt des natürlichen Rechts, *sondern allein vom Standpunkt der Vergebung aus.* Seine Rechtsansprüche an Gott hat sein Volk durch eigene Schuld verloren. Selbst kann es nie mehr Herr seiner Gerichte und Retter seiner Geschichte und Zukunft werden. Von den Heiden und ihrer Weltanschauung kann Israel niemals das ersehnte Heil kommen. Wie soll dem Volke Rettung werden?

Da entdeckt der Glaube, *daß Gott auch ein Herr seines Rechts ist und über das geltende Recht hinaus nur noch auf Grund von Vergebung handelnd in das Schicksal seines Volkes eingreifen kann.* An dieses Handeln allein auf Grund der Vergebung appelliert Daniel. Der Gott Israels ist größer als die Schuld Israels. Daher kann er vergeben, sobald Israel auf dieser neuen Grundlage sein Eingreifen ersehnt.

II. Die höhere Deutung

> „Noch redete ich im Gebet, da flog der Mann Gabriel, welchen ich im Gesicht am Anfang gesehen hatte, eiligst herzu, wobei er mich um die Zeit des Abendopfers erreichte. Der verschaffte mir nun Einsicht und redete mit mir und sprach: Daniel, eben bin ich ausgezogen, um dir Einsicht in den Sinn (des Gesichtes) zu geben."
> Dan. 9, 21. 22

Die höhere Deutung der Weissagungen eines Jeremia war Gottes Antwort auf Daniels Gebet. Schwerste Seelennot hatte Daniel ins Gebet getrieben. *Der Prophet verstand den Propheten nicht.*

[1] Kap. 9, 17. 18.

Wahrlich ein Ereignis, das sich gar oft innerhalb der Geschichte des Reiches Gottes wiederholt hat! Was für Daniel aber höhere Deutung war, ist uns wieder ein Geheimnis geblieben. Wie sehr, zeigen die vielen Versuche[1], die im Laufe der Jahrhunderte von den gelehrtesten Forschern gemacht worden sind, den eigentlichen Sinn und den genauen Zeitabschnitt der siebzig Jahrwochen festzustellen. Weder über den Beginn noch über das Ende der siebzig Jahrwochen innerhalb der Geschichte des israelitisch-jüdischen Volkes sind die Fachgelehrten einheitlicher Meinung. Die einen suchen damit bis zur Epoche der Erscheinung Christi heranzugelangen, indem sie in der Weissagung einen unumstrittenen Hinweis auf Christus sehen. Andere gelangen mit ihren Berechnungen nur bis zur Makkabäerzeit und finden bereits dort die Erfüllung von dem, was Daniel durch Gabriel im Gesicht enthüllt wurde.

Uns ist es hier unmöglich, auf die verschiedensten Deutungen einzugehen; wir lehnen uns daher in unserer Ausführung unmittelbar an die klaren und sachlichen Darstellungen an, die Prof. D. König über diese Danielstelle gibt[2]. Nach ihm lauten die Worte, die dem Daniel als Deutung durch den Engel Gabriel wurden: *„Siebzig Siebenheiten sind über dein Volk und deine heilige Stadt bestimmt, um den Abfall zur vollen Auswirkung zu bringen und die Sünden vollzählig zu machen und dann die Sündenschuld zu sühnen und ewige Gerechtigkeit zu bringen und Schauung und Prophet zu bestätigen und ein Hochheiliges zu salben. — Und zwar sollst du wissen und einsehen: Vom Ausgang des Wortes, zurückkehren zu lassen (Israel) und speziell Jerusalem aufzubauen, bis auf einen Gesalbten, einen Fürsten, sind sieben Siebenheiten, und zweiundsechzig Siebenheiten lang wird es (das vorher erwähnte Femininum Jerusalem) wiederaufgebaut werden als freier Platz und (dann) als Graben (d. h. als Festung), und zwar in Bedrängnis der Zeiten. — Und nach den zweiundsechzig Siebenheiten wird ein Ge-*

---

[1] Dr. Joh. Goettsberger spricht von „an die hundert heranreichenden verschiedenen Erklärungsversuchen".

[2] Die messianischen Weissagungen des Alten Testaments, S. 302—317. Verlag Chr. Belser, Stuttgart 1923. Ein selten wertvolles Buch für alle, die sich wissenschaftlich mit dem Alten Testament beschäftigen.

salbter ausgerottet werden, und niemand wird ihm sein (d. h. niemand wird ihm sukzedieren), und die Stadt und das Heiligtum wird zerstören das Volk eines Fürsten, der da kommen wird, und dessen Ende in der Flut (= des Strafgerichts) sein wird, und bis zum Ende wird Krieg, was beschlossen ist an Verwüstungen, dauern. — Und er wird überwältigend (= zu schwer) sein lassen jegliche Bundesverpflichtung für die Masse eine Siebenheit lang, und während der Hälfte der eben erwähnten Siebenheit wird er Schlachtopfer und Speiseopfer aufhören lassen, und auf seinem Gestell wird profanierender Greuel sein, und zwar (= aber nur) bis festbeschlossene Vernichtung sich über jegliches Profanierende ergießen wird[1]*."*

Wir sahen im vorigen Kapitel, mit welch einer Sehnsucht Daniel auf Grund der Weissagungen eines Jeremia die Rückkehr seines leidenden Volkes aus der babylonischen Gefangenschaft erwartete. In diesen Erwartungen sah sich der Prophet sowohl durch die empfangene Offenbarung, die ihm in seinem zweiten Gesicht geworden war, als auch durch die bisherigen Ereignisse der Zeit erschüttert. Die Antwort des Engels, die dem Daniel wurde, enthält nun eigentlich ein Doppeltes: *Es wird sich nach Ablauf der sieben ersten Jahrwochen zwar erfüllen, was Jeremia verheißen hat, andererseits wird aber die Zeitdauer der eigentlichen Leiden des Volkes unter der Zuchtrute der Heiden auf ein Vielfaches, d. h. auf ein Siebenfaches der von Jeremia genannten „siebzig" Jahre ausgedehnt werden.*

Diese siebenfach verlängerte Zeit wird eintreten infolge der bisherigen Unbußfertigkeit des Volkes. *„Siebzig Siebenheiten sind über dein Volk und deine heilige Stadt bestimmt, um den Abfall zur vollen Auswirkung zu bringen und die Sünden vollzählig zu machen und dann die Sündenschuld zu sühnen." Gott sind die Gerichtszeiten nicht einfach ein festgesetztes Zahlenmaß, sondern eine gnädige Zweckbestimmung.* Mußten einst um des inneren Zustandes des Volkes willen zunächst siebzig Jahre kommen, so mußte zu diesen das siebenfache Maß hinzukommen, falls Gott durch jene zum Heil des Volkes nicht das erreichen konnte, was er erreichen

[1] Kap. 9, 24—27a.

wollte. *Das Primäre in der Zahl der Jahre ist mithin nicht deren Quantität, sondern deren Qualität, nicht die genaue Erfüllung von deren Zeitmaß, sondern die Erfüllung ihrer gnädigen Bestimmung.*

„Denn aus der Art, wie die siebzig Siebenheiten von Jahren entstanden sind, kann man annehmen, daß schwerlich ein Gewicht auf genau 490 Jahre gelegt werden wollte, die sich rechnerisch ja zunächst ergeben würden. Tatsächlich tritt keine der drei großen Schicksalswenden, die für Daniel durchweg als Ziel der Weissagung in Frage kommen, und die ihm vielfach in eins zusammenfließen, weder die makkabäische noch die messianische, geschweige denn die endzeitliche genau nach 490 Jahren ein. Obwohl diese Zeitangabe unmittelbar den Anschein erweckt, als ob die von Daniel ersehnte Befreiung noch in weite Ferne gerückt werden sollte, wird doch im weiteren bald klar, daß der Engel die Sorge des Propheten um baldige Wendung der Gefangenschaft nicht unberücksichtigt läßt; sie wird nach den ersten sieben Siebenheiten behoben[1]." Denn in den Worten Gabriels heißt es: *„Und zwar sollst du wissen und einsehen: Vom Ausgange des Wortes, zurückkehren zu lassen (Israel) und speziell Jerusalem aufzubauen, bis auf einen Gesalbten, einen Fürsten, sind sieben Siebenheiten[2]."* Diese eintretende Wendung wird aber vom Engel benutzt, um Daniel einen anderen, noch viel bedeutsameren Umschwung im Schicksal seines Volkes anzukündigen, der in der weiteren Zukunft liegen wird.

Nach König muß der Ausgangspunkt der Deutung des ganzen Abschnitts unbedingt auf die Zeit des Propheten Jeremia gelegt werden. Des Boten Antwort war fraglos zunächst eine unmittelbare Klarstellung jenes prophetischen Wortes, das Daniel so tief bewegte. König sagt: „Der Ausgang dieses Wortes kann nur in Jer. 25, 11—13 und der Parallelstelle 29, 10 liegen. Dies ist nach dem Hinweis von Dan. 9, 2 auf *Jeremias* Wort *von den siebzig Jahren* usw. und nach dem Zusammenhang von V. 24—27 mit diesem Weissagungswort so ganz und gar notwendig, daß die Differenz des Wortlautes der erwähnten beiden Jeremiastellen und der in Dan. 9, 25 a stehenden Angabe über den Inhalt jenes ,Wor-

---

[1] Nach Dr. Joh. Goettsberger, a. a. O. S. 70.

[2] Vers 25.

tes' für unwesentlich erklärt werden muß. Übrigens ist diese Differenz vollständig erklärt. Denn jenes Wort des Propheten Jeremia, das in 9, 2 *ausdrücklich* erwähnt ist, war dem Verfasser des Danielbuches so sehr die Generalweissagung über die Zukunft des Gottesreiches, daß jene Weissagung nicht bloß von der Zurückführung (haschîb) des Volkes (Jer. 29, 10), sondern auch von dem für das heimgeführte Volk ganz selbstverständlichen Aufbau der Stadt des Tempels sprechen mußte. — Ferner mit *,ein Gesalbter, ein Fürst'*, der am Ende der ersten sieben Siebenheiten erwähnt wird (25 a), muß *Cyrus* gemeint sein. Er ist ja auch in Jesaja 45, 1 von Jahve ,mein Gesalbter' genannt, und von ihm wird erwartet, daß er den Befehl zum Wiederaufbau Jerusalems gebe (44, 26. 28; 45, 13)."

Deshalb ist Cyrus mit aller Wahrscheinlichkeit als die Person genannt, die den ersten Abschnitt der siebzig Jahre herstellte, indem er mit seinem Befreiungsedikt die ersten sieben Jahrwochen schloß.

Weiter steht fest, „mit den siebzig Siebenheiten oder Jahrwochen müssen die sieben und die zweiundsechzig Siebenheiten (in V. 25) *und die eine Siebenheit* (in V. 27) *in Beziehung stehen.* Die Summe von siebzig Jahren muß durch die sieben und die zweiundsechzig und durch die eins in ihre Posten zerlegt worden sein." Also in den siebzig Siebenheiten handelt es sich um 7 = 49 Jahre + 62 = 434 Jahre und + 1 = 7 Jahre, zusammen = 490 Jahre.

„Sieben Siebenheiten wurden zuerst abgetrennt", so schreibt König, „weil von der Zeit, in der Jeremia jene Weissagung zuerst verkündete, d. h. vom vierten Regierungsjahre Jojaqims (also von 605 v. Chr.), bis zum geschichtlichen Auftreten von Cyrus (559 v. Chr.) ungefähr 49 Jahre, also sieben Siebenheiten von Jahren, vergangen sind, und Cyrus ist ja mit dem Fürsten gemeint, der am Ende der ersten sieben Jahrwochen steht (siehe V. 25 a). Diese Ansicht ist die allein textgemäße, weil es heißt: *,vom Ausgang des Wortes'* usw. (25 a); denn damit kann nur der Moment der *Verkündigung* des Wortes von den siebzig Jahren gemeint sein, und diese fand im vierten Jahre Jojaqims statt (Jer. 25, 1)."

Nach den sieben Siebenheiten folgten die zweiundsechzig Jahr=

wochen oder Siebenheiten. Während dieses „wurde Jerusalem *‚in Bedrängnis der Zeiten'* (siehe V. 25 b) aufgebaut, und wer weiß nicht, daß zunächst die *Samaritaner* und andere feindliche Nachbarn (insbesondere die *Edomiter)* oftmals die Stadt *Jerusalem bedrängten* (Neh. 1, 3; 2, 19 f.; 4, 9 ff. usw.)? Sodann, *nach Verlauf dieser Periode,* wird *‚ein Gesalbter' ausgerottet* (s. V. 26 a). Diese Person, die nur mit dem Ausdruck *‚ein Gesalbter'* benannt ist, muß schon deswegen ein anderer als der vorher erwähnte *‚ein Gesalbter, ein Fürst'* sein, weil eben die Bezeichnung *wechselt.* Der, welcher bloß *‚ein Gesalbter'* genannt ist (siehe V. 26 a), war ein *Hoherpriester,* dessen Salbung ja in 2. Mose 29, 7 usw. erwähnt wird, und zwar war es der Hohepriester *Onias III.,* der nach 2. Makk. 4, 33 f. auf Anstiften des von ihm getadelten Hohepriesters *Menelaos* im Jahre 171 v. Chr. durch *Andronikus zu Daphne* bei Antiochien niedergestochen wurde. *Und für ihn wird es keinen Nachfolger geben* (siehe V. 26 a). — Bald nach diesem schrecklichen Ereignis kam (zuerst 170) *das Volk eines Fürsten nach Jerusalem* (siehe V. 26 b): die Truppen des Syrerkönigs *Antiochus IV. Epiphanes.* Dessen schmähliches *Ende trat,* wie in einem im hebräischen Schrifttum oft vorkommenden Stil *sofort* hinzugefügt wird, *in der Flut des göttlichen Strafgerichts ein.*

Jenem ersten Angriff eines syrischen Heeres auf Jerusalem (im Jahre 170) folgten dann von 167 *an die Verordnungen des Syrerkönigs,* durch die er die *religiöse Besonderheit Israels vernichten wollte.* Mit diesem Vorgehen fand er auch bei *‚(den) Vielen'* Anklang (siehe V. 27 a), da ja die Neigung zur hellenischen Kultur und überhaupt Weltförmigkeit sich im damaligen Israel eingenistet hatte: 1. Makk. 1, 11. 12; 2. Makk. 4, 7 ff., wonach der Hohepriester Jason, der sich schon durch seinen Namen als Griechenfreund erweist, der Führer dieser religiösen ungetreuen Masse war. — Den äußersten Grad der Verfolgung verhing der *syrische Tyrann über* das jüdische Volk, als er (siehe V. 27 b) ungefähr *dreiundeinhalb* Jahre lang sogar die Opfer für Jahve verbot, dagegen auf dem Brandopferaltar Jahves im Vorhof des Tempels einen *silbernen Zeusaltar* aufstellen ließ und auf demselben Schweineopfer darbrachte, was den Tempel selbstverständlich verwüstete oder profanierte. Josephus, Antiquitates XII, 5, 4 berichtet: ‚Nachdem der König auf dem Altar einen Altar aufgebaut hatte, schlachtete er Schweine auf ihm.' Dies geschah am 15. Kislev (ungefähr = Dezember) 168 v. Chr. (1. Makk. 1, 57). — Aber das dauert nur, bis Vernichtungsbeschluß sich über jegliches Profanierende ergießen wird (siehe V. 27b), und dies geschah, als nach den glänzenden Siegen der Helden unter Judas Makkabäus von 165—167 jener Zeusaltar beseitigt und *das unreine Opfer abgestellt wurde* (1. Makk. 4, 36—43). *Damit endete die siebzigste Woche.*"

Zuletzt wurde die eine Siebenheit, die letzte Jahrwoche, abgetrennt, weil von der Ermordung des rechtmäßigen Hohepriesters Onias III. (171 v. Chr.) bis zur Beseitigung des Verwüstungsgreuels gemäß dem Fortschritt der Makkabäersiege der Zeitraum einer Jahrwoche erwartet werden konnte.

Zum Schluß seiner Ausführungen sagt König unter anderem noch folgendes: „Aber die Hauptsache ist ja die Beantwortung der Frage, ob diese siebzig Siebenheiten oder Wochen von Jahren *bis auf Jesu Christi Zeit herabreichen.* Wieviel Versuche sind doch im Verlauf der Jahrhunderte gemacht worden, um mit diesen siebzig Jahrwochen bis zur Epoche der Erscheinung Christi heranzugelangen! Aber *es muß nicht* sein und *es kann* auch *nicht* sein. Also der Abschnitt von den siebzig Jahrwochen *muß nicht* auf den vollkommenen Meschîach gedeutet werden. Aber diese Stelle *kann auch nicht* eine Weissagung auf Jesus Christus enthalten. Denn in dieser Stelle ist ausdrücklich gesagt, daß der Verfolger der Jahve-Gläubigen nur in der Hälfte der letzten von den siebzig Jahrwochen *‚Schlacht- und Speisopfer aufhören lassen wird'* (9, 27b). Die damit verknüpfte Verwüstung des Jahvetempels soll aber rückgängig gemacht werden — sonst könnte die Zeit der Verwüstung nicht auf eine halbe Jahrwoche eingeschränkt sein —, wenn über den verwüstenden Greuel die beschlossene Vernichtung hereinbrechen wird. Dagegen Christus hat die Opfer des jerusalemischen Tempels *für immer* abgelöst. Er hat sich selbst als Loskaufpreis hingegeben (Matth. 20, 28). Er ist *‚als unser Passahlamm geschlachtet worden'* (1. Kor. 5, 7). Das Vergießen seines Blutes hat, im Unterschied vom

Blut der Böcke und Kälber, eine ewige Versöhnung gestiftet (Hebr. 9, 12).

Nein, die Worte von den siebzig Jahrwochen enthalten keine Weissagung auf den vollkommenen Gesalbten und führen nicht bis auf die Zeit Christi herab.

Müssen wir nun darüber trauern? Wir müssen es schon darum nicht, weil im Neuen Testament das Erscheinen Jesu Christi gar nicht mit jenen siebzig Jahrwochen verknüpft ist. Man betrachte doch die Genealogien Jesu bei Matthäus (1, 2—17) oder Lukas (3, 23—38), und man findet keinen Hinweis auf die Danielstelle. Man lausche ferner den Worten des Engels, der Christi Geburt ankündigte (Luk. 1, 26—28), und man hört kein Echo von jenen alttestamentlichen Worten. Man trete unter die Schar der Hörer, welche die sogenannte Antrittspredigt Jesu zu Nazareth vernahmen (Luk. 4, 16 ff.), und man hört Beziehungen des Herrn auf das Buch Jesaja und andere Bücher des Alten Testaments, aber nicht auf das Buch Daniel. Ja, anstatt zu sagen, daß er den Greuel der Verwüstung durch sein Auftreten beseitigen wolle, hat Christus einen neuen Greuel der Verwüstung als ein Symptom für die Nähe seiner Wiederkunft zum Gericht bezeichnet (Matth. 24, 15 f.).

Nicht zu trauern haben wir darüber, daß die Brücke, die vom Alten zum Neuen Testament hinüberführt, an diesem Punkt um einen Jochbalken zu schmal ist. Wir werden uns dieser Tatsache vielmehr freuen, sobald wir ihre religionsgeschichtliche Wichtigkeit erkannt haben. Denn setzen wir den Fall, daß Christus bei seinem Auftreten sich auf das Ende jener siebzig Jahrwochen berufen hätte, oder daß dieses Ende bei textgemäßer Auslegung nur überhaupt mit der Zeit der Wirksamkeit Jesu Christi verknüpft werden könnte, was würde die Folge sein? Die Feinde Christi könnten sagen, daß Jesus von Nazareth mit Rücksicht auf jene Danielstelle damals aufgetreten sei, und daß er also aus dem Alten Testament seine Beauftragung geschöpft habe. Also nicht klagen wollen wir über jenes exegetische Ergebnis. Vielmehr haben wir Ursache, Gott dafür dankbar zu sein, daß er den Gegnern des Christentums nicht eine solche Waffe zu dessen Bekämpfung in die Hand gegeben hat.

Jesus Christus hat seinen Auftrag nicht aus dem Alten Testament geschöpft. *Der Quellpunkt seines Auftretens lag in seinem Sohnesbewußtsein, und dieses Bewußtsein sprudelte wieder aus dem Heiligkeitsgeist, der als sein übermenschliches Wesenselement in ihm lebte* (Röm. 1, 4)." Soweit König.

Ergänzend sei zu diesem schweren Kapitel noch hinzugefügt, was Goettsberger zum Schluß des ganzen Abschnitts sagt: „Die prophetische Perspektive veranlaßte den Daniel, die Heimsuchung des jüdischen Volkes im babylonischen Exil als die letzte Drangsal vor der endgültigen Wendung seines Geschicks zu betrachten. Der Offenbarungsengel brachte teilweise eine zeitliche Distanz in das Flachbild des Propheten: *die Heimsuchung des babylonischen Exils wird sich wiederholen in Jahr und Tag, dann aber auch die Befreiung aus dem Exil in höherem Maße Verwirklichung finden.* Daß er nicht den gleichen Abstand eingefügt hat zwischen dem Ende der makkabäischen Verfolgung und der messianischen Heilszeit, liegt ganz in der Linie der allmählichen Entfaltung der prophetisch-messianischen Zukunftsbilder. Das war die Aufgabe, die der christlichen Erfassung der Danielschen Weltreichprophetie oblag, und die sie vom Neuen Testament ab auch löste. *Daß noch ein Abstand, messianische — Endzeit, einzufügen ist* in die Ebene des Danielschen Zukunftsbildes, läßt bereits die obenerwähnte Deutung des göttlichen Heilandes erkennen und ist dann auch Gemeingut der christlichen Exegese geworden. Einige unverkennbare Anhaltspunkte hierfür in der letzten großen Vision des Daniel (Kap. 10—12) geben dieser weiteren Distanzierung des prophetischen Zukunftsbildes recht: *außer den beiden schon der Vergangenheit angehörenden Schicksalswenden der jüdisch-christlichen Heilsgeschichte, der makkabäischen und der messianischen, ist noch ein dritter beherrschender Zielpunkt der Daniel-Prophetie festzustellen, der auch für uns noch in der Zukunft liegt, die Endzeit*[1]."

---

[1] Goettsberger, a. a. O. S. 76.

D. Des Propheten letztes Gesicht

I. Fernblicke in die nähere Zukunft

„Im dritten Jahr unter Cyrus, dem König von Persien, wurde dem Daniel, dessen Namen Beltsazar war, ein Wort geoffenbart. Das Wort ist Wahrheit, und von großer Heeres(not) handelt es."
Kap. 10, 1

Mit dem vierten oder letzten Gesicht des Propheten sind so viele geheimnisvolle Begleitumstände verbunden, daß wir nur noch auf einiges Grundsätzliche eingehen können. „Daniel schaut ein Gesicht über Kämpfe der Schutzengel der Völker und erhält eine umfangreiche Wortoffenbarung über die Ereignisse bis zur Schicksalswende am Ende der Tage." Wie in dem ganzen zweiten Teil des Danielbuches sind das Wesentliche nicht die visionären Begleiterscheinungen, die mit der Offenbarung verbunden sind, *es geht vielmehr um die wiederholt genannte „Endzeit", d. h. in erster Linie um jene Gerichtsperioden, die Israel-Juda innerhalb der Völkerwelt zu durchleben haben wird.*

a) Des Propheten innerliches Ringen[1]

Nach der Zeitangabe des Kapitels empfing Daniel sein letztes Gesicht im dritten Jahr des Cyrus, „also um die Zeit, als Cyrus nach dem Abgang des Vasallenkönigs Darius die Verwaltung der zu dem vormaligen Königreich Babel gehörenden Gebiete in seine eignen Hände nahm" und darnach den Juden die Heimkehr in die im Gericht zusammengebrochene Heimat gestattete. Daß mit dieser Heimkehr nicht gleich der verlorengegangene Glanz des Volkes verbunden sein könnte, vielmehr ungeheure Opfer erfordern und trotz aller Freude von manchen Enttäuschungen begleitet sein würde, mußte von allen Kundigen vorausgesehen werden.

Daniel berichtet nun selbst, unter welchen Begleiterscheinungen ihm das letzte Gesicht wurde. *„In jenen Tagen befand ich, Daniel, mich drei volle Wochen lang in Trauer." Der wahre Prophet leidet, mag es ihm persönlich auch wohl gehen, solange sein Volk leidet und unter einem Gericht steht.* Selbst gesetzliche Festtage setzten

[1] Kap. 10, 2—4.

ihn nicht über den Schmerz seiner Seele hinweg, den er um der Gesamtlage seines Volkes willen in sich trug. Obgleich seine Trauer in die großen Freudentage des jüdischen Neujahr- und Osterfestes fielen, seine prophetische Seele litt, während das Volk feierte. Er fastete, entsagte jedem Genuß, unterließ die Salbung zum Zeichen seines Schmerzes und betete. Er rang „um Aufschluß über die dunkle Zukunft seines Volkes und um die Beseitigung der Hindernisse, die der verheißenen Beendigung der Verbannung im Wege standen" (G. Stockmann). Je länger sich die Verheißung Jeremias von der Rückkehr des Volkes aus dem babylonischen Exil verzog, desto schwerer drängte sich Daniel die Frage auf, warum dieser Verzug eintreten müsse. Die Antwort konnte nur ihm, dem Ringenden, werden. Seine leidende Seele war offen für eine göttliche Antwort, während das feiernde Volk sich auch in seiner Knechtschaft begnügte mit festlichen Erinnerungstagen an Taten Gottes, die einst die Väter beim Auszug aus Ägyptens Sklavenhaus erlebt hatten.

b) Der geheimnisvolle Offenbarungsbote[1]

Während der Prophet sich am vierundzwanzigsten Tage des Monats bei den großen Wassern des Hiddekel befand, erschien ihm eine geheimnisvolle männliche Lichtgestalt, die sich ihm alsbald als ein Offenbarungsbote Gottes kundtat. Nicht nur Daniels Begleiter, auch er selbst wurde so von der lichtvollen Erscheinung erfaßt, daß er als Prophet *„ohnmächtig zu Boden"* auf sein Angesicht sank. Erst nachdem Daniel sich durch den geheimnisvollen Boten aufgerichtet sah, ward er fähig, die Worte zu vernehmen: *„Fürchte dich nicht, Daniel! Denn von dem ersten Tage an, da du deinen Sinn darauf richtetest, Einsicht zu gewinnen und dich zu demütigen vor deinem Gott, sind deine Worte erhört worden, und ich hatte mich auf deine Worte hin aufgemacht zu kommen."*

Wen wir auch immer in dem „Wächter" über den Wassern des Tigrisstromes anzusehen haben, er ist unserem Glauben mit eine jener großen Bestätigungen, *daß Gott in seiner Majestät und in seinem Erbarmen Mittel und Wege hat und findet, Ringenden und*

[1] Kap. 10, 4—19.

Wartenden auf ihre letzten und tiefsten Fragen eine göttliche Antwort zu geben. Die Verbindung findet er am ersten mit denen, die in ihrer Not ihr Ohr auch vor jedem Festjubel verschließen und einsam im Kämmerlein horchen, ob ihnen eine Lösung von oben her werden kann. Daß dem Propheten erst nach einundzwanzigtägigem Fasten und Beten die Antwort wurde, erklärt der von Gott Gesandte mit den Worten: *„Der Fürst des Königreiches Persien aber stand mir einundzwanzig Tage gegenüber."* Es war also nicht einfach mangelnder Glaube des Propheten, nicht Mangel an genügender Beugung, daß der Prophet so lange warten mußte. Es spielten da Geistesmächte mit, von deren ungeheurem Einfluß der Prophet kaum eine Ahnung hatte.

Welch ein Segen lag doch darin, daß Daniel in seinem Fasten und Beten ein Wartender und Horchender blieb, bis alle Geistesmächte, die sich zwischen ihm und Gott bewegten, überwunden werden konnten!

c) Der Kampf der unsichtbaren Mächte[1]

„Der Fürst des Königreiches Persien aber stand mir einundzwanzig Tage gegenüber. Jedoch siehe, Michael, einer der ersten Fürsten, kam, mir zu helfen, und ich wurde dort an der Seite (der Fürsten) der Könige von Persien überflüssig." Geheimnisvolle Worte! Vielleicht lassen sie uns jedoch etwas von jenem ungeheuren Kampf innerhalb der unsichtbaren Geistesmächte um das Offenbarwerden der Gottesherrschaft auf Erden ahnen, der sich in einer uns unsichtbaren Weise in der Geschichte abspielt. *Wie das Göttliche, so ringt auch das Dämonische und Diabolische um eine Fleischwerdung im Menschen.* Ohne hier auf dieses von uns noch viel zu wenig erkannte Gebiet eingehen zu können, geht doch aus den Worten des Offenbarungsboten hervor, daß er zunächst von stärkeren Mächten verhindert wurde, gleich dem Daniel die Erhörung zu bringen. Erst als der Engelfürst Michael ihm zur Hilfe eilte, wurde ihm der Weg frei zu dem betenden Daniel.

Wenn im Text von den Königen Persiens die Rede ist, so handelt es sich dabei um den Ausdruck für jene ganze Dynastie, bei der

[1] Kap. 10, 13 ff.

schließlich die Ratschläge der Gottesboten zugunsten der Juden eine günstige Aufnahme fanden. Alle hier genannten geheimnisvollen Vorgänge werden uns weit verständlicher, wenn man sie im Licht des Apostels Paulus im Epheserbrief Kapitel 6, 10—13 sieht, und weniger vom Standpunkt der alten Zeit aus, die alles unter der Voraussetzung sah, daß die einzelnen Völker unter besonderen Schutzengeln standen. Einundzwanzig Tage ringt Daniel im Gebet, und während der ganzen Zeit vollzieht sich am Hofe Persiens ein ungeheurer Geisteskampf. Stärkste Einflüsse wider und für die gefangenen Israeliten machen sich innerhalb der Regierung Persiens geltend, bis endlich dem Daniel die freudige Offenbarung mitgeteilt werden kann, *daß Gabriels Ratschläge zum Besten seines Volkes Eingang bei der persischen Dynastie gefunden haben.* Diese günstige Stimmung äußerte sich ja auch wirklich unter Darius Hystaspis und Artaxerxes Longomanus, welche die Gefangenen begünstigten und deren Heimkehr nach Jerusalem vorbereiteten.

„Wie wunderbar", sagt B. Keller, „ist übrigens der Doppelkampf für Gottes Volk: am persischen Hofe streiten die beiden unsichtbaren Engelfürsten, und im Kämmerlein streitet mit Fasten und Beten der treue Prophet! Und beide Mächte zusammen gewinnen den Sieg, ja, die beiden Engelfürsten werden eigentlich erst auf Daniels Gebet hin in den Kampf geschickt. Im letzten Grunde ist also die schützende Macht für Gottes Volk: das anhaltende Gebet seines greisen Propheten. Das ist die Macht und Bedeutung der Fürbitte."

Vielleicht liegt die Macht der Fürbitte jedoch mehr darin, daß der Mensch in seinem Gebet und in seiner Fürbitte sich in seiner inneren Geisteshaltung der Fleischwerdung des Göttlichen gegenüber offenhält. Da Gott in Daniel einen Menschen unter seinem Volke hatte, der horchend und betend auf eine göttliche Antwort wartete, so hatte er in ihm als seinem Propheten jenes Gefäß, dem er seine Offenbarung zum Heil seines ganzen Volkes anvertrauen konnte. *Nicht in der Fürbitte liegt die Macht, sie liegt letzthin allein in dem Gott, dessen Macht und Herrschaft in den im Gebet auf ihn Harrenden Fleisch werden konnten.*

Trotz der frohen Kunde, die der Offenbarungsbote Daniel zu

bringen hatte, brach der Prophet doch unter den Begleiterscheinungen zusammen. Erst als der Bote ihn abermals berührte und ihn ermutigte, stark zu sein, könnte Daniel antworten: *„Herr, rede; denn du hast mich gestärkt!"* Tatsächlich hatte der Bote dem Propheten noch nicht alles gesagt. Daher sprach er: *„Weißt du, warum ich zu dir gekommen bin? Und nun will ich wieder zurückkehren, um mit den Fürsten von Persien zu kämpfen; ich ziehe nun aus, und siehe, der Fürst von Griechenland kommt ....."*

Mit der augenblicklich günstigen Stimmung am Hofe Persiens ist die Gesamtlage des israelitischen Volkes für die weitere Zukunft noch nicht entschieden. Der gegnerische Einfluß innerhalb der persischen Dynastie wird wieder Macht gewinnen, daher muß daselbst der Kampf weitergeführt werden. Geht derselbe auch günstig am *persischen Hofe aus,* so kommt hernach die Gefahr für das künftige Schicksal der Gefangenen von *Griechenland* her. Auch dieses neu auftauchende Weltreich wird von antigöttlichen Geistesströmungen bestimmt werden. Der Kampf aber um die Heilszukunft Israels wird trotzdem weitergeführt werden auch mit dem Geistesfürsten von Griechenland.

Wie einst bei der Rettung der Stämme Jakobs aus dem ägyptischen Sklavenhause, *wird Gott zu jeder Zeit, wenn erst seine Stunde gekommen ist, groß genug sein, die Seinigen und das Seinige aus der knechtenden Umarmung der gottfeindlichen Mächte der Welt zu erretten.*

II. Das Ringen zwischen dem Süd- und Nordreich

> „Und nun will ich dir Zuverlässiges sagen: Siehe, nach drei ersteht in Persien der vierte, drum wird er größeren Reichtum sammeln als alle, und gemäß seiner Stärke wird er mittels seines Reichtums alle gegen das Königreich der Griechen erregen."
>
> Kap. 11, 2

Mit der erfreulichen Heimkehr der Gefangenen nach Jerusalem wird die Leidenszeit des jüdischen Volkes noch lange nicht zu Ende sein. Im Schoß der Völkerwelt der unmittelbaren Zukunft werden sich weiter jene dunklen Mächte auswirken, die sich stark genug erweisen, neue Drangsalszeiten über die Heimgekehrten und über die in der Diaspora Gebliebenen heraufzubeschwören. Um das einem Daniel zu enthüllen, schieben sich große Zeitperioden und gewaltige Geschichtsereignisse in der Schilderung des Offenbarungsboten zu einem Gesamtbild zusammen. *Der Blick des Propheten soll erkennen, welche Wehen für sein Volk noch im Schoß der Zukunft liegen werden.* Die größte Trübsal wird das Volk aber in der bis dahin unerreichten Drangsalszeit unter der Herrschaft des *Antiochus Epiphanes* erleben. Dieser werden jedoch die schweren Kämpfe zwischen dem König des Südens (Ptolemäer) und dem König des Nordens (Seleuciden), also zwischen Ägypten und Syrien, vorangehen. Beide werden auch Palästina immer wieder in ihre Gärung und damit in ihre Leiden hineinziehen.

a) Die wechselvollen Leiden Israels

„Es ersteht nun (nach etwa 144 Jahren) ein heldenhafter König (Alexander der Große) und errichtet eine gewaltige Herrschaft und handelt nach seinem Gutdünken. Auf dem Höhepunkt seiner Stärke wird sein Königreich aber zerbrochen und nach den vier Winden des Himmels zerteilt. Seiner Nachkommenschaft wird es aber nicht (zufallen), und ein Herrschen, wie er es übte, wird nicht (mehr) sein, vielmehr wird sein Königreich zerschlagen, und anderen als diesen (Nachkommen) wird es gehören[1]*.“* Nur in großen Zusammenhängen läßt der Offenbarungsbote das Vergehen des medopersischen Weltreiches und das Auftreten des griechischen sichtbar werden. Unter *Xerxes* (485—465) erfolgte der erste gewaltige Zusammenstoß zwischen Persien und Griechenland. Die Besiegung des Perserreiches erfolgte aber erst unter dem Auftreten *Alexanders des Großen* (331—323). Nachdem er sich die Küstenstädte Tyrus und Gaza unterworfen hatte, ergaben sich ihm ohne Widerstand auch die Juden Palästinas.

So schnell Alexanders Weltreich aufstieg und die Völker bewegte, so schnell zerbrach es auch wieder im Gericht. Nach dem frühen Tode Alexanders zerteilte es sich in vier Himmelsrichtungen, d. h. in die Diadochenreiche seiner Feldherren. Seine beiden

[1] Kap. 11, 3 f.

einzigen Söhne wurden vergiftet. Keines der Reiche seiner Feldherren gewann eine entsprechende Macht und Weltgeltung, wie das Reich Alexanders des Großen sie gesehen hatte.

Die Botschaft des Offenbarungsboten beschäftigt sich nun hinfort in der Hauptsache mit den Diadochenreichen *der Ptolemäer*, die das Südreich, nämlich Ägypten und Palästina, besaßen, und dem Nordreich *der Seleuciden*, die Syrien beherrschten. Die Dynastie der Ptolemäer, die sieben Thronerben hatte[1], wurde durch *Ptolemäus I. Lagi* begründet. Die Juden in Palästina unterwarfen sich ihm erst im Jahre 320. In der Auseinandersetzung mit ihm ließen sie an einem Sabbat die Waffen ruhen, Ptolemäus' Heere eroberten Jerusalem und führten angeblich hunderttausend Juden nach Ägypten. Sie wurden hier aber sehr milde behandelt, und Ptolemäus berief im Lauf seiner Regierung „zahlreiche jüdische Gelehrte nach Alexandria". Er war überhaupt *ein großer Freund der Wissenschaft und der abendländisch-griechischen Bildung.* Alexandria wurde ein berühmtes Zentrum der Gelehrten, so daß L. von Ranke schreiben kann: „Die grammatischen Wissenschaften auf der einen Seite, die mathematisch-physikalischen auf der anderen blühten in Alexandria nebeneinander auf, sie bildeten eine Grundlage für alle spätere Wissenschaft der Welt."

Da den Juden die volle Anteilnahme am öffentlichen Leben gewährt wurde, bildete diese Freiheit für alle Gesetzestreuen eine Gefahr, der viele erlagen. Es entstanden im Lauf der Jahre die streng das Gesetz Haltenden und die Freieren, die sich über die gesetzlichen Vorschriften hinweg dem herrschenden Geist der Zeit mehr anschlossen.

Im Jahre 312 löste sich jedoch der Feldherr *Seleukus I. Nikator*[2] von seinem Herrscher Ptolemäus I. Lagi und begründete das syrische

---

[1] *Die Ptolemäer:* Ptolemäus I. Lagi, 323—284; Ptolemäus II. Philadelphus, 284—247; Ptolemäus III. Euergetes, 246—221; Ptolemäus IV. Philopator, 221—204; Ptolemäus V. Epiphanes, 204—181; Ptolemäus VI. Philometor, 181—146; Ptolemäus VII. Physkon, 146—117.

[2] *Die Seleuziden:* Seleukus I. Nikator, 312—281; Antiochus I. Soter, 281—262; Antiochus II. Theos, 262—246; Seleukus II. Kallinikus, 246—227; Seleukus III. Keraunos, 227—224; Antiochus III. der Große, 224—187; Seleukus IV. Philopator, 187—176; Antiochus IV. Epiphanes, 175—164; Antiochus V. Eupator, 164—162.

Nordreich und erhob das herrliche *Antiochia am Orontes* zur Hauptstadt. Seinem Feldherrntalent und seiner Energie gelang es, die größten Teile von dem Weltreich Alexanders seiner Macht zu unterwerfen. Das Aufsteigen seiner Macht wurde auch eine schwere Bedrohung Ägyptens.

Im dreiundachtzigsten Lebensjahr starb Ptolemäus I. Lagi und hinterließ die Herrschaft über Ägypten seinem Thronerben *Ptolemäus II. Philadelphus.* Er lebte ganz im Geist seines Vaters, und sein ganzes Streben ging auf die geistige und kulturelle Hebung seines Reiches. Sein Stolz war die junge Weltstadt Alexandria, die er zum Sitz der Gelehrten und zum Mittelpunkt der Wissenschaft erhob. Er gründete hier auch jenes berühmte alexandrinische Museum, das in einer Abteilung bald eine Bibliothek von Hunderttausenden von Bänden umfaßte. Nach der Überlieferung soll unter seiner Regierung auch *die Septuaginta,* die bekannte griechische Übersetzung des Alten Testaments, hergestellt worden sein, um es allen in der griechischen Sprache und Bildung Stehenden zugänglich zu machen.

Die kriegerischen Auseinandersetzungen zwischen dem Süd- und dem Nordreich erwiesen sich zunächst überaus günstig für die Ägypter unter der Herrschaft der Ptolemäer. Zwar hatte *Antiochus II. Theos* acht Jahre lang Syrien gegen Ägypten geführt. Zuletzt entschloß er sich jedoch zu einem Frieden mit Ptolemäus II. Philadelphus von Ägypten, und zwar unter der Bedingung, daß er seine Gemahlin *Laodicäa,* die seine Halbschwester war, verstieß und deren Söhne enterbte und bereit war, an deren Statt die ägyptische Königstochter *Berenice* zum Weibe zu nehmen. Jedoch nicht lange währte diese erzwungene Ehe. Zwar hatte im Jahre 248 Berenice als Tochter Ptolemäus II. Philadelphus mit großem Gefolge und entsprechendem Pomp in die Hauptstadt Syriens Antiochia am Orontes ihren Einzug gehalten. Als jedoch ihr Vater bald nachher starb, wurde sie von ihrem Gemahl Antiochus II. Theos verstoßen. Sie konnte wohl nach *Daphne* bei Antiochia entfliehen, wo sie jedoch später von der Königin Laodicäa samt ihrem Söhnlein ermordet wurde. Laodicäa hatte bereits vorher den König ermordet, dessen Tod sie zunächst jedoch verheimlichte, und zuletzt ihren ältesten Sohn als *Seleukus II. Kallinikus zum* Herrscher Syriens erhoben.

Diese Taten mußten zu einer neuen schweren kriegerischen Auseinandersetzung mit Ägypten führen. Der Thronerbe Ägyptens, *Ptolemäus III.*, der später vom Volke den Ehrennamen *Euergetes*, d. h. Wohltäter, erhielt, nahm schwere Rache für seine ermordete Schwester Berenice. Nach der Einnahme von Antiochia legte er nicht nur Syrien eine ungeheuer schwere Geldbuße auf, sondern ließ die Mörderin Laodicäa töten und etwa 2500 Standbilder syrischer Götzen als Beweis seines völligen Triumphs nach Ägypten führen. Als Dank für den glücklichen Ausgang seiner Unternehmungen opferte er in Jerusalem nach dem jüdischen Gesetz dem Gott Israels. Dieser Einstellung zum Gott der Offenbarung entsprach auch sein wohlwollendes Verhalten dem jüdischen Volke gegenüber.

Leider war der Thronerbe des siegreichen Ptolemäus III. Euergetes ein unwürdiger Nachfolger seines Vaters. Er lebte in wüsten Ausschweifungen und brachte Ägypten infolgedessen in große Gefahr. Zwar gelang es ihm als *Ptolemäus IV. Philopator* von Ägypten im Jahre 217 noch einmal, einen mächtigen Überfall der Syrer völlig zu zerschlagen. Anstatt jedoch den glänzenden Sieg auszunutzen, gab er sich weiter seinem ausschweifenden Lebenswandel hin und ermutigte dadurch die Syrer zu neuen Unternehmungen. Aber auch in Ägypten selbst entstand unter dem Volk eine wachsende Unzufriedenheit, die nach dem Tode Ptolemäus IV. Philopator zu offenen Unruhen führte. Als in jener Zeit in Syrien *Antiochus der Große* die Herrschaft hatte, boten ihm die von Ägypten abhängigen unzufriedenen Völkerschaften gern ihre Unterstützung an, um einen neuen Feldzug gegen Ägypten zu unternehmen. Selbst die Juden mit ihren Priestern und Ältesten an der Spitze bereiteten ihm in Jerusalem einen ehrenvollen Empfang und beteiligten sich an der Vertreibung der ägyptischen Truppen aus der Burg Jerusalems durch die syrische Heeresmacht.

Dieses fleischliche Vertrauen auf Menschenkraft gereichte jedoch dem jüdischen Volke zum Fall. Dieser Undank der Juden den Ptolemäern gegenüber leitete jene furchtbare Leidenszeit ein, die das jüdische Volk als eine antichristliche unter der Herrschaft des Antiochus Epiphanes erlebte.

b) Der Antichristus des jüdischen Volkes

Vergeblich waren die Versuche der ägyptischen Heerführer des unmündigen Ptolemäus V. Epiphanes, die Macht Antiochus' des Großen zu brechen. Dieser hatte die Stadt Sidon außerordentlich stark befestigt. Es gelang ihm, sie nicht nur den Ägyptern gegenüber zu behaupten, sondern darüber hinaus sich noch Phönizien und Palästina zu unterwerfen. Daß er nicht bis über die Grenzen Ägyptens hinaus vordrang, verdankte das Südreich den zur Großmacht gewordenen Römern, die damals die Vormundschaft über den Knaben *Ptolemäus V. Epiphanes*, den Thronerben Ptolemäus IV. Philopators, übernommen hatten. So schloß er zwar im Jahre 198 mit Ägypten einen Vergleich; um sich jedoch seinen Einfluß über dieses Land zu sichern, verlobte er seine noch unmündige Tochter *Kleopatra* mit dem ebenfalls noch unmündigen zwölfjährigen Ptolemäus V. Epiphanes.

Seine politischen Berechnungen scheiterten jedoch an der Weltherrschaft der Römer. Obgleich das verlobte junge Paar nach fünf Jahren heiratete, gewann er doch nicht den Einfluß über Ägypten, den er erhofft hatte. In seinem Hochmut ließ er sich in kriegerische Auseinandersetzungen mit den Römern ein und erlebte von diesen im Jahre 189 bei *Magnesia in Lydien* eine entscheidende Niederlage. Er mußte erleben, wie hart das Reich war, das Daniel in seinem ersten Gesicht als das vierte und eiserne Weltreich aus dem Völkermeer hatte aufsteigen sehen[1]. Sein jäher Sturz führte zuletzt auch dazu, daß er von seinem eigenen Volke in einem Belustempel in der Provinz Elymais ermordet wurde.

Auch seinem Sohn *Seleukus IV. Philopator* gelang es nicht, die Lage des Nordreiches zu verbessern. Unmöglich war es ihm auch, die ungeheuren Jahrestribute an Rom zu zahlen, zu denen sein Vater sich verpflichtet hatte. Um die Mittel dazu aufzubringen, griff er zu dem bekannten Tempelraubversuch in Jerusalem, der

[1] Vgl. Kap. 7, 7.

ihm jedoch nicht gelang[1]. Seleukus IV. Philopator wurde bald nachher, wie angenommen wird, von seinem eigenen Minister *Heliodorus* ums Leben gebracht.

Jetzt übernahm sein Bruder *Antiochus IV. Epiphanes* die Herrschaft. Ihm war es auf Grund höherer Fügung vergönnt, das Nordreich vor seinem gänzlichen Verfall zu retten. Nach den Schilderungen seiner Zeitgenossen besaß er bedeutende geistige Fähigkeiten, wurde aber in seinen Unternehmungen von einer maßlosen Selbstverherrlichung und übermäßiger Eitelkeit bestimmt. Er erkühnte sich sogar, „sich Gott nennen zu lassen und von seinem Lieblingsgott, dem olympischen Zeus, für den er sich selbst hielt, den Namen Nikephoros, d. h. Siegbringer, anzunehmen" (G. Stockmann).

Da seine Lieblingsgottheit der olympische Zeus war, erbaute er diesem höchsten Gott der Griechen in Antiochia und Athen prachtvolle Tempel und versuchte, dessen Verehrung allen Völkern seines Reiches aufzuzwingen. Dieser Versuch führte zu unmenschlichen Härten den gesetzestreuen Juden gegenüber. Obgleich die blutigste Verfolgung gegen alle Widerstrebenden einsetzte und viele den Märtyrertod erlitten, *verehrte man in Jerusalem weiter den Gott der Väter als den Gott der Offenbarung und als den Herrn der Welt.* So wurde Antiochus Epiphanes „auf Grund seiner heuchlerischen Arglist und seines maßlosen Hochmuts und seiner Verachtung aller bestehenden Ordnung und Gesetze und seines fanatischen Hasses gegen Gott und dessen Knechte" *zum Antichristen des damaligen jüdischen Volkes.*

Seinen größten Frevel gegen alles Heilige entfaltete er jedoch im Jahre 168 nach vergeblichen Unternehmungen gegen ein neu

---

1 Er hatte seinen Minister Heliodorus nach Jerusalem gesandt, den reichen Schatz des Tempels zu requirieren. Obgleich Heliodorus mit seiner Leibwache in den Tempel eindrang, wurde er nach einer Überlieferung von seinem frevelhaften Raubversuch durch einen Reiter in glänzender, goldener Rüstung und dessen Begleiter zurückgehalten. (Nach dem 2. Makkabäerbuch 3, 23—30.) Die Überlieferung weiß weiter zu erzählen, daß er wie tot auf einer Bahre aus dem Tempel getragen werden mußte und erst auf Grund des Gebets und eines Opfers des frommen Hohenpriesters *Onias* III. wieder erwachte.

auftauchendes Nordreich. Der Offenbarungsengel beschreibt die Geisteshaltung von Antiochus Epiphanes mit den Worten: *„Und Heere werden, von ihm gesandt, sich erheben und das Heiligtum, die Feste entweihen und das tägliche Opfer aufhören machen und den verwüstenden Greuel errichten. Diejenigen aber, welche am Bunde zu freveln geneigt sind, wird er durch Schmeicheleien abtrünnig machen. Das Volk derjenigen, welche ihren Gott kennen, wird fest bleiben und handeln, und die Einsichtigen aus dem Volke werden viele zur Besinnung bringen. Aber sie werden durch Schwert und Flamme, durch Gefangenschaft und Ausplünderung eine Zeitlang zu Falle kommen[1].“*

Diese antichristliche Drangsalszeit für das damalige jüdische Volk fand zwar durch den Sieg von Judas Makkabäus im Jahre 166 eine kleine Unterbrechung. Nachher steigerte Antiochus Epiphanes jedoch um so mehr seine Wut, bis zuletzt auch er im Gericht zusammenbrach. Der Offenbarungsbote kündigt es mit den Worten an: *„Zur Zeit des Endes nun wird der König des Südens mit ihm zusammenstoßen. Gegen den wird der König des Nordens mit Wagen und Reitern und großen Schiffen anstürmen, und er wird in die Länder kommen und überschwemmen und darüber hinziehen. Aber Gerüchte aus dem Osten und aus dem Norden werden ihn erschrecken, und er wird mit gewaltigem Grimm ausziehen, um viele zu verderben und zu vernichten. Seine Palastzelte wird er zwischen dem Meere und dem heiligen Prachtberge aufschlagen und an sein Ende kommen. Und es ist keiner, der ihm hilft[2].“*

Welche geschichtlichen Ereignisse seinem unmittelbaren Ende vorangingen, kann hier nicht mehr angedeutet werden. In Kummer und Wut versetzte ihn die Nachricht von den großen Erfolgen, die *Judas Makkabäus* über seine dem Lysias anvertrauten Truppen errungen hatte. Er starb als ein gebrochener Mann im Jahre 164 in der persischen Stadt Tabae. *Seine Persönlichkeit, seine Gesinnung und sein Frevel haben von ihm innerhalb der Menschheitsgeschichte ein Bild zurückgelassen, das seither als der Typus des endgeschichtlichen Antichristen angesehen wird.*

---

[1] Kap. 11, 31—33.
[2] Kap. 11, 40—45.

III. Fernblick in die letzte Zukunft

„In jener Zeit wird sich Michael, der große Fürst, der über den Kindern deines Volkes (schützend) steht, erheben — es wird das eine Zeit der Bedrängnis sein, wie sie nicht war von da an, daß ein Volk besteht, bis zu jener Zeit — in jener Zeit also wird dein Volk gerettet werden, jeder, der im Buch aufgezeichnet gefunden wird.“ Dan. 12, 1

Was hier dem Propheten Daniel vom Offenbarungsboten gekündigt wurde, geschah vor dem kläglichen Ende des antigöttlichen Antiochus Epiphanes. Das Maß seiner Gerichtsaufgaben war erfüllt. Unter der Führung des *Judas Makkabäus* entstand ihm innerhalb des jüdischen Volkes ein Widersacher, den Gott benutzte, um die syrische Heeresmacht zu lähmen. Nach einem allgemeinen Buß- und Bettag in Mizpa errang Judas Makkabäus im Jahre 166 einen großen Erfolg bei Emmaus über die syrischen Truppen, die unter dem Befehl von Gorgias standen. Der entscheidende Sieg wurde aber erst im folgenden Jahre bei Bethzur im Gebirge Juda errungen. Daraufhin wurden in großer Freude der Brandopferaltar und der Tempel wieder eingeweiht und der gesetzliche Gottesdienst eröffnet.

Zum Gedächtnis an dieses wunderbare Eingreifen Gottes in die Geschichte des Volkes wurde hinfort alljährlich das Fest der Tempelweihe[1] gefeiert. Die Feier war „mit einer herrlichen Beleuchtung sämtlicher Wohnhäuser verbunden“. Die völlige Errettung von der drückenden Bevormundung durch Syrien erfolgte jedoch erst 163. Der unmündige Thronerbe Syriens, Antiochus V. Eupator, sah sich genötigt, einen für die Juden günstigen Frieden zu schließen. Dieser Friede gewährte dem jüdischen Volke freie Religionsausübung, jedoch unter der Bedingung der Anerkennung der syrischen Oberhoheit über Palästina.

a) Die Leiden der Endzeit

Von diesem geschichtlichen Hintergrunde aus gibt der Prophet *eine Fernschau auf die Leiden der Endzeit*. Wir sagten bereits, daß sowohl das Göttliche als auch alles Dämonische um eine Fleisch-

[1] Joh. 10, 22.

werdung im Menschen innerhalb der Geschichte ringt. *Je mehr die finsteren Geistesmächte je und je Eingang unter der Menschheit fanden, desto sichtbarer wurde das Antichristliche innerhalb der Geschichte.* In solchen Zeiten ward das antichristliche Wesen stets getragen von besonders starken Persönlichkeiten, die alles unter ihren Einfluß zu ziehen und unter ihre Macht zu stellen wußten. Es hatten daher die einzelnen Geschichtsperioden zur Zeit der Ausreifung des Bösen auch immer ihre Antichristusse[1]. Es darf uns daher nicht wundernehmen, *wenn in den großen Drangsalszeiten der Geschichte die glaubende Gemeinde immer wieder fragte, ob es nicht bereits die Endzeit sei.*

Diese antichristlichen Zeiten innerhalb der einzelnen Geschichtsperioden wiesen bisher jedoch über sich selbst hinaus auf eine allerletzte Drangsalszeit. Wie in der Schöpfungsgeschichte jeder Tag mit seinem Werden und Leben angelegt war auf den siebenten Schöpfungstag, den Sabbat Gottes, so ist die menschliche Entwicklung in ihrem Fall und in ihrer Geschichte ebenfalls angelegt auf eine letzte Ausreifung des Widergöttlichen. Das wird die letzte Herrschaft des Antigöttlichen, *der große Sabbat des Antichristus sein.*

Jedoch nicht der Antichristus ist Inhalt der großen Eschatologie der Kirche Jesu Christi. Diese wird getragen von der Erwartung der sichtbar werdenden Gottesherrschaft in der Person des Gesalbten. Zwar wird die gewaltige Geschichtsperiode von „dem ersten Kommen Christi in der Gestalt der Schwachheit des Fleisches und seinem zweiten Kommen in der Herrlichkeit seines Königreiches" von Daniel nicht gesehen. Dem Propheten wird nur der Schlußakt der gewaltigen Heilsgeschichte geoffenbart. Erst Jesus in seinen Reden über die Endzeit und Paulus in seinen Zukunftserwartungen und die Offenbarung Johannis geben uns die eigentliche Fortsetzung der endgeschichtlichen Entwicklung. Jedoch die gesamte Zukunftserwartung von den Propheten bis zur Offenbarung gipfelt in der lebendigen Hoffnung: *„Siehe, die Hütte Gottes bei den Menschen! Und er wird bei ihnen wohnen, und sie werden sein Volk sein, und Gott selbst wird bei ihnen sein ihr Gott. Und*

[1] Vgl. 1. Joh. 2, 18.

Gott wird abwischen alle Tränen von ihren Augen, und der Tod wird nicht mehr sein, noch Leid, noch Geschrei, noch Schmerz wird mehr sein. Denn das Erste ist vergangen, und der auf dem Throne saß, sprach: Siehe, ich mache alles neu[1]!"

b) Die Auferstehung der Toten

„Und viele von denen, welche im Erdenstaub schlafen, werden aufwachen, diese zum ewigen Leben und jene zur Schmach und zur ewigen Schande." Was hier zum ersten Male so stark in der alttestamentlichen Zukunftserwartung über die Auferstehung der Toten angedeutet wird, darauf können wir hier nicht mehr näher eingehen. Wie stark jedoch bereits die alttestamentlichen Heiligen mit dieser Frage gerungen haben, davon zeugen so manche Aussprüche der Propheten und der Psalmen. Die letzte Lösung dieser Frage ist uns erst geworden mit der Auferstehung unseres Herrn und Heilandes. *Er ist auch mit seiner Auferstehung Inhalt der Eschatologie seiner Gemeinde.* Erst nach Christus konnte Paulus als dessen Apostel so klar auch über die Auferstehung als ein mit Christus zusammenhängendes Evangelium schreiben. Ist der Auferstandene Quelle, Inhalt und Hoffnung der glaubenden Gemeinde, dann weist auch das in ihr durch den Geist gewirkte Leben über alles gegenwärtig noch herrschende Todeswesen hinaus. *Das in der Gemeinschaft mit Christus sich vollendende Innenleben wird einmal auch über eine entsprechende Auferstehungsleiblichkeit verfügen.* Daher schreibt Paulus von der Gewißheit: *„Unsere Heimat aber ist in den Himmeln, woher wir auch den Herrn Jesus Christus als Retter erwarten, um unseren Leib der Niedrigkeit zu verwandeln zur Gleichheit des Leibes seiner Herrlichkeit vermöge der Energien seiner Macht, durch welche er sich das Ganze untertan zu machen vermag[2]."*

Aufs engste mit der Auferstehung verbunden wird *der Lohn der Verständigen sein,* die auf Grund ihrer Erkenntnis andere in die Heilsgedanken Gottes eingeführt und das Weltgeschehen im Lichte der Ewigkeit gedeutet haben. *„Und die Verständigen werden*

---

[1] Offb. 21, 3—5.
[2] Phil. 3, 20 f.

wie der Glanz des Firmamentes glänzen und diejenigen, welche viele gerecht machen, wie die Sterne in Ewigkeit und immer[1]*."* Sie wurden zu jenen Verständigen, die sich wie ein Habakuk mitten aus den Zeitströmungen zurückzogen auf ihre göttliche Warte, um zu hören, was der Herr ihnen angesichts der großen Weltereignisse antworten werde[2]. Es sind dies jene Persönlichkeiten, die sich wie ein Jesaja jeden Morgen das Ohr öffnen lassen und hören wie ein Jünger[3]. *Was sie jedoch empfangen haben, muß ihnen zu einem Dienst für ihre Zeit werden.* Sie reden mit geübter Zunge zu den Müden ihres Volkes. Daß ihr Dienst nicht vergeblich getan worden ist in dem Herrn, wird bereits hier in bildreicher Sprache von dem Offenbarungsengel geschildert.

c) Der Abschluß der letzten Offenbarung

„Du aber, Daniel, verschließe diese Worte und versiegele das Buch zur Zeit des Endes! Viele werden es durchsuchen, und das Wissen wird viel[4]*."* Mit diesen Worten wird der Prophet aufgefordert, das Buch, in dem die empfangenen Weissagungen niedergelegt werden sollen, der allgemeinen Zugänglichkeit zu entziehen, „bis die angekündigte Zeitenwende eintreten wird." Der Prophet soll das durch den Offenbarungsboten Empfangene in eine Buchrolle schreiben und diese alsdann vor den Augen seiner Zuhörer versiegeln. Denn das in der Zukunft Geschaute wird bis zu seiner Erfüllung noch lange auf sich warten lassen. Trotzdem soll aber die empfangene Offenbarung auf Grund ihrer Niederschrift durch den Propheten vielen das Verständnis der Ereignisse ermöglichen und den Blick für das Zukünftige schärfen. *Das empfangene Licht soll zum Licht vieler werden.* Denn nie war ein Prophet da um seines Prophetseins willen. Er sah sich zu jeder Zeit nur insoweit berufen, gesandt und bevollmächtigt, um mit seiner Schau denen zu dienen, die im Dunkel der Zeiten auf göttliche Erleuchtung war-

---

[1] Kap. 12, 3.
[2] Hab. 2, 1 f.
[3] Jes. 50, 4 f.
[4] Kap. 12, 4.

teten. *Denn „glückselig der, welcher wartet und tausenddreihundertfünfunddreißig Tage erreicht"*[1]!

Nachdem Daniel trotz seines treuen staatsmännischen Dienstes bis in sein hohes Alter hinein bereit gewesen ist, zugleich auch Prophet des Allerhöchsten zu sein, erhält er vom Offenbarungsengel die Aufforderung: *„Und du gehe zum Ende und ruhe, und dann erhebe dich zu deinem Lose am Ende der Tage*[2]*!"* Diese Schlußworte haben offenbar nur den Sinn, daß Daniel „keinen der Wendepunkte erleben werde, weder den makkabäischen noch den messianischen. Wohl aber, nachdem er die ihm noch gewährte Lebenszeit zu Ende gelebt und die sich daranschließende Ruhe im Grabe genossen, soll er auferstehen, um sein endgültiges Los zu empfangen in der eschatologischen Endzeit."

Mit dieser lebendigen Hoffnung auf ein unvergängliches Leben schließt das Prophetenbuch. Ungeheure Wirkungen sind im Lauf der Geschichte von ihm ausgegangen. Es hat zwar nicht an unzähligen falschen Deutungen des Geschauten im Buche des Propheten gefehlt. Je falscher die Deutung auch innerhalb der Kirche Christi war, desto schwärmerischer waren auch die Auswirkungen. Wenn sich jedoch die Gemeinde in heiliger Nüchternheit während der einzelnen Zeitalter durch das Grundsätzliche der Gesamtschau dienen ließ, gewann sie einen Glaubensblick für das Walten Gottes im Weltgeschehen wie kaum durch ein anderes Prophetenbuch. *Mögen durch den Einfluß der Finsternismächte auf die Völkerwelt auch je und je die dunkelsten Zeiten heraufgeführt werden, Gott in seiner Souveränität und in seiner Weltregierung benutzt auch solch ein Nein der Geschichte, um das Kommen seiner Königsherrschaft einer letzten Vollendung entgegenzuführen.*

---

[1] Kap. 12, 12.
[2] Kap. 12, 13.

Literaturnachweis

Prof. Dr. Cäsar von Lengerke: Das Buch Daniel. Verlag Gebrüder Bornträger, Königsberg.

Prof. D. Carl August Auberlen: Der Prophet Daniel und die Offenbarung Johannis. Bahnmaiers Buchhandlung, Basel.

Pfarrer B. Keller: Der Prophet Daniel für bibelforschende Christen. 2. Auflage. Fr. Richters Verlagsbuchhandlung, Dresden u. Leipzig.

Pastor G. Stockmann: Die Erlebnisse und Gesichte des Propheten Daniel. Verlag C. Bertelsmann, Gütersloh.

Hauptpastor Georg Behrmann: Das Buch Daniel, in Professor D. W. Nowack: Handkommentar zum Alten Testament. III. Abt., 3. Band, 2. Teil. Verlag Vandenhoeck & Ruprecht, Göttingen.

Prof. Dr. Johann Goettsberger: Das Buch Daniel, in Professor Dr. Fr. Feldmann und Prof. Dr. Heinr. Herkenne: Die Heilige Schrift des Alten Testaments. VIII. Band, 2. Abt. Verlag Peter Hanstein, Bonn.

Prof. D. Alfred Bertholet-Basel: Daniel und die griechische Gefahr, in Fr. Michael Schiele-Tübingen: Religionsgeschichtliche Volksbücher. II. Reihe, 17. Heft. Verlag J. C. B. Mohr, Tübingen.

F. Buhl: Daniel der Prophet, in Prof. Dr. Albert Hauck: Realencyklopädie für protestantische Theologie und Kirche. Band IV, 3. Auflage. J. C. Hinrichssche Buchhandlung, Leipzig.

Außerdem sind die bekannten Verfasser in den großen Kommentarwerken und die hebräischen Lexika nach Bedürfnis benutzt worden.

Die Übersetzung schließt sich stark an die von Professor Dr. Joh. Goettsberger an.

Theologie und Dienst

1 Klaus Bockmühl
Sinn und Unsinn der „neuen Moral"

2 Werner Stoy
Familie heute

3 Garth Lean
Wilberforce — Lehrstück christlicher Sozialreform

4 Peter Beyerhaus
Mission in urchristlicher und endgeschichtlicher Zeit

5 Helmut Burkhardt
Das biblische Zeugnis von der Wiedergeburt

6 Klaus Bockmühl
Umweltschutz — Lebenserhaltung

7 Pierre Spoerri
Gesucht — der neue Mensch

8 John Stott
Einheit der Evangelikalen

9 Klaus Bockmühl
Evangelikale Sozialethik

10 Per Lönning
Abtreibung — Testfall der Sozialethik

12 Waldron Scott
Die Missionstheologie Karl Barths

13 Walter Lohrmann
Frucht und Gaben des Heiligen Geistes

14 Gerhard Maier
Wie legen wir die Schrift aus?

15 Reinhard Frische
Theologie unter der Herrschaft Gottes

16 Helmut Burkhardt
Wie geschichtlich sind die Evangelien?

21 Klaus Bockmühl
Das größte Gebot

22 Gerhard Maier
Reich und arm

23 Alan R. Millard
Bibel und Archäologie

24 Karl-Heinz Michel
Zeichenhaft leben

25 Helge Stadelmann
Das Okkulte

26 Arnold/Eibach/Kindler
Der verdrängte Tod

27 Adolf Köberle
Seelsorge an Seelsorgern

28 Julius Schniewind
Zeit der Umkehr

29 Klaus Bockmühl
Leben aus dem Evangelium

30 Adolf Schlatter
Die Gabe des Christus
Eine Auslegung der Bergpredigt

BRUNNEN VERLAG · GIESSEN/BASEL